叛逆的天空

黃華昌回憶錄

日文原著／黃華昌

翻　　譯／蔡焜霖・吳水燈・盧兆麟・陳英

王春長・陳孟和・王文清

歲月顯影

1.剛入學的大津陸軍少年飛行兵。14歲。攝於1943年11月。
2.熊谷陸軍飛行學校時代。15歲。攝於1944年10月頃。
3.熊谷軍校畢業前夕。16歲。攝於1945年2月頃。
4.豐岡陸軍航空士官學校的特攻隊員。當時為了準備本土決戰，接受特攻訓練。16歲。攝於1945年8月終戰前夕。
5.修武台（豐岡軍校）最後一兵，16歲。1945年9、10月頃，攝於埼玉縣飯能町。
6.攝於火燒島洗腦集中營（新生訓導處）。27～30歲頃。
7.約攝於1963年，新婚不久，34歲。
8.爸爸時代。攝於1968年左右，約39歲。
9.阿公時代。中坐者為黃華昌夫婦。攝於2003年，74歲。

002～003頁圖片，都由黃華昌提供。

8

6

7

9

戰爭時代

004～005頁圖片，取自《大東亞戰爭—台灣青年》。

1.1937年4月，皇民化運動正式展開。圖為皇民化教育的基層動員。

2.1938年4月，第一期農業義勇團到上海開設農場。農業義勇團屬於後勤的「軍屬」。圖為出發時集體用餐一景。

3.為了強化戰爭動員，台灣婦女也被編入生產線，「挺身」報國。

4.1942年4月，日本在台灣募集陸軍特別志願兵，受訓後投入第一線作戰。圖為在台北六張犁訓練所集訓一景。

5.1943年8月，繼續募集海軍特別志願兵，共實施6期。派往海外的，有很多人戰死或被美軍炸沉。圖為在高雄海兵團集訓一景。

6.1944年，在東京的台灣留學生被編入學徒兵，投入戰爭。

7.1945年1月，戰情告急，開始實施徵兵制。總督府為了「慶祝」徵兵制實施，發動青年在市區遊行。

1.老婦人為出征的軍人縫製「慰問袋」。
2.閱兵大典。受校的台灣兵通過台北州廳（現監察院址）。
3.壯行場面。台灣人熱烈「歡送」子弟兵出國打仗，很多人一去成永訣。
4.戰爭中被俘的台灣兵。這是盟軍的心戰文宣，意思是：戰友們，正在等你開飯呢。
5.死於南方戰場的日軍。很多日軍戰魂，其實是「蕃薯仔囝」，共有3萬304名台灣人陣亡，約1萬5千人失蹤。
6.才剛脫離日本統治，台灣的學生與民眾再度揮舞旗子，迎接另一個外來政權的君臨。不到兩年，即發生二二八事件。

006～007頁圖片來源：李筱峰、蔡易達、《大東亞戰爭—台灣青年》。

4

5

6

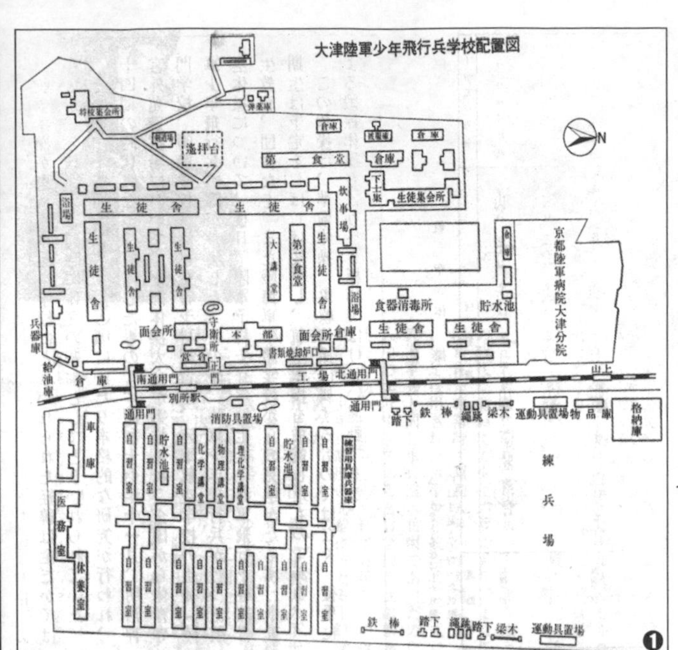

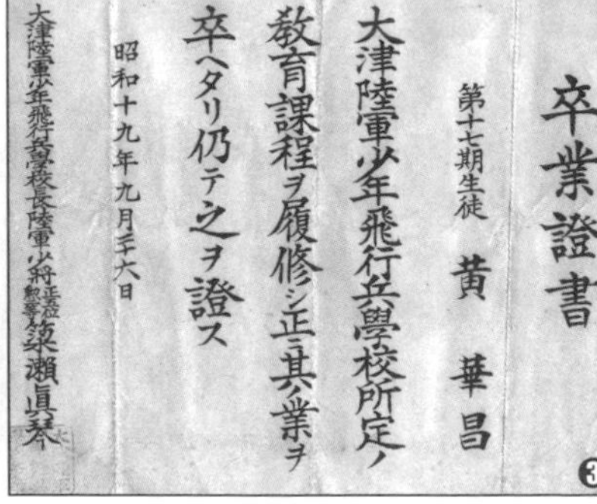

卒業證書

第十七期生徒 黃華昌

大津陸軍少年飛行兵學校所定ノ教育課程ヲ履修シ正ニ其ノ業ヲ卒ヘタリ仍テ之ヲ證ス

昭和十九年九月廿六日

大津陸軍少年飛行兵學校長陸軍少將正五位勲三等 簗瀬眞琴

1.大津陸軍少年飛行兵學校地圖。※
2.豐岡陸軍航空士官學校的「修武台」石碑，由昭和天皇題字。（黃華昌／提供）
3.大津陸軍少年飛行兵學校畢業證書（1944/9）。畢業後26年才物歸原主。（黃華昌／提供）
4.大津陸軍少年飛行兵學校正門。◎
5.熊谷陸軍飛行學校正門。※
6.豐岡軍校研演隊同班合影。少飛17期生有50名入選研演隊，分為兩班。圖中二排左一為黃華昌，16歲。攝於1945年6月15日。（黃華昌／提供）
7.豐岡部分軍官合照，攝於1945年。本書所提及的，有一排左二的中野德兵衛、一排右一的小林末太郎、一排右二的望月少校（航空心理學家）、三排左二的鈴木曹長。三排左三的齋藤准尉，是指導黃華昌飛行的教官。（黃華昌／提供）
8.所澤陸軍航空整備學校正門。※

008～017頁圖片，除有特別說明者外，都取自兩本「少飛會」專書：
1.標示※者：陸軍少年飛行兵史（1983/3）。
2.標示◎者：あゝ少年飛行兵（1970/8）。

1.訓練之後，就地用餐。◎
2.體操訓練：單槓。※
3.體操訓練：Hoop（鐵環；虎伏）。※
4.日夕點呼（早晚點名）。※
5.日夕點呼（早晚點名）。◎
6.通信：受信訓練。◎
7.勅諭奉讀。※
8.入學考試。※

6

7

8

1.飛機發動教學。左側車子即發動飛機引擎所用的「啟動車」。※
2.飛機整備（維修）。◎
3.安裝引擎教學。◎
4.飛行訓練。※
5.飛行訓練。◎
6.陸軍九八式直協偵察機，黃華昌接受特攻訓練時乘用，等於特攻機。（黃華昌／提供）
7.準備飛行。上機前，向教官行禮。※

1.外套裝。※
2.體操服。※
3.軍裝。※
4.少年飛行兵航空胸章。※
5.少年飛行兵襟章。※
6.少年飛行兵航空胸章。※
7.夏季飛行服（圖中人非作者）。※
8.生徒制服（圖中人非作者）。少飛17期甲種生，各基本校共錄取3980名，稱為生徒（初級生）。先接受為期一年的基礎教育，再升上級校。※

1.二式戰鬥機（鍾馗）。※
2.四式戰鬥機（疾風）。※
3.一式戰鬥機（隼）。※
4.九七式戰鬥機。※
5.夜間戰鬥機（屠龍）。※

絕命特攻隊

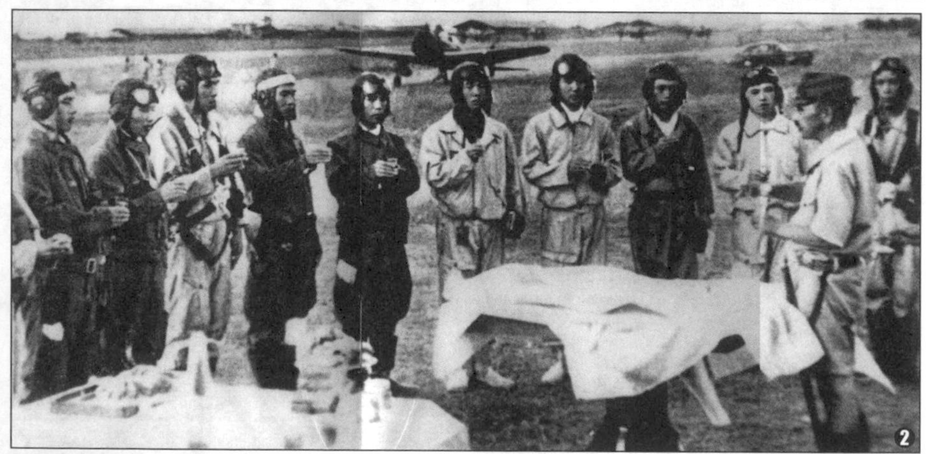

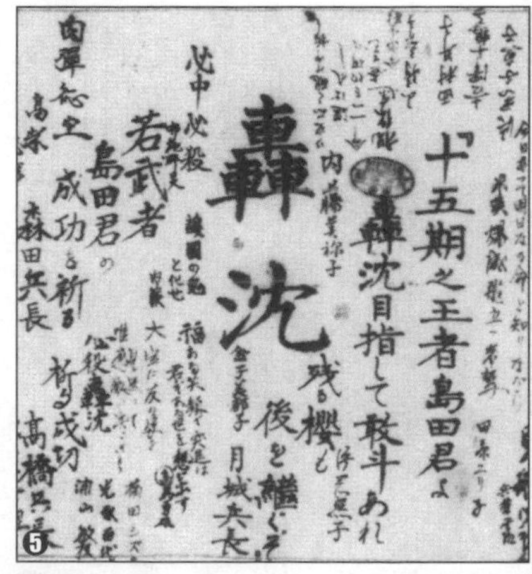
十五期之王者島田君よ
轟沈目指して敢斗あれ
轟沈
殘る櫻も後を継ぐぞ
月城兵長
必中必殺
若武者島田君の成功を祈る
森田兵長
祈る成功
高橋兵長

1.特攻隊的訣別場面。◎
2.特攻隊出征前，每人要飲最後一杯酒，互道永別。◎
3.屬於陸軍的「第57振武隊」出征前一景。◎
4.若櫻特攻隊第15期生。※
5.若櫻特攻隊第15期的出征祝詞。※
6.出擊前的特攻機。※

序一

時代與生命的見證

國史館館長／張炎憲

讀完黃華昌先生的回憶錄，我感受到台灣人在大時代中的悲愴。從日本殖民到國民黨統治，台灣人經歷大時代的變動，隨著統治者的改變，台灣人是戰敗者還是戰勝者？面對新時代的來臨，台灣人應該勇敢站起來當家作主，還是隨波逐流，任由統治者擺佈？要反抗還是要妥協？這些難解的選擇，考驗著台灣人的智慧與決定。

其次，我深受書中所描述台灣青年的熱情與理想所感動。台灣人經歷國府接收與二二八事件後，目睹國民黨的鎮壓與屠殺，乃亟思打倒國民黨政權，謀求台灣的出路。因此有些台灣青年加入共黨組織，試圖改變台灣，卻在國民黨高壓監控下，被捕牽連無辜，橫屍馬場町，化成朵朵早謝的櫻花，結束燦爛的人生。這段歷史雖然充滿意識型態的對立、政治力量的對決，但理想與人性反映在這群青年的身上，有的令人扼腕嘆息，有的令人無奈悲愁，有的令人敬佩落淚，這些故事都已經刻印在台灣歷史上。

華昌先生自許具有叛逆骨氣，嫉惡如仇，才會參與運動。被抓之後判刑10年，輾轉移監，度過恐懼無望的歲月。過去思想犯被捕之後，幾乎喪失生命的意志，生活在沒有明天的恐慌中，華昌先生赤裸裸寫出這段日子生命無依無靠的感受，是對國民黨最深沈的控訴和時代的見證。

數年來我一直從事二二八事件和白色恐怖時代口述歷史的訪查工作。每次訪問總是會讓我感動，因為人物不同，案例不同，人生經驗就不同。但這些活生生的故事，存在我們的社會之中，召喚著我們要瞭解過去，才能瞭解島嶼的悲傷、歷史的悲情。

走過從前，留下歷史，是對悲苦時代最好的回顧。華昌先生用日文寫下人生的際遇，其中有豪情、哀愁、恐懼與憤慨，但生命的鬥志、永不止息的台灣感情卻流露全書。我閱讀之後，禁不住感嘆時代的捉弄、台灣人的悲運，但也充滿感激之情。有華昌先生這樣勇敢台灣人的存在，台灣才能走過黯淡恐怖的歲月，而有今日的民主與自由。

華昌先生寫完原著之後，難友們將之譯成漢文，希望後代子孫能夠瞭解他們的心聲。我相信譯者的心情應該與作者相同，隨著故事的轉折，情緒起伏不斷，彷彿回到從前入獄的時光和出獄後的現實社會，其中交織著時代無情的悲哀與生命意志的光輝。我深深感動不已，這本書不只是華昌先生的回憶，更是苦難時代台灣人的見證。

序二

另一種豐富的人生

中央研究院近史所副研究員／陳儀深

黃華昌先生是一九二九年出生於竹南的客家人，他在日治時期的一九四二年報考大津陸軍少年飛行兵學校旋被錄取，一九四四年從大津陸軍少年飛行兵學校畢業後，又升級到「熊谷陸軍飛行學校」正式接受駕機訓練，一九四五年二月被編入實戰部隊。他們這些受過正式訓練的飛行兵，反而不像許多短期速成的學徒兵、候補生那樣奉派特攻作戰而為國捐軀，乃得以「毫髮未損活到戰爭結束」。

黃先生在戰後一九四六年回台。不到半年，即因高談闊論和教室中的黑板塗鴉文句，而成為國民政府的思想犯，大約三個月以後釋放。他曾在故鄉的竹南國小擔任體育教師，卻因學歷不被承認，而且無法配合公教人員的「三連座保證制度」而遞出辭呈。對於一九四九年初夏被介紹加入中國共產黨，後來他有一段清楚的說明：

「我對社會主義、共產主義、中國共產黨本無好感，也沒有徹底認識，只一意想對抗無能腐敗的國民黨政權，與蔑視台灣人的傲慢的外省人，又想報復過去累積的種種怨恨，才不深加考慮，接受人家勸誘；結果連革命團體（或地下組織）的名稱和系統都不知道，就輕率地加入了。我因此極為後悔。」

無論如何，這一段加入地下黨的經歷影響了黃華昌大半生的命運，他是一九五〇年所謂「學生工作委員會案」的四十五位被捕者之一，該案有十一人被判死刑槍決，三十三人判五至十五年徒刑，一人無罪釋放；黃華昌完全未經開庭審判，即被處以十年重刑。

二、三十歲的青年黃華昌，以青春換取了一段五〇年代白色恐怖的經驗。包括國防部保密局的南所、北所，青島東路的軍法處看守所和鄰近的國防部軍人監獄，然後在一九五一年五月移送綠島的「新生訓導處」，直到一九六〇年六月刑滿出獄為止。

我們後來者應該感謝黃華昌的用心記錄，例如北所如何比南所寬敞，「所以睡覺時不必再像南所那樣，像沙丁魚一般側身擠睡或彎膝蹲睡，也不須輪流搧風」；又如吳思漢、陳水木、許振庠、何灝、吳彬泉等人如何倒臥在馬場町的血泊中；基隆中學校長鍾浩東將被處決之前，獄中難友如何齊聲唱他所喜愛的〈幌馬車之歌〉為他送別；以及綠島囚犯上山下海不停地勞動、生病冒險就醫、舉辦運動會等等情形。

出獄後的黃華昌，就像其他有政治犯背景的人一樣就業維艱；好在，不論是在製藥公司、食品公司或在外銷日本的手套工廠，都與日商或他的日語能力有密切關係，也算是改朝換代的大時代給他的一點回饋吧。尤其，他的少年飛行學校同學敦促他以日文撰寫〈少飛十七期生的奮戰與飛行訓練〉（約在一九七六年刊載於《翔飛》第十二、十三期），進而在一九七七年（即三十二年以後）再度踏上日本土地，使他的新舊人際關係，有銜接起來的感覺，實在是不幸中的大幸。

這本回憶錄關於二二八的記述也引人注目。一九四七年二月黃華昌在台北的西南航空公司上班，他說到「激昂的台北青年攻擊南機場，佔領倉庫。隊伍主要由復員軍人、軍屬及學生組成，但流氓、黑社會人士也混進不少，搶奪武器彈藥……」；他描述三月三日、四日經由收音機動員而來的人如此編隊：

（一）前日本軍人出身者編成若櫻隊。

（二）軍屬出身者以戰區別，編成海南島隊、菲律賓隊、澳洲隊等。以上人員組成鄉土自衛隊，由蔣渭川指揮。

（三）學生組成的「忠義服務隊」代替警察，在各地派出所維持治安及交通。

黃華昌認為動員而來的青年大半血氣方剛，很快就佔領太平町謝娥女士的醫院作為「作戰本部」。黃華昌因為工作和朋友的關係，加入航空特別敢行隊，準備參與三月八日晚上進攻松山機場，以及三月九日起飛救援嘉義機場的任務。無奈陳儀政府的援軍及時登陸，不但松山和嘉義機場的作戰計劃告吹，鄉土自衛隊也宣告瓦解。

值得注意的是，黃華昌描述蔣渭川作為鄉土自衛隊的總指揮，以及忠義服務隊參加「起義」，角色扮演非常確定；可是蔣渭川的私人檔案強調他只協助治安，絕無煽動暴動，且始終與憲兵第四團團長張慕陶保持聯繫等等（註1）。而忠義服務隊亦因陳儀長官授權同意成立以及總隊長許德輝具有特務身份，角色並不單純（註2）。由此可見，單純的參與者所見所感，與事後歷史研究追索的「全貌」常有落差。

其次，這本回憶錄提到三月四日在嘉義有數千名青年趕走國軍且「佔領嘉義機場」，恐亦不確。不論從警總的檔案（註3）或是民間的口述歷史（註4）來看，圍攻機場、斷絕水電交通有之，但始終沒有到佔領的程度。

最後，關於謝雪紅之逃離台灣，資料顯示是埔里→竹山→彰化市→大肚→左營，從左營以偽裝身份搭乘國府軍的巡邏艇，經澎湖到廈門（註5），並不是如本書所言進入中央山脈再從花蓮出海。

總之，黃華昌先生具有台灣客家人、日本軍人、體育老師、計程車司機、政治囚犯、公司職員等等不同身份的人生際遇，他對於不同階段的人、事、時、地、物也儘可能做了忠實的記載，雖然在書寫勾串的時候經由聽聞不免會有一些小錯，但是本書瑕不掩瑜，尤其文筆簡練通順，在適當地方且出現悠美的文學筆調，至為感人。我們除了感謝黃先生用心記載、辛苦述說大時代的故事，也要感謝把日文譯成漢文的優秀工作群；作為先睹為快的讀者，我樂意寫這一篇序文。

二〇〇四年四月二十五日

寫於南港中央研究院近代史研究所

註1：蔣渭川自撰的〈二二八事變始末記〉、〈二二八事件報告書〉，收入陳芳明編，《蔣渭川和他的時代》（台北：前衛出版社，一九九六年）。

註2：參見〈廖德雄先生訪問記錄〉，中研院近史所《口述歷史》第四期（一九九三年二月），頁五五至七四。

註3：孫志俊〈嘉義市「三二」事變報告書〉，《二二八事件資料選輯（四）》（台北：中研院近史所，一九九三年），頁五三至七五。

註4：詳見張炎憲等採訪記錄，《嘉義驛前二二八》（台北：吳三連基金會出版，一九九五年），特別是頁二至四。

註5：古瑞雲，《台中的風雷：跟謝雪紅在一起的日子裡》（台北：人間出版社，一九九〇年），第五、六、八章。

本文作者黃華昌近照。（劉振祥／攝影）

目錄

譯者群

蔡焜霖
1930年生，台中人
台北電信局支部案　10年
（劉振祥／攝影）

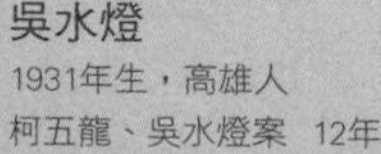

吳水燈
1931年生，高雄人
柯五龍、吳水燈案　12年
（劉振祥／攝影）

陳英泰
1928年生，台北市人
鍾國輝案 12年

（劉振祥／攝影）

盧兆麟
1929年生，彰化人
盧兆麟案 無期徒刑

（劉振祥／攝影）

譯者群

（劉振祥／攝影）

陳孟和
1930年生，台北市人
學術研究會案 15年

（劉振祥／攝影）

王春長
1928年生，基隆人
學生工委會案 10年

（郭素貞／提供）

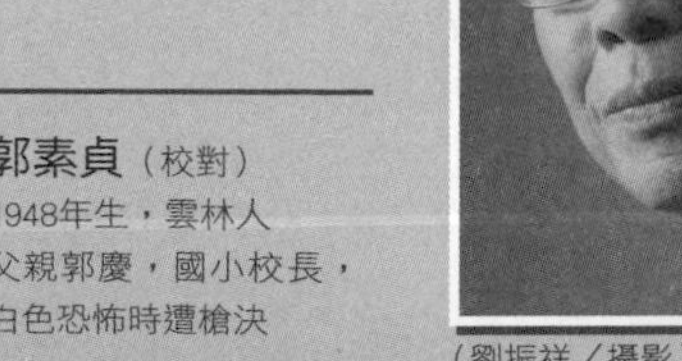

郭素貞（校對）
1948年生，雲林人
父親郭慶，國小校長，
白色恐怖時遭槍決

（劉振祥／攝影）

王文清
1927年生，台北縣人
郵電總支部案　15年

第一部
飛越叛逆青春

（圖片來源／陸軍少年飛行兵史）

訓練敏捷身手的高難度體操訓練：Hoop。

序曲

蔡焜霖譯

當台灣還是日本殖民地的時代，昭和初期的竹南火車站前，有一個挑著麵攤子，向火車站搬運工叫賣的窮苦人家。賣麵的是一位中年婦人，被當地佔多數的福佬人蔑稱「憨客婆仔」。一九二九年，我出生在這一家，排行老四。從小看我母親被福佬人瞧不起，又被日本人臭罵「清國奴」（亡國奴）；她受盡欺凌，卻辛苦撫養我們長大。我一心一意想當被人尊敬的人，好替親愛的母親報仇。

於是在一九四三年，才十四歲的我，不顧父母反對，志願報考當時最受年輕人嚮往的「陸軍少年飛行兵」。我的夢想就是有朝一日當了飛行官，一身威武的軍服，佩上繡有金條的襟章，腰插日本軍刀，在父母和台灣人面前，修理那些曾經欺負我們的日本人。當時幼小的我一直深信，這個夢是我唯一能報仇的捷徑。

經歷幾度生死關，日本戰敗而夢醒。戰後，日本政府對我們這些異民族的前「帝國軍人」，任其自生自滅，我只好與饑寒拼鬥，從日本關東徬徨流浪到南方九州，歷經千辛萬苦，九死一生，終於第二年春天好不容易踏上祖國的大地。

從死神懷裡掙脫回國的熱血青年，立志要以所學的飛行技術奉獻祖國，為祖國的重建和復興獻身。想不到如此純真的心願，反為自己招來牢獄之災，兩度被誣陷叛亂；多愁善感的青春時光，虛擲在黑牢和孤島的勞改營中，忍受長期煎熬。

如今時過半世紀，少年的夢已破碎，窮我一生而一事無成。然而將隱藏歷史黑暗角落的真實故事公諸於世，讓兒孫知道，也讓後人一窺當年動盪大時代的面貌，該也是功德一件吧。

家族的根

清晨天還沒亮，我母親就被叫醒，做豆腐，挑去賣。賣完回家，飯桶粒米不剩，留下滿桌碗盤、冰冷豆腐渣，以及順著自己臉頰流下的熱淚。

蔡焜霖譯

傳說我們客家人的祖先，源自秦始皇時代為防堵南蠻北進，而遠征廣東的中原漢族大軍。無奈因秦朝滅亡，回不去黃河流域，從此滯留南方。後來在東晉五胡之亂、唐末黃巢之亂，以及宋朝蒙古人南侵時，大批族人又越過黃河與長江，南下浙江、福建、湖南、四川、廣東等地避難。在長年的逃難生活中，陶冶族人勤儉刻苦、剛毅果敢、團結進取的性格。如今客家人的子弟，如鄧小平、李登輝、李光耀等，在海內外都有輝煌的成就。

雖然繼承這麼光輝燦爛的客家血統，但是我很慚愧，對自己族人的來歷卻一直懵懂無知。小時候，還以為來自廣東梅州的曾祖父與祖父，比別人晚來台灣，只好在台灣作客，所以稱為「客家人」。

父母常告訴我，曾祖和祖父是滿清時代科舉的「貢生」，藉此鼓勵我要好好讀書，以便將來光耀家門。不過我入學時，已是日治時代的「公學校」，也就是專收台灣子弟的小學，盡教日語課程；不再是滿清的科舉制度，更不知道什麼是貢生秀才，什麼是舉人進士。

據說客家人科舉應試一向春風得意。廣東梅州歷年考上進士的，少說也有六十多人，考上舉人的不勝枚舉；至於等而下之的貢生，則多到根本找不到仕宦之途。

曾祖文篤公既然考場失意，做官無望，於是在距今約一百五十多年前，帶著長男廷交公（我的祖父）、三男廷友公、堂侄鄭福公等三人渡航來台，在現在中壢近郊的觀音村落腳。

中壢、楊梅、湖口、新竹一帶，是台灣客家人聚集最多的地方。一大片赤土丘陵地，對遠渡重洋而來的移民來說，並不是理想的開拓地。無奈客家人比較晚期才從福建及廣東等地來台，「不好總比完全沒有好」，只好佔據這些先民不屑一顧的地方；一方面與當時俗稱「生蕃」的原住民爭奪土地，一方面流血流汗、篳路藍縷開墾。終於發展出全台最大的客家城鎮，也就是現在的中壢。

客家人的習性，不論自己多窮，即使只啃草根、披襤褸，也會全力扶養子女接受教育。並且好客成性，會善待遠來的親朋客人。然而曾祖父一行三人初到觀音村，好像沒有受到先來的族人誠心歡迎。

觀音村雖有小漁港，但舉目盡是含著鹽分的海霧吹刮的海邊沙灘，以及海砂亂石混合的丘陵地，謀三餐都有困難。雖說客家人佔多數，而且別系的「黃家」一族也在此定居，但因與福佬人雜居共處，經濟利益的衝突從未間斷。「最無用處是秀才」，初到的三個書生要在這裡謀生，看來的確困難重重。

曾祖父只好帶著三男廷友公和佣人到鄰村湖口，長男廷交公（祖父）則和他的堂弟鄭福公移居新埔。一家人從此分隔兩地，但都在當地開私塾，招生授業。這就是我一家人以新埔為「本籍地」的源由。

新埔的漢學私塾經過多年經營，風評日高，學生日增，家計也安定下來，於是祖父就娶了在當地經營茶園的客家女賴氏為婦。但陸續生下四男三女後，生活日漸拮据。漢學老師的名氣固然響亮，但要張羅一大群子女吃穿，卻也相當辛苦。學生家長看不過去，常常送蕃薯、玉米、菜食以周濟生活清寒的老師家。

在那封建思想牢固的時代，祖父被尊為鄉學之師，地位也算崇高。但為了扶養子女，維持生計，只得「要裡子不要面子」，在私塾之外，開始製造及販賣豆腐當副業。在晨星還掛滿天空的四、五點就得起床，磨豆煮漿，做好豆腐，趕在早課之前，叫比較年長的兒女到附近叫賣。

竹東芎林有一小佃農，姓楊。他的長女才九歲，就被我的祖父買來當「童養媳」。表面是說要在漢學老師身邊伺候學習，將來年紀大了，嫁給老師的兒子當媳婦，其實是形同奴隸的可憐童工。清晨天還沒亮，就被叫醒幫忙做豆腐，做好了，挑出去叫賣。好不容易賣完回家，飯桶已經粒米不剩，留下滿桌狼籍的碗盤、冰冷的豆腐渣，以及順著自己臉頰流下的熱淚。

收拾餐桌、洗好碗盤後，連喘口氣的時間都沒有，馬上打掃教室、伺候養父母，並利用一點空地種菜，飼養豬、雞、鴨等等，工作從來沒有一刻間斷。到了晚上，還要為全家人燒洗澡水、洗衣服、浸泡大豆準備明早做豆腐等等，一直忙到深夜。

小女孩僅僅九歲，三餐吃不飽，工作卻比大人還多還辛苦，真是一連串苛刻的考驗。曾有多次，她的親生母親看不下去，把她偷偷帶回家，但拿人的錢手軟，小佃農的楊家只得乖乖把小女兒送回，還要向漢學老師叩頭賠不是。這可憐的小女孩，後來與老師的么兒體元公「送做堆」，生了一女三男。她就是我苦命的母親。

一八九四年甲午戰爭爆發，慘敗的滿清王朝簽下馬關條約，將台灣割讓給日本作為賠償。從此台灣從中國版圖消失，變成異族日本人的殖民地。那是一八九五年的事情。

日本親王北白川宮能久率領近衛師遠征軍，藉口掃蕩土匪，從基隆附近的澳底登陸。漢人臨時組成的義勇軍雖然多次激烈抵抗，但是只憑刀劍，無力抗拒日軍精良的槍砲，一路節節敗退。日本遠征軍繼續南下，台北、三峽、中壢、湖口等城鎮陸續陷落。祖父憂慮新埔不保，也帶著一家人和簡單細軟，避往深山逃難。

祖父的堂弟鄭福公也和他一起逃難。途中，鄭福公為了補給家人飲水，冒險走下溪谷挑水，才把水桶挑起，槍聲乍響，從背後打中他而當場慘死。槍聲嚇壞難民，大家拼命逃離現場，我們家族也四處分散，一時無法聯絡。要等到大約三個月後，大家才從關西、竹東、南庄等地陸續回到新埔的老家。

一八九五年六月十七日，日本政府在台北總督府開始推行殖民地的新政，接著實施戶籍制度，於是我們家的本籍地登錄為新埔。台灣改朝換代後，祖父表面上是豆腐店老闆，其實在後院的小屋，繼續為來自關西、新埔一帶的眾多客家子弟傳授漢學。他的得意門生之一，就是關西的望族陳遠芳，後來變成老師的大女婿（也就是我的大姑丈）。

我們的家境依舊清苦。祖父走的時候，沒有遺留什麼家財，甚至沒把他的漢學造詣傳給我的父親。他過世後，家族的老么（我父親）眼看妻子（楊氏）老是被兄嫂欺負，就帶著妻子和體弱多病的母親（我祖母）遠遷竹南，投靠在竹南車站附近的二姊（我二姑）家。遺憾的是，二姑丈雖任職於運送店（託運行），生活卻不怎麼好過。

明治末期到大正初期（約當清末民初），台灣鐵路延伸，敷設從新竹到彰化的幹線，竹南火車站新設不久。我父親初出社會，既不精於處世之道，又沒有從祖父學得一文半字，只能在竹南車站做「苦力」搬運貨物。但是他的體格和體力，都不是耐重勞動的料子，於是利用晚上閒暇，去學習白鐵工（錫匠）技藝。他的雙手靈巧，學藝不到兩年，就精通訣竅，獨立開設一家白鐵工的店。這在當年，可算是走在時代前端的新興行業，鄰近農家甚至鎮上的小工廠，都來訂製或拜託修理鐵桶、灑水桶等器具，一片「開門大吉、財源滾滾」的榮景。

可惜好景不常，賺錢容易的父親，受到酒肉朋友的誘惑，先是學會嫖女人，後來開始吸鴉片煙。鴉片是漢民族的恥辱教訓，漢民族曾因鴉片戰爭飽受大英帝國侵凌；台灣總督府好像也要藉鴉片來削弱台灣人的抗日思想，藉此滅絕民族精神，竟在台灣實施總督府一手壟斷的專賣制度，販賣鴉片給台灣人。父親中了鴉片癮，被鄉親謔稱「阿片仙」，大多數親戚卻只顧叫他「阿片鬼」。

另一方面，我那位勞碌終日的母親，一邊在運送店洗衣、燒飯做幫傭，一邊又在還沒有繁華成街的竹南火車站前或車站倉庫後街，挑攤子向旅客和搬貨工兜售拉麵。這時父親的白鐵工廠已陷入半休業狀態，「阿片鬼」也失去辛勤做活的氣力；於是照顧衰老多病的婆婆，以及扶養一女三男總共四個小孩，讓他們接受教育等責任，全部落在母親一個人身上。

奶囝仔的故事

蔡焜霖譯

寒風吹掠的晚上，整個屋子冰冷不堪，一家人蜷曲身子相依偎，或抱成一團躺在草席上，蓋著又薄又爛的棉被，勉強熬過漫長冬夜。

母親在二十九歲那一年，頭胎生下我的大姐；以後每隔五年生產，連續生了三個男孩。最後生我這個老么時，已經四十五歲了，就是現在所謂的「高齡產婦」。以七、八十年前的標準而言，隔這麼多年生產是很少見的。這不是考慮經濟狀況所做的「計劃生產」，而是順其自然的生育；對我們這種窮苦的路邊攤家庭，何嘗不是一件好事。

產下我才滿一個月，也就是才過「彌月之喜」，母親大概是抱著我有礙麵攤生意吧，經過當時已經自營運送店的二姑丈介紹，以僅僅二十四元小錢，把我賣給在竹南車站經營貨運公司的林家做養子。林氏夫妻膝下無子，如獲至寶對我百般疼愛。無奈從未生育的養母，大概不懂如何哄我這個小鬼，或是我無法適應新的環境，整天整夜哭鬧，讓養父母手足無措。

恰巧這時，住在竹東芎林的母親大哥（我大舅），為了替妹妹做月子，提著山居自家養的兩隻土雞，翻山越嶺又渡溪，千里迢迢到竹南，探望剛出生的小外甥。一到林家，看到日以繼夜哭鬧的我，回來好言勸我母親：「看來這孩子和林家沒有緣份，我們不如把錢還給人家，把孩子帶回來。」又說：「萬一妳送給別人的孩子比較優秀，留在家的反而不怎麼樣，那後悔也來不及了。」他又諄諄告誡：「妳自己就是最好的例子：孩子不要送去人家那兒吃苦。我們不管多窮，自己的孩子自己養。至少我這個大哥還可以幫忙。」正巧林家拿我沒辦法了，很高興把我還給了母親。

也在這段時間，二姑丈的運送店因經營不善，欠一大筆債而倒閉。為了逃避債權人追索，舉家遠走台東躲藏。眾多債權人轉向我家追問二姑丈一家的行蹤，並逼我家代為還債。沈湎鴉片煙泥淖而不可自拔的「阿片鬼」父親，不僅沒有為姑丈償債的能力，反而因所投靠的人家也破產，使我們再度掉入赤貧的深淵。

母親血液流著客家人傳統的「硬頸」精神，在這最困苦的時候猛然甦醒。她一個人攙扶老態龍鍾的丈夫，又抱又揹帶著營養不良的四個小孩，還揹著家裡僅剩的鍋子、碗盤，一家人搬到倉庫後面的老舊租屋。晚上睡覺時，夏天還好，脫了衣服打赤膊，就躺在草席上睡；一到冬天，從板壁狹縫吹進來的東北季風，使整個屋子冰冷不堪，即使在室內也直打哆嗦。

當時我家一貧如洗，連一件像樣的墊被或毛毯也沒有。只得在每年十一月，第二期稻作收割後，跑到鄰近的崁頂村農家要一些稻草回來，鋪在草席下面，準備迎接冬季來臨。寒冷東北風吹掠的晚上，一家人蜷曲身子相依偎，或抱成一團躺在草席上，身上蓋著又薄又破爛的棉被。當然不足以取暖，只好在屋裡燒些撿來的建築廢料或柴火，勉強熬過漫長冬夜。稻草鋪成的墊子在我二次大戰結束後從日本回來時，還繼續使用了兩年。

多年前電視播放日本ＮＨＫ的連續劇《阿信》，有一幕是在冰雪覆蓋的山間小屋裡，一位生病的老婆婆，躺在下面鋪有稻草的草席上奄奄一息。我看了，就想起往年一家人貧苦生活的回憶，一時感傷禁不住熱淚盈眶。

俗語說「一日之計在於晨」，母親和大姐天還沒全亮就起床。首先用木炭生火切麵（切仔麵的「切」），然後挑著盛有麵和粄條的竹籠趕往火車站，向搭頭班車通勤的上班族、值夜班的車站員、裝貨卸貨的苦力等，推銷一頓熱騰騰的早餐。

大哥從竹南公學校本科六年畢業後，就到日本人在鎮郊經營的一所竹製品加工廠當童工。上班前，他會先去鐵道旁的倉庫後面，撿拾火車裝貨或卸貨時遺落的煤炭、柴薪、米穀等，凡是可用的東西都撿回家。有時不但撿，甚至用偷的。清早行人稀少，順手偷抽兩三支木炭之類，很少會被人家發覺。不過有時候倒楣。記得有一兩次，被火車站員或監工發現，居然追到我家這個破房子來。

至於二哥和我清晨的工作，就是把前晚泡在水裡的、台灣特有的在來米，用石磨子磨成米漿並製成粄條。這種條狀的麵食，現已成為新埔客家名產；然而當年竹南，只有我家生產的「客家粄條」是獨一無二的生意。剛滿五歲的我，小手拿瓢子舀一瓢米和水，對準石磨的洞口倒下去，二哥就雙手搖轉石磨而碾出黏稠稠的米漿。

我負責的工作比較不費力，平常都是婦女做的；可是混合舀多少米和水，以及倒進磨口的時間掌握，卻是挺重要的。不熟練的人來做，手拿的瓢子往往碰到石磨的搖桿而把水米灑落一地；不然就是水和米的配合比例不對，米漿太粗，影響到做出來的粄條品質。手腳敏捷的我雖然年紀小，卻做得很順手，贏得父母兄姐的充分信賴。

磨出來的米漿為了增進口感，要加少量硼砂與水適當稀釋，再用直徑約一公尺的大鍋煮沸，在滿鍋滾燙的水蒸氣中，把粄條一張張蒸好。這是最後段的成品加工作業，本來都由母親或兄姐擔當，但記憶裡自從二哥升五年級以後，好像都是他在做的。由於必須在七點半上學之前趕完工，身為副班長的二哥，常因時間趕不及而哭喪臉去上學；也有好幾次遲到，而在校門口的「二宮尊德」銅像前罰站。

我從五歲以後，每天一早五點鐘，就被叫醒去磨米漿。那麼小的年紀，既沒有糖果餅乾的零食可吃，也沒有玩具可玩，倒是身為老么擁有一項特權，就是佔有老母親已經乾癟的，再也擠不出乳汁的奶頭。橡膠奶嘴對我家來說是奢侈品，可望而不可及；我被允許在幫忙做家事之前，先和母親撒嬌，抱著她，用嘴吸吮和用手撫弄她的「老奶脯」好一陣子，才心甘情願去做事。

這種動作經年累月成了習慣，母親雖然苦惱萬分，也拿我沒辦法。日子一久，住在附近的人都嘲笑我是「乳囝仔」，也就是永遠長不大的「乳臭未乾的小子」。白天母親挑麵到處叫賣時，我老是緊緊拉她的衣袖，跟在後面走過大街小巷；走累了，就抱著母親玩弄和吸吮她的乳頭直到昏昏入睡。這種日常習慣要到七歲快入公學校時，因很多人嚇我：「上學以後還這樣的話，會被老師打罵，也會被同學譏笑喔……」才很不情願放棄母親的乳頭。雖然這是沒錢買奶嘴的窮困時代一段小插曲，不過我的「哺乳期」畢竟也太長了一些。

經過母親和兄姐的努力，客家婆婆所賣的「客家粄條」逐漸成為竹南名產，而「乳囝仔」的名聲也同時傳遍左鄰右舍、火車站員及搬貨工人之間。由於生意日漸興隆，母親遂不再繞街挑賣，改在火車站廣場一角設攤，從此收入增加，生活有了改善。

後來全家搬到「竹南建築組合」（竹南建築合作社前身）在火車站前興建的兩層樓紅磚房屋，樓下開間小店。雖然沒有店號也沒有招牌，但在樓上，我們終於有了可避風雨的家，不再受牆縫吹進來的冷風威脅，這是一九三五年我七歲的春天。不久新竹、苗栗、台中一帶發生大地震，雖然造成巨大災害，幸虧我一家人都沒有受到傷害。

一九三七年，蘆溝橋事件引爆了中日戰爭；四年後，又爆發了太平洋戰爭。隨著戰爭動員，物資匱乏，日本政府對台灣實施經濟管制，採取各種配給制度。沒有店號的客家婆婆的麵店，從此連米的配給也被切斷；維繫我們一家生計的粄條，雖有巧婦也難為無米之炊。入學不久的我，固然免掉上學前幫忙製粄條的工作，很高興可以專心學業，母親卻是愁雲滿面。

如今回想，貧窮困苦的幼年時代，很可能就是造就我剛毅不屈精神的主要原由。

北白川宮能久。近衛師長陸軍中將。揮兵南下途中，被原住民殺成重傷，死於1895.10.28。

紀念北白川宮的台灣神社。原址即今台北市圓山飯店。

竹南間諜事件真相

蔡焜霖譯

誇口「六月亡華」的日軍，本來就神經緊繃，他們一口咬定這場事件是中國間諜所為，出動便衣憲兵和特高負責調查，弄得竹南人心惶惶。

日治時代的基本教育學制，是日本人子弟進「尋常小學校」，台灣人子弟則到了學齡，強制進入「公學校」就讀。少數台灣人子弟也獲准就讀「小學校」，但他們的家長若不是所謂「御用紳士」，至少也是地方上有錢有勢的望族。絕大多數台灣囝仔讀的都是公學校。

入學後，不再撒嬌吸吮母親的老奶了，但鄰近的頑童仍舊嘲笑我「乳囝仔」而樂此不疲。同屬台灣人，卻有三種族群：俗稱「台灣人」的其實是指福佬人，原住民被稱為「生蕃」；至於我們客家人，就被蔑稱為「憨客人」。平常孩童一起玩耍，客家小孩難得加入。當時竹南的公學校，一班六十名學生中只有五、六名客家人，以現在流行的說法就是「弱勢族群」；每次打群架，都是客家小孩居於劣勢。

儘管這樣，我的體格在班上屬於中等以上，運動神經發達，動作又敏捷，特別擅長賽跑。況且在校成績除了一年級以外，每年都被任命為級長或副級長，使同學對我總是刮目相看。

從小倔強而富於正義感的我，經常路見不平，袒護同屬客家的同學或學弟；即使對方比我魁梧高大，我都悍然跟他格鬥，有好幾次我被打得鼻青臉腫，還被帶往教師辦公室療傷。學業成績不錯不待說，惡作劇的能力也不曾稍遜。二年級冬天，有一日放學後，受到「高等科」（註）的學長慫恿，「遠征」日本人子弟就讀的小學校。這批高等科學長全是鎮上中流以上家庭的子弟，只因報考中等學校落榜，所以心懷不滿。

當年的「新竹州」（包括現在桃園、新竹、苗栗四縣市）只有兩所州立的中等學校：新竹中學和新竹高女。表面上有入學考試，其實只要是日本人子弟，除非是無可救藥的白痴，一律可以入學；至於台灣人子弟，則只有極少數被錄取。對這種不公平待遇憤恨不平的學長們，看中我「初生之犢不畏虎」，而且跑路又快，才邀請我去日本小學校洩憤。

當年並沒有抽水馬桶，學校廁所的大小便是農家可以免費取得的重要「水肥」。廁所後面有可方便舀取水肥的洞口，平常都蓋上笨重的鐵蓋。學長迅速用木棍撬開鐵蓋，頑童的老大林萬財學長（大戰中任貨輪船員，在南洋陣亡）命令我們去撿石頭來，大小和自己的頭殼相當；他則雙手抱一個更大的石頭。然後大家假裝一群孩子在玩捉迷藏，伺機等候女老師走進廁所。

小學校的老師當然都是日本人。一看有一位年輕的女老師踏進廁所，老大低聲喊：「投下炸彈！」一聲令下，大家紛紛把石頭從水肥洞口丟進糞坑，一時屎尿往上四濺，嚇得女老師驚叫，奪門逃跑出來。學長看計謀得逞，也歡聲叫喊，一溜煙往學校後面的稻田四散逃逸。

這時有兩三位男老師聽到女老師驚叫，衝出校門追過來。只見最矮小的我在收割後翻犁過的凹凸不平的田裡傻傻地跑，很快就把我抓個正著。幾個大人鐵拳紛飛而下，痛打一陣，然後把我連拖帶拉，交給公學校校長先生處置。

在校長室，值星老師又把我痛打一次，並追問我同夥學長的名字。只念到二年級，日語還不怎麼靈光的我一味推說：「在學校邊鞦韆後，回家路上碰到的，所以不知道他們名字。」看我堅不吐實，值星老師更加怒不可遏，罰我跪在供奉天皇與皇后照片的所謂「御真影室」反省。後來經我們班導師（也是日本女老師）和我父親懇求說情，才免了退學處分，被釋放回家，已是天黑後六點多的事了。那年我還是班上的副級長；本來班導師對我寵愛有加，卻惹起這麼荒唐的亂子，讓老師儘是顏面掃地。

談到新年，台灣人不分福佬或客家，習慣上都過農曆年。本來日本人也過農曆年，但明治維新後力求西化，公家行事曆全改成陽曆。到我念公學校時，日本在台灣熱烈推行「皇民化運動」，壓抑台灣人傳統的宗教信仰。在我們那種鄉下地方，也強制每家供奉「天照大神」神位，當然禁止過農曆年，強迫大家像日本人一樣過新曆年。可是祖傳的風俗習慣沒有那麼容易改掉，台灣人陽奉陰違，只管把新曆年叫做「日本過年」，自己還是偷偷過著傳統的「台灣過年」。

一九三七年七月七日，蘆溝橋事件觸發中日全面戰爭。日軍勢如破竹攻陷北平，沿海幾個大城市也陸續淪陷。因連連捷報而得意忘形的日本人，在台灣也連日舉辦慶祝勝利的「國旗遊行」和「提燈遊行」。當年年底接近時，公家衙門及日本人家庭不用說，連台灣人的商店街或一般平民家庭也被迫依照日本禮俗，在門前豎立「門松」，屋簷下懸掛稻草搓成的「注連繩」（草繩花綵），強制台灣人慶祝「日本過年」。門口中央並懸掛「稻草蝦」，插著純白禮紙包好的木炭和一顆橘子，應是象徵驅邪與祈求豐收的吉祥裝飾。

那年除夕晚上，過了午夜十二點鐘，街上寂靜無聲，只聽冷冽刺骨的東北季風呼嘯而過。在這鬼氣森森的黑夜，老大林萬財號召六個頑童，分成東西兩組，叫大家到火車站前南北走向、長約兩百公尺的商店街偷橘子。我們東組一、二年級的幼童騎在個子高大的高等科學長肩上，一家一家尋訪商店和住家屋簷。雖然因害怕和寒冷而直哆嗦，還是鼓起勇氣把門中央「稻草蝦」裡的橘子摘下來，丟進麵粉袋，然後到米穀倉庫後面的空屋會合。西組負責襲擊「郡役所」（現鄉鎮公所）官員與日本小學老師所住的宿舍街，這時也戰「果」纍纍，扛一大袋戰利品回來。

學長叫我們儘量吃，但是寒冬冷冰冰的橘子，越吃越讓人又冷又怕，吃不了多少。吃剩的每人還分好幾顆，如果帶回家鐵定被爸媽罵死，只好在褲袋偷偷裝兩顆，其餘就用草袋蓋好，藏在倉庫裡，就這樣溜回家睡覺。

第二天一早天還沒亮，就被叫醒做粄條的粗活。然後收拾一下，前往學校參加慶賀新年典禮，這是一九三八年元旦。行禮如儀合唱完《新年歌》後，每人發紅白兩個餅，快到中午才回到家。在典禮中，校長和老師宣稱要「打贏支那戰爭的聖戰」，還帶領大家高呼三次「萬歲」，但對於昨夜橘子被偷的事，卻一概沒有提及，讓我稍稍安了心。

直到元旦傍晚時分，可能這時才發覺失竊，本該休假的郡役所及警察署，有好多警察忙進忙出。我一個小玩伴許澄清（現為以工研酢馳名的大安工研食品工廠的董事長）突然上氣不接下氣跑來我家說：「聽說昨天深夜有中國間諜潛伏進來，破壞日本人屋子的『注連繩』花綵，害得大批警察正在搜查間諜」。做夢也沒想到我們幾個頑童的惡作劇，一夜之間變成間諜活動、抗日運動。於是整個竹南陷入惶惶不安的過年氣氛。

先前誇大口，要在六個月內征服中國的日本陸軍，本來就神經緊繃，所以把除夕夜的「注連繩」花綵破壞事件，一口咬定為敵人擾亂治安的間諜活動。由於竹南瀕臨台灣海峽，是最接近中國大陸的海邊城鎮之一，引起日本政府高度重視，竟出動當年台灣人最畏懼的便衣憲兵及特高（特別高等刑事）負責調查。他們怎麼也不會想到，那只是一群頑童的惡作劇。因此我們還是平安過寒假，繼續去上學；至於藏在倉庫後面空屋的橘子，我當然沒有勇氣去拿回，就丟著讓它腐爛去了。

註：日治時代學制，小學六年後加讀兩年。相當現在初中一、二年級。

（取自竹南國小《百年校慶特刊》）

日治時代的體操表演，攝於1914年。背景為中港公學校操場。

（取自竹南國小《百年校慶特刊》）

竹南國小的前身：中港公學校第17屆畢業紀念，攝於1920年。背景為竹南國小最早的玄關。

不共戴天之誓

蔡焜霖譯

我幼嫩的心裡一直幻想，有朝一日當老師，或是當警察，要對那些惡棍警察報仇雪恥。這就是我心生叛逆，立下不共戴天之誓的開始。

一九三八年夏天，一位身穿雪白警察制服、腰戴佩劍的年輕巡查（巡佐）來訪我家。他自稱是新近調到竹南警察署的警員戴X寬，也是欠下龐大債務逃往台東的二姑丈的遠親；剛從警察訓練所畢業就派任到此，還沒分到宿舍，經我姑媽介紹，特來拜託在我家租住。我剛升三年級不久，看這位相當於我表兄的年輕警察，一副雄赳赳的模樣，打從心底就仰慕。經營客家人小麵店的我家，如果有警察進住，等於是我們的保護神，所以全家歡迎之至。二姑丈逃債牽累我們不少。不過戴X寬是姑丈遠親，算算關係，畢竟也是我家親戚；因此家人對他的三餐吃住，加上洗衣打掃一概免費服務，盡其所能大加款待。

有一天日本人警官橫光巡查部長，和我們這位遠親戴X寬巡查，威風凜凜來到我們的店臨檢。戴X寬用客語和日語盤問我老母幾句後，突然把聽不懂日語的老母雙手反扭起來，接著橫光巡查部長猛喝一聲「馬鹿野郎！」摑打她的臉頰。本來就嚴重扭傷膝蓋的老母，搖晃著倒下來，手肘趴在餐桌上，勉強撐住身子。

慘劇突然發生在眼前，我目瞪口呆愣住了，只能咬緊牙關怒視這兩名野蠻的警察。他們一離開，我一骨碌衝上前抱緊老母，母子倆大聲哭泣。原先以為會保護我家，而當作自家人誠心款待的遠親，居然和日本警察狼狽為奸，恩將仇報，在我眼前毆打老母後揚長而去。幼小的我深感憤怒，就在這時立下要報仇的決心。老母勉強抑住眼淚，用力把我抱得更緊。

事件發生當時，我兩個哥哥都不在家。大哥從公學校畢業後，在竹製品加工工廠當技工；二哥以優秀成績從高等科畢業後，考上鐵道部的甄試，在基隆機務段當駕駛科練習生，家庭生計因此改善不少。火車站前的麵店，雖沒有店名和招牌，但用飲食店的正式執照在營業。不過在鎮上居少數的客家人，受到日本人、甚至同屬「台灣人」的福佬人歧視和不公平對待。譬如說，在經濟管制下的配給比別人少，而負擔卻是一樣，甚至更重。

母親是樸素勤儉的典型客家婦女，對周遭加予她的歧視總能忍氣吞聲，並更加勤快幹活。她親手開墾鐵路沿線的空地，種植蔬菜和蕃薯，又免費租用二期稻作收割後休耕的稻田種蘿蔔、芥菜，加工做醃菜，當過冬的糧食或養豬的飼料。母親還把倉庫後面的舊家隔成豬寮，收集鄰近家庭的廚餘來養豬，一年可賣兩次，使家庭生活大大好轉。

就在母親努力改善生計的當兒，發生遠親戴X寬帶日本警官來耍狠的事件。事件起因，是戴X寬求功名心切，不惜把恩人踩在腳下。話說當年竹南街上，有人力推動的輕便車（人力台車）行駛。竹南與中港之間主要是載運旅客；而竹南與頭份、南庄之間，主要是搬運山區所出產的煤炭和農產品等。

有一天，我母親挑著滿滿兩桶廚餘剩飯，正想橫過街上十字路口時，可能因太勞累，一腳踢到台車的鐵軌而跌倒，嚴重撞傷膝蓋，廚餘剩飯也散落一地。幸好路口有一家「萬得商店」，老闆替我母親做簡單的緊急治療，並貼上膏藥。母親就這樣一跛一跛走回家，眼角噙著眼淚，叫我趕快去街角清掃一片狼籍的廚餘。

店家老闆許萬得是竹南有錢有勢的名人之一，他的商店幾乎等於鄉下的百貨公司：藥品、食品、雜貨、報紙、雜誌，還有當時最摩登的收音機、電唱機、甚至照相機等家電產品一應俱全。街坊鄰里視他為御用商人而又嫉又羨，偏偏他對窮苦的我家人非常友善，常送給我們舊衣、家具等；而他家老三（許候才）、老四（許澄清）兩個男孩，更是我小時候的好玩伴。

戴X寬巡查派任竹南警察署後，野心勃勃的想找升官機會。剛好風聞我母親受傷而在藥房接受治療，讓他逮到以「違反醫療法」罪名懲治當地名人的機會，妄想藉由嚴厲盤問我母親，在日本上司面前表現「大義滅親」的精神，作為升官之階。於是帶日本警官前來，逼我母親供認藥房未經醫生處方就替人治療給藥。母親對藥房老闆一心感恩，硬是不肯承認，堅持只買不需醫生處方的膏藥，並沒接受治療。求功心切的戴X寬惱羞成怒，反扭母親雙手讓日本警官打她。以上來龍去脈，是戴X寬日後透過親戚來道歉時詳細說明，我們才知道的。

二姑媽和她的孩子們獲悉此事，嚴厲譴責戴X寬，並逼他辭職。他在台灣變成眾矢之的，只好志願出任日軍佔領下的廣東地區特別治安官，聽說有一陣子升官，派任比較偏僻地區當警察署長。不過本性難改，為求個人騰達，又苛待老百姓和旅居當地的台灣人；戰後被人檢舉，以漢奸罪名接受當地法院制裁，戰時不擇手段貪得的錢財珠寶也全部沒收，最後保住一條命，狼狽逃回家鄉。應該也算惡人有惡報吧。

這事件發生之後，我的調皮個性有了一百八十度轉變。我下定決心，立志當老師或是警官。從此努力向學，用心幫忙家業，老師與左鄰右舍都稱讚我是模範學生、孝順的孩子。

那時只要唸完師範學校，就由台灣總督府正式任命為「訓導」，身穿夏白冬黑的文官服，遇到國定節慶，可以配戴金飾刀鞘的佩劍，好不威風。尤其當了老師，對官員或警察的子弟也可以威嚴相待，不聽話揮拳體罰也是被認可的。我幼嫩的心裡一直幻想，將來一定要報考師範學校，有朝一日當上老師，要對那幾個惡棍警察好好報仇。

萬一考不上師範學校，那就去當警察。只要我發奮努力，自信能當個巡查部長或高級警官，要把那個忘恩負義的混蛋巡查痛懲一番；也要對那些常嘲弄我們「憨客人仔」的福佬人，常藉口取消我家配給、百般欺負我們的日本人，甚至罵我們「清國奴」的日本人老師，都要報冤雪恥。這就是我心生叛逆，立下不共戴天之誓的開始。

兄弟復仇記

他一聽，大概察覺我們來意不善，轉瞬臉色發白，憔悴的臉更萎縮，以虛弱的聲音把妻兒叫出來，跪在我們面前謝罪。

蔡焜霖譯

故事一下子要跳到八年後。日本無條件投降，第二次大戰結束，我從日本空軍官校，正要參加特攻隊自殺攻擊任務時，因終戰而九死一生，在一九四六年春回到台灣。不可一世的日本國旗被拉下，換成青天白日的國旗飛揚故鄉天空，年號也從「昭和」換成「民國」。

一回到家鄉，遍訪親友報告平安回鄉的喜訊，同時也不忘追查那個忘恩負義、假借日本人虎威，欺凌我母親的畜生巡查。大約五月時，一位親戚傳來消息：那個禽獸不如的傢伙，在廣東為非作歹，戰後被關，僅以身免，又從汕頭搭帆船逃回台灣。台灣剛擺脫殖民地統治，過去依恃特權為所欲為的日本官吏及警察，還有瞧不起台灣人的日本老師等，都害怕報復，一下子消失不見了；何況狗腿子的戴X寬，更是不容於親朋，只好帶著妻子、三、四歲的幼女和一個男嬰，隱居在台北市堀江町（註）的日本人宿舍。

二哥在大戰末期，因資深的日本火車駕駛都徵調戰場，他這個助理駕駛很快獲得提拔，晉升正駕駛，戰後更是為數不多的台灣人中堅駕駛之一，格外獲得器重而任職於鐵路局台北機務段。我獲悉戴X寬的消息後，就跟二哥相約，趁他休假時，兄弟相偕去堀江町尋訪仇人。

二哥在工作服後褲袋藏一隻鐵鎚，我一身飛行衣，手握日本劍道所用的竹刀，循著地圖一路尋找。

這一帶從前像是日本中下級官吏的住所，日式官舍櫛比林立。日本人遣返之後，中國政府設立「日產處理委員會」清點和掌管日本人留下的財產；向來守法的台灣人，無人趁火打劫強佔屋宅，使大多數的房子空無人住。籬笆傾倒，門扉油漆剝落，窗戶玻璃破碎也沒有人理，一片荒涼蕭條的景象。行人稀少，想打聽也沒人可問，只得一間一間去探查。

終於在一條死巷深處，有一家好像有人住的房子。心想長年的仇恨即將雪恥，我強抑激烈的心跳，伸出因緊張而發抖的手敲門，另一手再一次握緊竹刀。我對自己在日本軍校鍊成的「劍道初段」功夫固然信心十足，但對方也是在警察訓練所受過柔道與劍道訓練的人，千萬不可輕敵。暗忖自古「邪不勝正」，又有二哥助陣，我勇氣百倍，就這樣豁了出去。

出來應門的，是個形銷骨立的老人，憔悴的臉上飄浮狐疑的眼色，看著我們，嘴巴勉強擠出「啊？」的聲音。他應該不記得八年前還是小學生的我，我腦中卻烙印他當年傲慢的形象。心想他現在才三十五、六歲，眼前出現的，卻像一個糟老頭。難道我找錯了人？

雖然心裡浮上一絲不安，還是用客家話問道：「你是戴X寬先生？」

那人有氣無力的說：「是啊。」

這時我勃然大怒，突然用粗暴的日語再問一次：「你真的就是戴X寬？」然後效法古代武士在報仇之前，先向仇人講明身份及尋仇源由，也把自己名字和八年前他羞辱我母的前事一一道出。他一聽，大概察覺我們兄弟倆殺氣騰騰，來意不善，轉瞬臉色發白，憔悴的臉彷彿更形萎縮，以虛弱的聲音把妻兒叫出來，跪在我倆面前，對妻子使個眼色說：「他們兩位是竹南舅媽的兒子」。

他的妻子膚色細白，風度嫻雅端莊，擁有貴婦人的氣質。這樣的女人下嫁給那個混蛋，我心裡暗罵真是「一朵鮮花插在牛糞上」。大概是抱著營養失調的嬰兒，跟隨混蛋的丈夫歷險回台，卻因丈夫過去的惡行，而過著避人耳目生活的緣故，她一臉憔悴，讓人看了心軟不捨。

往年在日本殖民政策下，靠著所謂大和民族的優越感享盡特權的日本官吏、教師或狐假虎威的台籍爪牙，因日本投降而失去後盾，被受盡壓搾而長期積怨的台灣人罵成「狗仔」、「四腳仔」等，甚至還有人被打得半死。如今惶恐跪在我們眼前的糟老頭，本來惡貫滿盈，原想把他痛毆到求生不得、求死不能的地步，無奈看那楚楚可憐的妻子，懷抱營養不良的嬰兒，復仇心和同情心交雜在一起，不知怎樣才好。我瞟了二哥一眼，二哥好像也猶豫不決。

在此關鍵時刻，正巧這女人的親哥哥從南部鄉下來訪，眼看當場情況，問清來由後，很熱心替大家打圓場。他勸說雙方，說彼此都是「姑表」，也都歷盡戰爭浩劫保命歸來，他會勸戴X寬近日親赴竹南向我老母賠罪，請我們看他的面子，今天先手下留情。說完，他雙手合掌，用拜神明似的姿勢向我們叩頭。兄弟倆被長輩這樣懇求，不知該說什麼，當場愣住。久久之後，二哥凝視釘滿板子補破玻璃的門窗，開口說話了：「如果真的親自到我母親面前謝罪，我們可以把過去的恩怨付諸流水。」

二哥這句話使我復仇決心消退，也給我一個下台階。於是我倆丟下一句：「那我們就等你來！」然後神氣十足離開了仇家。背對初夏的夕陽，兄弟倆邊走邊聊：

「那傢伙往年威風不可一世，想不到變了這麼多！」

「可不是！一個糟老頭怎麼看也不像他。」

「唉，那貴婦般的妻子和嬰兒一出現，可憐兮兮的，我就下不了手啦。」

平常木訥寡言的二哥，歸程中倒聊了許多。大概是緊繃的心鬆懈下來的緣故，我倆一搭上每站都停的慢車後，就一路睡到家。回家馬上向父母報告今天報仇不成的經過，一向待人寬厚的老母反而勸我們：「既然台灣已經光復，而狗仔也送回他們老窩，今後不必再理會那畜生一般的人。」

母親享受天年，活到一九七七年農曆正月，以九十三歲高齡與世長辭。但那個畜生卻不守信用，直到母親西歸，從未出現在她面前謝罪，真是令人扼腕的憾事。

註：今萬華區汕頭街、大埔街一帶。

教師夢幻滅

蔡焜霖譯

報考台北的師範學校，不論學科或術科，考完我都是信心十足，一日千秋盼望收到錄取通知。但始終沒有消息。

中日戰爭爆發之初，日軍在中國戰場所向披靡。但隨著戰局拖延，本來就資源貧乏、國力不足的日本，在大陸陷入苦戰，猶如掉入泥沼無力自拔。

寶島台灣素來盛產米、糖、樟腦、香蕉、鳳梨等農產品，而紅檜、樟木等高級木材，則在中央山脈的原生林中取之不盡。然而戰時非常經濟體制的陰影，逐漸籠罩在台灣人民頭上。一九三八年公佈《國家總動員法》，開始實施配給制度。而後在經濟統制下，進行各行業的清理整頓；家庭必需的食品、衣料等不用說，其他日用品的配給也日漸短缺。

老母開的麵和客家粄條小店，在非常時期首當其衝。本想依賴戴X寬爭取一點生存資源，反遭忘恩負義的背叛。其後更因「同業組合」（公會）龍頭——一位福佬人理事長的一句話，完全停止我家「營業用」的配給，而被迫關門大吉。

一家人靠著「家庭用」的配給勉強可以餬口，不過勞碌命的她老是閒不住，就向豐原、員林、西螺等地農家，用黑市價錢買雜糧製的「代用麵」（豆麩皮切成麵條狀的食品，俗稱豆簽），在竹南站前賣給來往旅客；賣剩的，就給我家正值成長期最貪吃的三個男孩填飽肚皮。不過這種生意沒有合法登記，常在車站剪票口或車廂內，被警察抓到而全數沒收，或課罰金，甚至以「慣犯」之名把她關進牢裡。

一九四一年修正《台灣教育令》，日本人小學校編為第一種國民學校，台灣人公學校則編成第二種國民學校，我的學校也改名為「竹南宮前國民學校」（註）。這時皇民化運動逐漸加溫，被審定為「榮譽之家」或「國語之家」者，可分到與日本人幾乎同等的配給，使我們班上也有兩三位同學改成日本姓名。官員和老師帥氣的文官服，在戰時體制下被迫改成草綠色（所謂國防色）的國民服；然而我對文官服和金光閃閃佩劍的憧憬絲毫未減，一路以師範學校為目標埋頭苦讀。

這一年十二月八日早晨，剛從新竹海軍航空隊起飛的轟炸機與戰鬥機群，編隊飛過我們教室上空。老師正在熱心指導升學考試的功課，一直快到中午才告訴我們：「早上收聽廣播，日本已經對英美等國宣戰。早上那一大批軍機，應該是飛往菲律賓或馬來亞，對英美軍隊進行轟炸。」

此後報紙和廣播，清一色都是「突襲珍珠灣成功」、「香港馬尼拉大捷」、「新加坡英軍投降」等一面倒報導日軍大勝的新聞。學生都被動員去參加「揮旗遊行」或「提燈遊行」慶祝勝利的活動，還有特別配給橡膠製的膠鞋和皮球的「恩典」。這時不僅日本人子弟，連異民族的台灣人子弟，也都普遍被挑起愛國心和從軍熱。

一九四二年三月，身為改制後的國民學校第一屆畢業生，我本來希望多報考公立普通中學。但班導師說，我家既非榮譽之家，也不是國語家庭，只是小麵店的孩子，報考中學不容易，勸我不如報考師範。於是照老師的忠告，報考台北的師範學校。平常努力沒有白費，不論學科或術科，考完我都是信心十足，夢想著雪白文官帽和黃金佩劍，一日千秋盼望錄取通知的到來。但始終沒有金榜題名的消息。

第一次向夢想挑戰鎩羽而歸，只好進入母校的高等科就讀；第二年（一九四三年）三月再度報考師範學校，仍然名落孫山，飲恨而歸。後來與老師討論分析，這兩次失敗應該是受到時局影響，而可歸納為兩個原因：

其一就是「國語之家」與「榮譽之家」這兩項籠絡台灣人的措施。前者是鼓勵全家講日語，以及改名換姓為日本姓名；後者是被徵調做「軍夫」，上戰場替軍隊勞動的人，他的家宅可貼上「榮譽之家」字樣。被審定為國語之家或榮譽之家的子弟，升學也會受到特別眷顧。

現在我腦裡還歷歷浮現，國小二、三年級時，常被調去竹南車站歡送軍夫出征的一幕。大家高唱台灣民歌《雨夜花》的曲調，歌名變成《愛國軍夫》，歌詞也改為「配戴著紅色布條的榮譽軍夫⋯⋯」小學生不懂大人離別之情，只管高興地唱著。我父母不但不會講日語，連福佬話都講得不道地，而家中又沒人被政府徵用，正應了老師所說「小麵店的孩子，要升學恐怕很難」那句話。

第二個原因，是因太平洋戰爭日趨激烈，在台日本人徵調戰場的比例也有增無減。但當時師範畢業生當上正式教師，享有免服兵役的特權；即使被徵調，也只有短短六個月集訓，之後就被任命為「伍長」（相當於下士官，須由陸軍省正式派令），回到學校教書。既然如此，那些在學校整天慣向學生鼓吹「忠君愛國」、「滅私奉公」等軍國主義思想的老師，暗地卻慫恿自己的兒子報考師範以逃避兵役。甚至遠從日本內地（特別是九州）跑到台灣報考師範的人數也急劇增加。既然日本人在升學上享有特權，連續這兩年沒有台灣人子弟考上台北的師範學校，也是不足為奇了。

「國語之家」牌子。在皇民化運動時代，此牌猶如匾額。

註：一九四一年四月，竹南公學校改制為竹南宮前國民學校；一九四七年一月改稱竹南國民學校，一九六八年八月實施九年國教，改稱竹南國民小學。原日本人所讀的竹南小學校，即今竹南國中。

報考少年飛行兵

蔡焜霖譯

他接過報名書一看，用很輕蔑的口吻說：「你這是當真嗎？要考上少年飛行兵，連日本人都不容易耶！」然後丟下一句話：「清國奴哪有可能考上！」

連續兩年報考師範學校而受挫，心情沮喪的我，想起當年高等科學長沒能考上中等學校，因而對日本人惡作劇的行為，不禁心生同感。當年在學長帶領下，每當日本小孩罵我們「清國奴」，我們就反唇相譏「狗仔子」；又跑去日本小學廁所，相準女老師如廁時，丟石頭進糞坑，使她光著白嫩屁股奪門而出；以及除夕夜的「橘子突襲行動」讓日本當局誤以為中國間諜潛入等等⋯如今回想起來猶心生得意，變成受挫心靈的唯一慰藉。

這時太平洋戰爭的局勢不變，強弩之末的日軍敗象日益顯著。對英美宣戰還不滿一年，一九四二年六月中途島海戰，日本帝國海軍主力有四艘航空母艦被擊沉。接著一九四三年四月，當我因升學考試慘遭滑鐵盧而意氣消沈時，日本聯合艦隊司令山本五十六元帥也壯烈陣亡。誇稱所向無敵的日本陸軍，竟從南太平洋所羅門群島的瓜達卡納爾島（Guadalcanal）敗退；佔領美屬阿留申群島中阿圖島（Attu）的日軍也「玉碎」，也就是全數被殲滅。然而日本軍部隱瞞事實，繼續以「大本營發表」誇大戰果，殖民政府在台灣則變本加厲推行皇民化運動，強迫善良的台灣人在「戰爭國策」下更努力獻身。

車站候車室或菜市場等地的布告欄，以及街角牆上或電線桿等比較醒目的地方，都貼滿宣傳海報與標語：「起來，一億同胞，消滅鬼畜美英！」或「一視同仁，大家完遂聖戰！」等等不一而足。除了頒佈「陸海軍特別志願兵制度」鼓勵台灣青年當兵外，也徵召眾多台灣子弟赴南方戰場，從事「盟軍戰俘監視員」或「勞務奉公團」等工作。我們學生就被動員到車站月台，揮著「日章旗」，唱著《台灣軍之歌》為身上斜掛紅布條上戰場的青年送行。

高我一級的學長，高等科都還沒畢業，就被連哄帶騙，半強制半志願地調赴日本神奈川縣的高座海軍工廠當少年工。時勢日趨緊迫，兵員補充更為告急，大家預測日本即將對台灣人實施所謂「一視同仁」的徵兵制度。

既然我的「文官服、金佩劍」美夢已碎，高等科畢業後，我也要步學長後塵，去當半強制半志願的海軍少年工？或是加入農業團，為南洋戰場的軍人種米種菜？我如一隻迷途羔羊，為前途徬徨不已。轉念一想，既然無法戴教師的文官帽，那麼考個警察也不錯⋯雖然警察的佩劍比教師短一截。想到這裡，我重新鼓起勇氣，一邊熱心幫忙母親的黑市生意，一邊更努力讀書，準備應付警察考試。

然而未成年人是無法考警察的，萬一還沒報考，就被徵調去當兵或軍屬，豈不是一切努力都付諸流水？我被少年的挫折、煩惱、徬徨和痛苦無日無夜地煎熬著，猜不透前面等待我的，是什麼樣的命運。

就在我徬徨懊惱時，學校走廊貼上徵募「陸軍少年飛行兵」的海報，上有戴著飛行帽童顏未泯的飛行兵臉孔，神氣活現的樣子強烈吸引我，把甄試簡章從頭到尾仔細閱讀。如果錄取，飛行兵學校畢業就是襟章上一線一星的「伍長」，可自由自在翱翔天空；並且只要肯努力，還可攻讀「航空士官學校」晉升空軍軍官，這一點對我最有魅力（當年日本的「航空士官學校」，等同今日台灣的「空軍官校」，不是一般士校）。這時腦海浮現曾經在新竹街上，遇見身穿七顆金鈕釦制服的「海軍預科練」，或是腰佩短劍的海軍飛行軍官帥氣的模樣，於是下定決心：「既然文官帽不成，那就改戴飛行帽！」一路興奮地趕回家。

一回到家就跟父母商量：「我要報考少年飛行兵。」父母吃過日本人的虧…開麵店因經濟管制而被迫關門，為了生活做一點黑市買賣，又被「經濟警察」欺負多次…當然反對我志願去當日本兵，何況又是最危險的空軍飛行兵，那絕對是不可以的啦。

我只好跟他們說，與其很快將來實施徵兵制度，被徵召當個二等兵派去南洋小島，罹患瘧疾或阿米巴痢疾而病死，不如在日本內地當空軍比較安全。還說，那些欺負我們的日本人或瞧不起我們的福佬人，看到「憨客婆仔」的兒子當上空中英雄，就再也不敢小看我們…就這樣，我好像已經考上了空軍似的，花了好幾天工夫積極說服，但父母硬是不肯答應。

我的老堂兄黃漢昌有兩個兒子，長男四月去當陸軍志願兵，次男則在七月當奉公團員派往南洋，我就拜託堂兄向父母說情。堂兄向他們強調：「我兒子一個當二等兵，另一個被派往南洋的孤島受盡折磨。與其如此，不如去念飛行兵學校，將來當個伍長甚至少尉，應該比較安全也比較不會受苦。」但父母親還是認為「台灣人沒有必要去當兵，替日本人打仗」始終不肯答應。眼看報名截止日逼近，我只好偷蓋父親的印章，向學校提出申請。

不湊巧，級任導師這時回去日本結婚，我就把報名書拿給暫代導師職務的隔壁班老師辦理。這位長澤訓導擁有強烈的大和民族優越感，常罵台灣學生「支那根性」啦，或「清國奴精神」啦，學生私下只管謔稱他「清國奴老師」。他接過報名書一看，用很輕蔑的口吻說：「清國奴「你這是當真嗎？要考上少年飛行兵，連日本人都不容易的耶……」然後丟下一句話：「清國奴哪有可能考上！」就頭也不回離開教室而去。

吃了閉門羹，不得已只好去找我五年和六年級的台籍導師有田先生（本名潘萬枝，光復後升任校長），請他幫我提出申請。有田先生不但答應，還當我的保證人，並以懇切的語氣鼓勵我：「為了本島人（台灣人）的名譽，你要好好努力。你的實力絕不會輸給內地人（日本人）。要贏過他們，讓日本人感到羞恥。」

數日後，考試通知單送到家。父母雖然反對，但害怕憲警罵他們「非國民」，甚至抓去關起來，只好雅不情願地給我到台北的旅費；並一再叮嚀我在考卷上要故意亂寫一通，邊叮嚀邊送我到車站月台。

獨自坐上空蕩蕩的普通列車，無意欣賞窗外景色，滿腦子想著明天的考試，種種複雜思緒湧上心頭。雙親對我這個當級長的兒子居然叮嚀：「考卷上要亂寫一通…」；長澤老師一臉不屑的說：「清國奴哪有可能考上！」恩師有田先生殷切的期待和鼓勵：「要勝過他們，讓日本人蒙羞…」以及我從小懷抱的對文官帽的憧憬；不共戴天之誓等等…心想也許圓夢和成全誓言的機會已經來到…腦海思潮不斷湧現。明天該如何應付考試？一直拿不定主意。

第一天在台北陸軍醫院接受嚴格的體格檢查及性向測驗，獲得「甲種合格」；第二天合格者在台北二中（現成功高中）參加學科考試。舉目一看，應考的絕大多數是日本人中學生，對我這種只唸到國小高等科一年的鄉巴佬台灣人來說，個個都是很可怕的競爭對手。不知是否之前為升學考試而埋頭苦讀有成，或是恩師那句「為了台灣人名譽…」的鼓勵奏效，我竟然違背父母的叮嚀，輕而易舉寫完答案，自信每一科都是幾近滿分的好成績。

要是錄取通知送到，父母一定會很煩惱吧，會不會一怒之下趕我出門？早知如此，體格檢查被刷掉就好了…這時有點後悔起來。想起報考師範學校時，身體檢查被判定為「擬似沙眼」，這次卻變成「甲種合格」，實在覺得不可思議。反正現在後悔也來不及了。說不定文官帽沒戴成，倒可以戴上飛行帽呢。就這樣悲喜之情交雜，考完試回到家。如今只好聽天由命，乖乖等放榜。

但是癡癡地等，過了九月二十日的航空紀念日，都沒接到合格通知。只好死了這條心，又回高等科上課去了。我悶悶不樂過了好多禮拜。

少年飛行兵學校入學日期原訂十月一日。過了很久，遲遲到十月中旬，才從陸軍航空本部直接寄來合格通知，這是第一次考試及格、預定錄取的通知；並交代我等候台灣軍司令部的聯絡，以便參加預定在東京本校舉行的第二次考試。我違逆父母的心意，報考人人視為難關的飛行兵考試而一舉上榜，高興、驕傲，以及怕挨罵的複雜心情交錯，讓我忐忑不安。

父母獲悉，整天悶悶不樂，一句話也沒說。原先我考完試回來，還騙父母說：「學科考試我故意寫錯。」對這個撒了大謊的老么生氣，或是失望至極？當天晚上，我也輾轉反側睡不著，苦思到天亮才下定決心：雖然別人罵我不孝，但我一定要替老母報仇；與其呆呆等著被徵去當二等兵，不如主動爭取當空軍軍官的機會。

第二天一早，透過有田先生向校長報告。於是在當天朝會上，校長對全校兩千六百多位教職員及學生宣佈：「本校創校四十餘年來，第一位陸軍少年飛行兵誕生了！」頓時大操場上歡聲雷動，我的同班同學更是瘋狂歡呼「萬歲」。暫代班導的長澤老師一臉不高興，抱怨我怎麼沒第一個報告給他。我心想「我才不甩你呢」，反目瞪他一眼。有朝一日當飛行官回來，一定要把你這個傲慢的「近衛師預備役伍長」整得跪地求饒。

各大報都以醒目的版面，報導我是竹南郡（涵蓋今竹南、頭份等六鄉鎮）唯一考上的人，新竹州知事（縣長）及竹南郡守也都親自召見，還送我餞別的紅包。「街役場」（相當現在鎮公所）也由街長（鎮長）帶頭，為我舉辦隆重的「壯行會」（歡送會）；母校則送我六十圓禮金和印有「祝陸軍少年飛行兵合格」字樣的紅布條肩帶。

其實這時日本內地與台灣間的海上交通，由於美軍潛水艇活躍，高千穗丸、高砂丸等豪華客輪，都被魚雷攻擊而沉沒海底。日台航線已變成危險海域，於是台灣軍司令部下達「在接到報到命令之前在家等候」的指示。

自從我考上飛行兵學校的消息傳出，環繞我家的氛圍也整個改觀。原先瞧不起我家「憨客婆仔」的當地御用紳士、切斷對我們小麵店配給的「飲食店組合長」（餐飲同業公會會長）、以黑市買賣罪嫌多次拘留母親的經濟警察，還有老師及官員的態度，都在一夜之間突變。只要路過我家門口，一定進來噓寒問暖，或誇獎或安慰我雙親，從此食品和日用品的「特配券」也大量送到我家。

我每次故意相準上下學時間，昂首闊步、神氣十足地走過日本小學校的校門前，假裝沒有看見那些日本老師和學生。他們卻以仰慕的眼光看我，竊竊私語：「哇，那是少年飛行兵耶，好帥！」我得意地想著：「狗仔們，看我這個清國奴也能考上飛行兵咧，你們能嗎？」那種感覺，恰如一下子躍上閃閃發光的明星寶座一般。

淚灑富士丸

蔡焜霖譯

我們佇立甲板上，眺望故鄉的陸地在夜幕中逐漸遠去，開始哼起悲壯的軍歌《黎明的祈禱》。歌聲像波浪一波波擴散開來，終於匯成齊聲大合唱。

以前都是被動員去歡送應召出征的軍人或軍屬，這次輪到我被人家歡送。一九四二年十月二十日，身上披著「祝陸軍少年飛行兵合格」的紅布條，由父親和大哥陪同的我，立正站在車站大門前。車站廣場已經聚集數百名學生代表、青年團團員、公家機關大官，以及有頭有臉的士紳們。母校校長叫我致詞，我因興奮和緊張，只覺口腔乾乾的說不出話，紅著眼眶勉強擠一句：「我這就出發了！」然後逕直朝月台走去。

在月台上，同班同學輪番高唱《大東亞決戰之歌》和《歡送出征兵士之歌》送我。當火車鳴笛一聲緩緩駛出時，恩師有田先生緊跟著火車走一段路，向立正站在車廂門口的我，用日語和福佬話含淚鼓勵：「為了台灣人的名譽好好努力。如有機會飛越母校上空時，起碼丟個通信筒讓我們知道。」

火車好像要讓我有更多時間與鄉親道別，慢慢駛離竹南車站。今早出門時，老母和大姊眼眶泛著淚水，只說了一句「自己身體要照顧好」就走進房間不再出來，是不是在房裡相擁而泣？月台上沒有看到她們兩位倩影。現在一別離，此生也許再也沒有重見之日。老母慈祥的影子縈繞腦裡，我熱淚盈眶一直佇立車門口，直到同學揮舞的旗海逐漸消失在遠遠的後方。

害怕被同車旅客看到自己像個淚人，火車快到新竹站才擦乾淚水走進車廂。旅客看我雖是乳臭未乾的小子，身上卻斜掛軍人出征的紅布條，很客氣紛紛讓位給我們父子三人。抵達台北後，先到表兄陳俊玖處拜訪，一起吃過午餐，下午三點前往台灣軍司令部報到，在此辭別父親和大哥。

學員全數報到完畢後，暫住陸軍第五部隊營房（在今中正紀念堂）。離開家鄉、親人，住在兵營的第一夜，聽那有名的熄燈號角聲：「新兵真可憐，睡在床上淚涔涔⋯⋯」真的讓淚水濕透枕頭和床墊。

當天一同報到的少年飛行兵合格者約一百名，其中日本人七十多名，台灣人約三十名。如何將這一百多人安全送往東京的陸軍少年飛行兵學校，變成台灣軍司令部的重大任務。因美軍潛艇頻繁出沒，日台航線危機重重，何時出航、行駛哪條航線都變成最大機密。我們暫住第五部隊期間，通訊和接見一律禁止。每天和阿兵哥一同起居作息，白天接受立正、稍息、起步走等基本教練，等待時機啟程。

這段期間，親眼目睹台灣人第一期特別志願兵的二等兵，早晚點名時，常遭上等兵老鳥修理，說是皮鞋沒擦好，就被痛毆到搖晃跌倒。我暗自慶幸自己的決定──沒有呆呆等著徵兵入伍，而搶先當少年飛行兵。

十月二十六日天未亮，我們被緊急點名號叫醒，在曉星閃爍的天空下摸黑前往台北火車站，極度秘密地駛往基隆港，港內停泊兩艘豪華客輪「鴨綠丸」和「富士丸」。為分散被潛艇擊沉的風險，一百多位未來的飛行兵分乘兩艘客輪輸運，我被分到最豪華的日本郵船公司所屬「富士丸」。分乘妥當，等到黃昏薄暮時分，兩艘船才鳴著寂涼的氣笛聲出港。同行還有護航的海軍驅逐艦，組成船隊航行。

沒有電影中，輪船出港時敲鑼歡送、與岸上送別人互牽彩帶的浪漫情景，我們一群少年兵並肩佇立甲板上，一直眺望故鄉的陸地在徐徐垂下的夜幕中逐漸遠去。不知何時，也不知是誰，開始哼起那首悲壯的軍歌《黎明的祈禱》。於是船上不分男女老少，也不分軍人平民，歌聲像波浪一波波擴散開來，終於匯成齊聲大合唱。

與父母兄姐也許今生永別，不再有重見的一天，腦海縈繞著他們的相貌，不覺淚水滂沱，順著臉頰流下。怕被別人看見，被譏笑「清國奴飛行兵果然是軟腳蝦」，咬緊牙根吞下眼淚，以沙啞的聲音和唱。不知是悲壯的詞曲令人感動，還是離情別緒令人傷感，竟然在歌聲中混雜了嗚咽聲，才知道「愛哭鬼」其實不只我一個。當故鄉山河逐漸消失在夜幕中，我才拭乾淚水，依依不捨走進船艙。

這艘我生平第一次搭乘的輪船，雖是商用客輪，船首和船尾卻配有對付潛艇用的速射砲二門及水雷投射設備。數十名海軍士兵忙進忙出，保養檢查各自的武器裝備。船隊把澎佳嶼拋在右後方緩緩北上，我搭乘的富士丸居中，右舷方有居一號船位置的鴨綠丸；左舷方的三號船位置，則有從高雄經台灣海峽北上的「加茂丸」加入；另外還有三艘驅逐艦在船隊的前後左右，來回巡邏護航。我們少年飛行兵預定錄取人員雖不是正式軍人，也被指派輪值對空、對潛的哨戒任務。

同行夥伴都是中等學校念到三、四年級的學長，在學校修過「教練課」；而我是最年少的國小高等科學生，從未受過軍訓。最糟的是連游泳都不會，又一路暈船，一就戰鬥位置便因緊張與暈船而昏頭轉向。幸好由台灣軍司令部派來護送我們的「輸送指揮官」矢野曹長看到我暈得氣息奄奄，遂免除我在艦橋上的哨戒任務。

搭上災難之船

蔡焜霖譯

軍官從那些母親手中搶走孩子，用救生衣包好，丟進海裡。母親們呼天搶地，他就把她們推落海中。目睹這幕恐怖景象，我只好用客家話吶吶唸著：「媽祖婆呀保庇我哦……」抱緊救生衣，奮身跳進大海。

大概是十月二十七日深夜吧，不，說正確一點是二十八日凌晨一時左右，船速較慢的三號船加茂丸突遭美軍魚雷攻擊。富士丸、鴨綠丸和護航的驅逐艦都對敵方潛艇發射速射砲或投下爆雷反擊。速射砲射擊的反彈力使輪船激烈搖動，爆雷爆發聲又在海底迴響，驚醒被免除哨戒任務的我，睡眼惺忪跑下甲板。我以為我們的船被攻擊，趕快穿上救生衣準備逃離，久久都沒接到矢野曹長的棄船命令。後來透過船內廣播，才知道加茂丸險遭魚雷擊沉，我們的船則採取迴避行動，準備天亮後再去救援。

船員巡視船艙安撫旅客，我卻惶惶不安，連救生衣也沒脫，就踉踉蹌蹌走進船艙，和衣躺下來睡。但因恐懼與緊張，徹夜未睡一直到天亮。

二十八日清晨六點，船內廣播解除了燈火管制和警戒態勢，乘客異口同聲歡呼起來，放心之餘脫下救生衣，爭先恐後趕往廁所或洗臉間。我們軍隊相關人員都配住客輪最下層的三等船艙，我的艙位在動力艙正上方，所以格外悶熱。我不僅拿掉救生衣，連上衣也脫了。從船艙圓圓的窗口一眼望去，昨夜遭受攻擊的加茂丸傾斜浮在水面。看來風浪很大，浪頭打到有五米以上高度的船艙圓窗口。

可能救援作業告一段落，富士丸正駛離加茂丸，右邊遙望正在上升的朝陽，再度轉向北方航行。我想應該沒事了，便把毛巾掛在赤裸的上身，拿著牙刷從床上下來。就在這剎那「轟隆」一聲，左舷船尾傳來巨大爆發聲，只覺船身左右搖擺，整個人跌到地上。

這次爆發聲顯然跟昨夜對付敵方潛艇的速射砲或爆雷聲不同，直覺這次可真的被擊中。剎那間船身開始向左傾斜。我隨手抓起救生衣奪門衝出船艙，拼命穿過擁擠的人群衝向樓梯。由於魚雷爆發的硝煙與硫磺味嗆眼又衝鼻，我慌忙跑回船艙，戴上離鄉時校長贈送的戰鬥帽，又以毛巾代替口罩掩蓋鼻子綁好。這時完全忘了暈船或飢餓，有如神助一般再度朝著甲板，爬樓梯衝上去。

下甲板與走廊，這時一片混亂。緊急疏散的乘客與忙著應變的海軍士兵、還有船員互相推擠；上層的一等及二等艙乘客，則像一波波的海浪朝下甲板湧來。人潮洶湧造成更大的混亂，哇哇哭叫的小孩們，就算沒被踩扁，恐怕也會被推擠而死。我這個不會游泳的人，要擠上救生艇看來沒希望；於是靈機一動，對著蜂擁而下的人群逆勢前行；推開人潮，甚至不惜爬過人家胯下，攀登舷梯，朝船橋方向走，好不容易跑到懸吊救生艇的上甲板。

可能是一個不會游泳的人求生意志驅使吧，從這裡先登上救生艇，應該是最安全可靠的辦法。於是從舷邊一躍跳入艇裡，爬進救生艇底部。不湊巧被一個忙著揮斧砍斷繩索放下救生艇的船員發現，怒叫：「救生艇要去下甲板坐！」他看我赤裸上身，戴戰鬥帽，說：「你是少年飛行兵吧，不趕快從下甲板跳進去就來不及囉。」伸手把我從艇裡拖出來。我千拜託、萬拜託說：「我只是學生，又不會游泳，請讓我坐。」他一點也不通融，揮手把我趕走。

這下子完啦，我只好循著原路，衝過舷梯和通道跑回下甲板；但人潮擁擠，幾乎沒有立錐之地，怎麼樣也無法跳進來。船尾開始浸水了，船身向左傾斜大約十度，身體失去平衡，互相擠來擠去好不容易擠到舷緣。這時右腳不知踩到什麼，一陣刺痛才驚覺自己原來光著腳，用腳趾把那東西挾起來，是緊急呼救用的哨子。哨子是配給我們的救生工具之一，我卻一心要搶先搭救生艇，而忘了隨身帶出來。好在上天相助，讓我撿到哨子，令我勇氣百倍。

這時波浪從船尾湧來，船身傾斜好像加快，恐怕已斜了三十度吧，船緣到海面的高度只剩下三公尺光景。不分男女老幼，爭先恐後搶著爬下船的繩梯和網梯。有的人失腳掉落海裡。有位看似指揮官的海軍軍官，恐嚇似的衝著年輕母親喊道：「你們再不跳海，會被漩渦捲進去！」同時從母親手裡搶走嬰兒、幼童，用救生衣綑包好，就丟進海裡。母親們呼天喚地哭叫，他說：「等一會我們會用救生艇把小孩撿回來，你們趕快跳下！」就逼這些婦女跳海，或把她們推落或踢落海中。

親眼目睹這一幕恐怖景象，我只好看破了。悔不當初既不信神也沒燒香，這時只好用客家話吶吶唸著：「媽祖婆呀保庇我哦，媽祖婆呀保庇我哦⋯⋯」用力抱緊穿在身上的救生衣，奮身一躍跳進大海。

怒海逃生記

蔡焜霖譯

就在這時，長達一百五十公尺的船身，活像甦醒一般，船首向上垂直豎立，彷彿就在我的頭上。要是船身摔下來，恐怕會把我當頭一罩，壓入海底。

不知那是太平洋或是東海，只剩頭部伸在海面上漂浮，十月下旬的海水雖然冷但並不覺得特別寒冷。想起當初上船時，海軍軍官曾經告誡：「船要沉下去時，會造成巨大漩渦，最要緊的是趕快游離沉船一百公尺以上。」我胡亂揮動手腳，急著遠離正要沉沒的船身，但越是著急，好像越被吸近船邊；甚至有時被浪頭推擠，險些被拋上已經傾斜的船尾下甲板上。

我曾經是田徑賽校隊選手，代表母校參加「郡」和「州」運動會而拿到冠軍；也常表演拿手的跳箱與單槓妙技，成為女學生的偶像，由於運動神經天生敏捷，動作機靈，而被諢稱「日本忍者」或「孫悟空」。如今掉落惡浪洶湧的怒海，自己就像被打上岸的海豚，絲毫沒有一顯身手的餘地。好在天無絕人之路，應該是媽祖婆顯靈了，胡亂揮動手腳好像也逐漸遠離了船身。

海浪愈捲愈高，當被推上浪頭高峰時，望眼可看到海面四處漂浮的救生艇，翻覆的六號及

九號艇就在我身邊。又看見幾十個或幾百個人頭在海面上浮浮沉沉，心想這麼多夥伴都在，一定會有人來相救。

等到掉進海浪中間的谷底時，頭上幾達五公尺的浪頭看似要罩頭蓋下，除了腳下無底的黝藍海水及身邊高聳的浪牆以外，什麼也看不見。令人毛骨悚然的孤寂感襲來，油然生起被夥伴遺棄的恐懼感，下意識拼命吹著哨子求救。這樣浮浮沉沉在水中，倒也覺得好像逃離船身有好一段距離。

腦裡的時間意識早已麻木，彷彿覺得已經漂浮了很久；但東方天空朝霞依稀留存，剛從海平面上升的陽光也還柔弱。回頭看來路，傾斜的富士丸幾乎全在水面下，即將沈沒了。只見戴白色戰鬥帽的人頭，不知是船員或士兵，也不知在哼唱或呼喊，翕動著雙唇，向富士丸舉手行最後敬禮。

就在這時，長達一百五十公尺的船身，活像甦醒一般，船首向上垂直豎立，彷彿就在我的頭上。要是船身摔下來，恐怕會把人當頭一罩，猛然壓入海底。我下意識雙手抱頭，幾乎等死一般，瞪著船首的動靜。不意富士丸好像懶得搭理我們，瞬間就被吸入海底。原以為自己正處於船身下方，幸虧沒被漩渦捲進去。

我繼續猛吹哨子，拼命揮動手腳，想靠近散落四方的救生艇；但是既靠不過去，也沒有艇子靠過來。過了大約一個小時，八號艇終於靠近來，抛出繩索給我。一位好像是艇長的海軍軍官，大概看不過我瀕死掙扎的醜樣子，趕快收緊繩索把我拉上來。

一滾進救生艇，便渾身發冷，牙齒不停地嘎嘎作響。軍官雖然給我一條毛毯，仍然發抖不已。於是換個辦法，叫我代替受傷的船員划船，說是用力划船身體就會暖和起來。我罩頭披著毛毯，生平第一次抓起船櫓開始搖動，但是根本無法和別人划船的節奏一致，老是碰來撞去，礙手礙腳。這時體力好像耗盡，身子一癱又滾回船底，但一下子又被抓回來強迫搖櫓。

趁救生艇騎著浪頭浮高的時候，四面八方望過去：遠處有三、四艘救生艇，還有許多人頭在海面漂浮無依，在浪頭之間揮手求救。他們大概已經筋疲力盡，無法游近救生艇；就算游近了，人滿為患的救生艇也無力靠過去救人。護航的驅逐艦和另一艘同行的鴨綠丸，不知是去追擊敵方潛艇，還是自行逃離，極目不見它們的艦影。我們只好不顧還在大海中漂浮的夥伴，茫無目標合力划船行進。

這樣漂流大概過了六個多小時，約在中午十二點半，鴨綠丸終於轉回來救援。我們從船邊放下來的舷梯攀登而上，被收容在下甲板。一上船，心頭一鬆，寒冷與飢餓感突然一起襲來。我腦子一片空白，昏昏迷迷靠著船緣垂下頭，比我們先被救起的護送指揮官矢野曹長看我這樣，立刻大叫：「喂，醒來！這樣睡了會死掉！」猛摑我臉頰，這才醒來回復意識。

但是體力已經耗盡，醒來又睡，睡了又醒，雖然我不記得，但聽說矢野曹長不厭其煩猛摑我好幾次，害我雙頰腫起，口腔黏膜也被打破。後來抵達大津陸軍少年飛行兵學校，接受第二次適任性檢查時，差一點被誤認為罹患白喉而慘遭淘汰，經詳細報告海上遇難經過，才獲得「甲種合格」，那是後話。

又過了一小時，大概下午一點半，又是猛然一聲爆炸，把朦朧睡意都炸走。隨手抓起救生衣，盡渾身之力跑去船邊，再度準備離船。不久聽到船長廣播：「本船已經迴避了敵方攻擊。魚雷雖在船的旁邊爆炸，並未損及本船。務請各位不要驚慌，穿著救生衣待命。」儘管放下一半的心，還是找一個萬一逃生比較方便的船緣角落，用毛毯從頭裹到腳。後來船員走來分飯糰，我就像餓鬼似的，喝著滾燙開水吃下飯糰，這才恢復了氣力，意識也漸漸清醒。

這時才開始後悔今天早晨裸身逃離時，那驚慌失措的模樣。我的上衣口袋存放人家餞別送的錢和旅費，一共一百二十圓；還有和父母一起巡禮參拜故鄉和獅頭山寺廟時，領取的「香火」（護身符），只因怕被譏笑「台灣人的迷信」，都沒有掛在身上，而放在口袋。而今上衣、鞋子、金錢、護身符，加上母親在黑市高價買來的糯米製成的乾糧，全都隨著富士丸永遠沈入太平洋的深淵。現在裹身的毛毯，是鴨綠丸臨時借我用的，抵達神戶港後必須歸還。想到這裡又惶恐不安，全身哆嗦不已。

此後的航程不再有警報和攻擊，恢復氣力後，像阿拉伯人一樣用毛毯套頭裹身，到處徘徊船內獵食飯糰。鴨綠丸因突然增加從加茂丸、富士丸收容過來的「難民」，配餐有限，每人每餐只有一個飯糰。我在遇難前，暈船暈得胃液都吐出來，但敵方的魚雷攻擊，把我暈船的毛病也一起炸掉了，獲救後食慾更為旺盛。只吃一個飯糰顯然不夠，我就餓鬼似地，從這個船艙跑到另一個船艙，瞞過配餐的船員多騙取了飯糰吃。

（取自《大東亞戰爭—台灣青年》）

大戰前期，日本海軍在西太平洋所向無敵；後期受美機轟炸與魚雷奇襲，釀成多起20世紀最驚心動魄的海難事故。

街頭千人針。戰時，「愛國婦人會」常在街頭發起「一人一針」活動，為出征兵士縫製祝福平安的布條。

戰俘與難民的夜行軍

蔡焜霖譯

走進飛行兵學校大門，嘎嘎！咯咯！劈達！啪達……各種鞋履聲音響起。最驚訝的應該是衛兵，看這群從未見過的奇異隊伍，他敬禮的手都忘記放下來。

被救上鴨綠丸後一路平安，兩天後的十月三十日，終於抵達日本九州的門司港。由於被美軍潛艇的魚雷攻擊，膽戰心驚的我們一行，曾經要求下船，改從陸路搭乘山陽線火車北上東京，但軍方上層沒有批准。於是補給飲用水與糧食後，行經瀨戶內海北上，沿途欣賞耳聞已久的美景，最後在神戶上岸。

為了儀容問題，我們與當地「軍需部」（如我國聯勤單位）再三交涉，可是他們說沒有「小孩子」的軍服，拒絕提供協助。不得已，把原來應該還給鴨綠丸的毛毯A過來，裹著身子下船。碼頭上有多位披著白色圍裙、佩帶「愛國婦人會」布條的歐巴桑，手拿小國旗和「慰問袋」等候著。想起不久以前，還在學校為前線軍人寫「慰問文」製作「慰問袋」，如今一踏上日本內地，就受到「愛國婦人會」歐巴桑的慰問，真是有點情怯。船公司也贈送我們每人一百圓慰問金，接著帶往火車站前的「薩摩旅館」。喝下熱騰騰味噌湯，又把混合麥片的糙米飯吃到飽，這才猶如死去又活過來，長長嘆了一口氣。

出發前還有一點時間，趕緊上街買外套和鞋子。赤腳漫無目的徘徊街道，尋找賣學生服及運動鞋的商店。但日本內地的配給制度極為嚴苛，我們這些人身上沒有「配給券」，除了木屐什麼也買不到。總不能光著腳丫子到東京上飛行兵學校吧，我只好買一雙從來沒穿過的「雪馱」——那是拖鞋下面釘一塊有溝的木板。既然連內衣也買不到，只好繼續裹著毛毯趕往站前廣場集合。

集合的學生中，本來就搭乘鴨綠丸的，都穿整齊的學生制服；跟我一起搭乘富士丸的同學，有的像我一樣光著上身裹著毛毯，有的穿木屐，也有赤腳的。護送指揮官矢野曹長對我們這群又像戰俘又像難民的學生，聲淚俱下道歉說：「讓你們受難的同學沒有暖和的軍服可穿，我深感抱歉。只因為我僅是台灣軍司令部屬下的一個士官，無力替各位向當地軍需部爭取補給，請各位忍耐並繼續奮鬥。」

十月三十一日晚上，我們坐東海道本線的火車啟程往東京。臨行矢野曹長一再叮嚀：「日本內地比台灣冷，大家盡量抱著肩膀擠在一起，打起精神向內地人民展現台灣少年的熱情。」日本內地的秋天果然寒冷。即令在擁擠的車廂內，仍然冷得一直發抖。車上乘客本來都以異樣眼光看這群奇型怪裝的少年，但獲知來自台灣的少年飛行兵海上遇難的故事後，同情之聲四起，甚至有多位年長者怕我們一路去東京太辛苦，紛紛讓位給我們。可是一坐下三等車的木板椅子，好像有一股冷氣從屁股朝著背脊升上來，感覺更冷，不如背對背站著反而暖和許多。

火車過大阪站不久，航空本部有指令送到，要我們就近到「大津陸軍少年飛行兵學校」報到。大家匆忙收拾行李，就在大津站下車。我提著唯一的「行李」，也就是神戶愛國婦人會歐巴桑贈送的慰問袋，緊跟著下車。大夥在大津站前排好隊，齊步穿過大津市街，朝著少年飛行兵學校行進。

雖然矢野曹長鼓勵大家邊走邊唱《台灣軍之歌》以表現台灣少年的精神，但是有穿皮鞋的，也有穿運動鞋或木屐的，更有赤腳走路的，步伐難以整齊有力。這群異樣的隊伍活像南方戰場押回來的戰俘，或像押往「觀護所」的不良少年…那天大津市民應該以驚訝的眼光目睹這個場面吧。

晚上十點多，我們抵達飛行兵學校大門口。矢野曹長拔刀指揮，「正步走！」的號令一下，「嘎嘎！」「咯咯！」「劈達！」「啪達！」各種各樣的鞋履聲音響起，大家精神抖擻踏著正步走進校門。最驚訝的應該是大門的衛兵吧，看這群從未見過的奇異隊伍走進門來，他舉起敬禮的手都忘記放下來。

我們向值星官申告（報到）完畢，立即在體育館領取軍用襯衣和內褲，又去泡個熱水澡洗掉寒意，歷經一週來的滄桑，終於度過一個溫暖的夜晚。次日起，也就是十一月一日和二

（取自《あゝ少年飛行兵》）
大津陸軍少年飛行兵學校正門。

日，進行比台北第一次檢查更嚴格的第二次檢查。

富士丸受難的餘悸猶在，深怕萬一被判定不合格而送回台灣，我還有什麼臉去見鼓勵我的恩師，和在車站揮旗歡送我的同學？如果在回程的輪船上，再度遭受攻擊，恐怕非死不可了⋯⋯種種憂慮在心中。雖然挨摑的雙頰腫未消，但我仍咬緊牙關贏得「甲種合格」，配屬第十中隊第六區隊第十一班，正式成為「帝國陸軍學生」。時為十一月三日明治節當天，比預定入學日期整整晚了一個月。遺憾的是，同來的夥伴有十幾位被判定「不合格」而送返台灣，我只能默默祈禱他們平安返回家鄉。

第二部
飛行英雄出少年

（圖片來源／陸軍少年飛行兵史）

大津陸軍少年飛行兵學校，17期生入學典禮。攝於1944年4月。

脫穎而出：大津陸軍少年飛行兵學校

蔡焜霖譯

伍長一出手就痛毆，對我怒罵：「你把勅諭奉讀當作兒戲嗎？」「我要把你的軍人精神痛打出來！」他揮拳如雨，打得我頭暈目眩，幾乎站立不住。

抵達日本後，第一所入學的大津陸軍少年飛行兵學校，是一所對未來防衛「皇國」上空的航空人員施以基本教育的學校。由於太平洋戰爭戰場擴大，戰況加劇，飛行員需求日增，只靠東京陸軍航空學校一所，顯然不足所需。所以一九四二年十月，在大津陸軍醫院舊址創設分校，並在次年四月獨立成為大津陸軍少年飛行兵學校（註）。我們是該校第三期生；以陸軍少年飛行兵通算，則是第十七期生。從日本全國各地來的學生，早在十月初就入學了；唯有我們從台灣來的這批人，遲至十一月三日才入學，平均配屬在各個中隊。

值星班長足立曹長把我介紹給同隊同班的同學，依身高次序我排第七，這正是Lucky Seven的吉利序號，因為後來畢業時，七到十一號共五個人配屬「操縱科」（駕駛），其餘十五位配屬「整備科」（地勤，修護保養）。入伍後馬上領到九九式步槍、短劍及軍服等一套裝備。來自全國各地的同學，好奇圍著我問東問西；他們的口音有東北腔、大阪腔、山陰腔、九州腔等不一而足，我這個國小高等科的鄉下孩子只學過日本「標準語」，好像突然和外國少年相處，「鴨子聽雷」根本不懂他們在講什麼；只好像個啞巴，用點頭、搖頭代替回答。

到了晚點名時間，值星官巡視完畢，也做過「宮城遙拜」（朝皇宮方向鞠躬行禮）。這時內務班長足立曹長喊了一句「○○遙拜！」讓我愣了一下。前面的「宮城遙拜」我在台灣的學校朝會天天要做，我當然會。可是後面這個「○○遙拜」到底拜什麼？我偷偷瞄同學一眼，大多數人都向後轉，對收拾自己裝備的衣櫃鞠躬。我想起學校的老師常說：「武器是軍人的靈魂」，喔，大概是這樣，同學才拜裝備櫃的囉。於是我也向後轉，對自己的衣櫃叩頭行「最敬禮」。

這樣拜衣櫃過了幾夜，足立曹長看我行動很詭異，問說：「黃華昌，你的故鄉台灣是這個方向呀？」我這才知道，原來「○○遙拜」是向家鄉父母和長輩請安的動作。從此我每次晚點名後，就寢前，就面對南方的故鄉，默默向父母及兄姐道晚安，祈禱他們平安；並且也重下決心，一定要成為「日本第一的飛行員」以報答故鄉父老的栽培。

入學後的生活漸上軌道，已經習慣嚴格規律的軍隊生活，也和日本各地來的同學都變成好友，他們濃重口音的日語也聽得懂了。可是對於在亞熱帶台灣長大的我來說，最大難關是寒冷；冬季出操可真難熬，早晨的起床號猶如魔鬼的呼嘯，每天都好希望能在溫暖的被窩中多待一會。

二月隆冬某天早晨，起床號響起。我賴了一下下床，才很不情願地起身，整理好內務，沒有時間上廁所，就匆匆跑出去集合，站在隊伍後面，開始畢恭畢敬朗誦明治天皇的《軍人勅諭》。很不巧，這天剛好站在中隊長旁邊，而尿意越來越急，膀胱像加滿的油箱，不知什麼時候會噴出來。

我把前文草草唸完，只將簡單的「五條聖諭」大聲朗誦，後文也馬馬虎虎結束，就如一支射出去的箭，飛也似地衝往廁所放尿。解完手，高高興興扣上褲釦出廁時，就被尾隨而來的隔壁區隊的「班附」伍長逮個正著，一出手就毆打，同時怒罵：「你把勅諭奉讀當作兒戲嗎？」「我要把你的軍人精神痛打出來！」他揮拳如雨，打得我頭暈目眩，幾乎站立不住。

我入學以來，福原區隊長和足立班長都特別愛護我，戲稱我「台灣和尚」，處處給我方便。由於在術科方面，我擅長空中迴轉及單槓的大車輪、小車輪等動作，幾乎成為體育課的助教；但學科的幾何代數、三角等課，沒唸過中學的我就差人一大截。區隊長和班長特別開恩，讓我在熄燈後，可到軍官室或士官室自修，還接受特別輔導，使成績快速進步，後來居上，凌駕其他年長的同學。

而在內務班作業方面，別人不愛做的工作，我都攬在身上積極做好，因而跟日本同學的關係也改善到水乳交融的地步。這樣的環境，讓我原先對日本人的反感及對抗心理日漸淡薄。可是這一天別隊伍長多管閒事來痛毆我，卻重新燃起我的鬥志，我痛下決心：「我一定要贏過日本人。為台灣人的名譽，我要成為頂尖的飛行軍官！」

從此我無論學科或術科，都咬緊牙根加緊努力，本來被挑選為單槓與Hoop（鐵環；虎伏）的體操選手，可惜因美軍空中堡壘B29首次空襲九州，原訂在西宮航空園舉行的體育大會突然取消，「台灣和尚」要在日本全國青少年面前表演的單槓「大車輪」、「大和魂」，以及鐵環「滾水桶」等拿手特技的機會也都沒了。好在我的劍道取得初段資格，原來完全不會的游泳，經過苦練可以輕鬆游一百公尺。最後從大津畢業時，我的綜合成績是一千兩百名畢業生的第三十六名，差堪告慰台灣鄉親的殷切期望。

畢業前的夏天，日本同學都放假回家，只有家住台灣、朝鮮、庫頁島、北海道等地的同學，由於交通不便留在校舍。每當黑夜來臨，獨居空蕩蕩的寢室，特別思念故鄉的親友，有家歸不得的感覺格外令人感傷。等到暑假結束，返校的同學特地為我帶來好多他們故鄉的名產，多少撫慰我的孤寂和鄉愁。

一個禮拜天早上，值星士官通知我有人來接見。我想日台航線由於美軍潛艇出沒，已差不多中斷了，怎麼可能有人來見我？心中嘟噥著，來到校門旁邊的接見室繞一圈，沒看到半個面熟的人。走回校舍，向值星士官報告沒看到人，他罵我一聲：「明明有登記你名字呀。」於是一臉臭臭的帶我去接見室，喊說：「哪一位先生來看黃華昌？」一位坐在角落，身穿卡其色「國民服」的年輕男士，起身帶一位漂亮的小姐走來。

他自稱方壬癸，是住在我家附近的有錢人家。曾留學京都帝國大學醫學部，畢業後在大學附屬醫院服務；之後返回台灣一陣子，最近又回到日本，因受我大哥（他公學校同學）之託特來探訪我。身旁那位漂亮小姐，方先生說是他所租房子的房東歐巴桑；但我怎麼看都不像，應該是他的女朋友吧。

我們互相交換學校生活和故鄉親人的消息。午餐時間，學校特地招待我們「一膳飯」和紅豆湯。臨走時，方先生把我大哥託他的「鉅款」二十圓交給我，我則把洗衣肥皂和牛乳香皂各兩個，偷偷塞到漂亮小姐在戰時常穿的長褲口袋，作為見面禮物。

當時在嚴厲的經濟管制下，物資極度缺乏。在民間，每天三餐的食糧不用說，連日常生活用品都是配給的。在這個非常時期，「一膳飯加紅豆湯」的招待極為珍貴，而牛乳香皂更是奢侈品了。雖然送軍用品給老百姓是違禁的行為，但同鄉前輩替大哥專程來看我，又帶一位那麼漂亮的小姐，為了故示大方，我才甘冒被罰的危險送她「大禮」。

過了一陣子，畢業日期已接近的某一天，我接到一張明信片。寄信人以日本片假名署名Emi，地址只寫「京都市左京區」，內容只有一行「這個星期日來看你」。到底誰寄的？真令人費疑猜。想來想去，因地址寫京都，猜想一定是方先生那位漂亮的女友了。為了這張卡片，我還被負責檢查信件的士官叫去問東問西，一定要我交代誰寄的。我老實答以「不知道」，反被懷疑不誠實，甚至罰跪到深夜一點才許回寢室。

到了盼望已久的星期日，獨自一個人來看我的果然是她！請教芳名，才告訴我是「惠美」。她說今天來訪，並沒告訴方先生。那一年算足歲我才十五，正值情竇初開的年紀，美女偷偷來訪，心情飄飄欲仙；不但忘掉被罰的不甘，還請同學割愛，多收集幾塊牛乳香皂，這一送就是三塊。

我請她轉告方先生，九月二十六日我的畢業典禮，請他能代表我家人前來參加。既然我配屬「操縱科」（駕駛科），畢業後決定升級唸「熊谷陸軍飛行學校」；而且戰局日趨惡化，何時在空戰陣亡都不知道，那麼衷心希望，至少有人替我把畢業證書轉交家人。只是這次惠美小姐來看我，既然沒向方先生提起，她會替我轉告的可能性就少了。果然畢業那天，沒人來參加我的典禮。所幸好友小笠原真任的父親有來，我就請他帶回保管，以後有機會再寄到台灣給我家人。

實際上，這張畢業證書真正送到台灣，已經是二十六年後，一九七〇年的事情了。

註：戰時日本培育少年飛行兵的軍事學校有多所：少年飛行兵學校有東京、大津、大分三所，屬於「基本校」；陸軍飛行學校有熊谷、宇都宮、大刀洗三所；陸軍航空整備學校有所澤、岐阜兩所，以及一所位於茨城的陸軍航空通信學校。這六所屬於「上級校」。

冷酷考驗：熊谷陸軍飛行學校

蔡焜霖譯

從浴室到營舍不到三百公尺的距離，本來泡得暖烘烘的身子，被關東下山風一吹，跑回營舍時，連濕毛巾都凍成一支僵硬的牛蒡劍。

一九四四年從大津畢業後，我被送往熊谷陸軍飛行學校，正式接受駕機訓練。學校位在日本關東的埼玉縣北部，氣候比位在關西的大津加倍寒冷，尤其令人聞風嚇膽的「關東下山風」更是冷冽無比。從我入學那一年的歲末，到次年一九四五年初之間的冬季，據村子的農民說，是七十年來最冷的冬天。室內上課還好，像必修課目「無線通信術」的演練可就困難重重，凍瘡的手無法隨心所欲打電碼；而耳朵聽到的密碼要譯寫出來，凍僵的手指又不聽使喚，寫出來的盡是蚯蚓一般的字，連自己都難以辨識，因而常受到助教責罵。

這所學校的管教又是出名嚴格。例如戴上笨重的防毒面具，繞著機場快跑一圈，或在零下十度的酷冷深夜，緊急召集把你叫起，強迫躍入防火用水池等等，嚴苛訓練不一而足。從整天的苦操解放出來，到浴室泡熱「湯」，將毛巾放在額頭，伸長手腳全身浸在熱水裡，該是一天最快樂的時刻。

但從浴室到營舍不到三百公尺的距離，則是最大的難關。本來泡得紅咚咚的臉孔與暖烘烘的身子，被冷冽刺膚的「關東下山風」一吹，跑回營舍時，連濕毛巾都凍成一支僵硬的牛蒡劍。這是台灣人幾乎無法相信的親身經驗。

出操極辛苦，但每餐的飯只有一大碗米飯，雖然比民間青少年的配給食糧豐富多了，但正值發育期的我們少年兵，總是感到不足。每當肚子餓，常懷念起家鄉的食物，尤其是母親烹調的菜餚。我們這群經常挨餓的大男孩，每當野外演習，常趁機潛入機場附近的農家，用步槍刺刀把掛在屋簷下的乾柿切下來吃，自美其言稱為「就地徵用」。

這件危害附近農家的惡行，後來被校長加藤俊夫少將獲悉。這位在「滿蒙國境」上空對蘇俄空軍奮戰馳名的猛將，親自下令處罰我所屬第一中隊與第三中隊，舉行「絕食野外演習」。也就是破曉時分，天還沒亮就叫人起來，不吃早餐及午餐，全副武裝行軍三十六公里，接著展開遭遇戰。這是比實際戰鬥更苛酷的處罰。我們中隊總共兩百多名學員中，當晚八點以前平安回到營舍的只有五十名左右，我也是其中一個。

其實說穿了，那天大概下午四點鐘吧，我因疲倦與飢餓而脫隊，獨自一人在桑園徘徊，被農民救回他家，還請我吃剛蒸熱的馬鈴薯和醃白菜加上熱茶，這才好不容易恢復體力，快馬加鞭追上隊伍，趕上最後一關的遭遇戰。聽說趕不上的同學，都是因疲勞飢餓而「落伍」，雖然被救護卡車撿回來，可憐還被加罰輪流站夜崗。

每天嚴格規律的軍隊生活中，也有甜美的插曲。以前在大津非常要好的同班同學小笠原真任，畢業後分派到「所澤陸軍航空整備學校」，也是位於埼玉縣。我們經常交換書信，報告近況並互相鼓勵。後來他姊姊美代子小姐，幾乎每個禮拜都寫信給我，還每個月寄慰問袋來。同學都以羨慕的眼光看我，但我必須犧牲自習功課的時間，回信向她道謝。才十五歲的我，在愛情的初體驗與學習的矛盾中搖擺，每晚自習時要寫的「反省日誌」也是心不在焉潦草寫寫，事後連自己都認不出寫些什麼。

在接近熊谷畢業日期的某一天，我在反省日誌隨興寫下一句：「希望升學航空士官學校，將來成為一名空軍軍官，在故鄉上空盡情飛翔」，結果被區隊長平尾少尉叫去罵：「你不是要早一天成為空中戰士，把生命獻給天皇及國家，才志願少年飛行兵嗎？」我總不能跟他說：「為了替母親報仇，及不甘受日本人侮辱，才想當飛行軍官」，只好不愛搭理，讓他一直說教和謾罵下去。他看我不大理他，這下怒火上衝，又認為我近來和女孩子通信，學習態度每況愈下，全部的帳合在一起算，大喝一聲：「你什麼態度！到外面院子站好！」

出到院子我立正站好，他馬上雙手開弓，連續猛摑我的臉頰。我一路搖擺後退，他一路揮拳猛追，打了不下數十，連他自己都氣喘如牛。我被打到雙頰紅腫，還是中隊的人事主管根岸准尉及橫山班長替我說情才停止體罰，馬上被帶到醫務室，用硼酸軟膏替我敷藥治療。臉上的腫痛過幾天就消退了，但從軍以來最殘暴的體罰，卻在我內心深處刻上永遠除不去的怨恨。想不懂那可惡的區隊長，為什麼發飆痛打力求上進的部屬？這件事也激起我對日本人的抗拒心理，以及更堅定我將來為台灣人的名譽，成就一名英勇飛行軍官的志向。

熊谷雖然留下許多辛酸的回憶，但我也學到了發動機學、飛行學、氣象學、操縱（駕駛）學、通信學等飛行員必修的學科，以及滑空訓練、連結機駕駛訓練等術科。在人緣方面，與平尾區隊長處處不搭調，但横山班長一直很愛護我。體罰事件中為我說情的根岸准尉也是富士丸的受難者，那一次全家人從台灣調回日本，無奈痛失兩位女兒，所以對我猶如異鄉遇知己，總是提攜和庇護我。畢業前每一中隊選拔八名代表參加全校聯考，我贏得優等成績，受到中隊長表揚，自覺離飛行軍官之路越來越近了。

小笠原君的姊姊美代子，有一天來信，附上照片，說明她應募「女子挺身隊員」在飛機相關的軍需工廠服務，並在信中透露對我的濃濃愛意。這封信沒有馬上發給我，而是被根岸准尉扣留，等我畢業前分發到實戰部隊之際才交給我。此後我和她都歷盡大戰末期的激烈空襲與戰後動亂，少年戀情終被時代的洪流無情沖散。

直到一九九〇年左右，一家台日合資公司的總經理村松至先生，偕夫人桂子來台履新。偶然的因緣與他們認識，才知道桂子就是小笠原美代子的女兒！半個世紀後，奇妙緣分重新撮合了兩家人，從此我們夫妻收桂子為「無緣的女兒」，她旅居台灣五年期間，都把我家當娘家，享受全家團圓之樂，讓人深覺命運安排之不可思議。

立川基地：迎戰空中堡壘

蔡焜霖譯

環顧四周，戰壕周圍盡是散落一地的彈莢，大大小小銳利的炸彈碎片，插得滿地都是。落彈這麼密集，我們卻連個擦傷都沒有，想起來真是心有餘悸。

美國空軍轟炸日本本土始自一九四二年四月，由航空母艦起飛的B25轟炸東京、名古屋、四國沿海城市。接著一九四四年六月，從中國昆明起飛的「空中堡壘」B29以超高度飛來轟炸北九州。這兩次空襲直接造成的災害雖然不大，但對日本國民精神上的打擊卻無可估計。

到了一九四四年十月，台灣外海發生空戰，日本投入精銳的陸海空軍卻一敗塗地。從此美軍航空母艦所載軍機，把台灣上空當成自家花園，聽說竹南以火車站為中心的一帶地區，也遭受美機的轟炸掃射。次年（一九四五）過了新年不久，我收到母校松元校長來函，鼓勵我早日成為空中戰士，回來捍衛故鄉天空。

由於戰局日趨緊迫，熊谷陸軍飛行學校的訓練，後來以徵調大學生和中學畢業生施以短期訓練就投入作戰的「速成教育」為主，至於少年飛行兵十六及十七期生的飛行訓練則草草結束。學校在二月底關閉，來不及為我們十七期生舉辦畢業典禮，就把我們編入實戰部隊，派到各個航空基地。本來我成績優秀，很可能在畢業典禮領到「航空總監獎」，卻因提早畢業而美夢成空。

可是人的命運是不可測的。比我們晚入學，受過短期速成教育，又比我們早畢業的大學「學徒兵」或中學畢業的「特別幹部候補生」，出學校就投入沖繩戰場，駕駛練習機或舊式飛機參加「特攻作戰」，許多人為國捐軀。反而我們受過正式訓練的飛行兵，雖然分派到實戰部隊，卻毫髮未損活到戰爭結束，真是「塞翁失馬焉知非福」。

我們中隊被分派到三個基地：濱松、各務原、立川。我本希望到離首都東京較遠、空襲較少、離心愛的人較近的濱松或各務原，但事與願違，三月一日被派到第五戰隊發祥地：東京都立川市，配屬於「帥三四二〇二部隊」。

戰後被美軍列為接收重點的立川基地，當時有航空廠、航空工廠、航空技術研究所等，陸軍航空許多重要機構設在這裡；隔著飛機跑道，則是立川飛行機製作株式會社。跑道兩邊排列一式戰鬥機「隼」、四式戰鬥機「疾風」，還有九七式重型轟炸機等新銳機種，煞是壯觀。

回想走出熊谷學校校門時，長官還鼓勵我們：「你們到了實戰部隊後，無論飛機或汽油都很豐富，可以盡情飛翔天空。」報到之後，才知道立川基地既非實戰部隊，也不是訓練基地，而是對第一線的補給基地。而派給我們的任務，並不是駕駛軍機捍衛領空，而是對來襲敵機「對空射擊」；以及萬一進入「本土決戰」時，進行對敵軍戰車的衝鋒肉搏戰。

從此一遇空襲警報響起，我們不待命令自動跑進陣地，操著二十釐米機關砲勇敢迎戰美軍P51、F6F、F4F等戰機。至於沒有這種「定期班機」空襲時，我們就抱著「虛擬地雷棒」，朝著在基地疾駛的汽車衝鋒，將汽車輪子設想為戰車履帶，每天進行自殺性攻擊的演練。有一次在青梅街道奔馳的卡車，事先沒有接到警告而受到我們的肉搏攻擊，驚嚇之餘，緊急煞車撞上街道樹，差一點鬧成慘劇。由此可見我們演習的逼真。

一九四五年三月東京大轟炸，大火日夜燃燒整整三天。立川基地也整日籠罩晚霞一般的赤雲。我們這群受過徹底精神教育，「視死如歸」的少年飛行兵，此時也感到戰局失利的不祥氛圍，情不自禁生起慄然的感覺。

四月六日晚上，熄燈號響過，大家才剛進入夢鄉。大約十點半左右，尖厲的警報聲響起，根據情報這是針對立川基地的空襲。「全員就位！」一聲令下，我們迅速跑到距離營舍大約一公里的戰壕兼防空洞陣地。六門機關砲各距離十公尺架設完畢，形成圓陣，裝入彈藥，只等敵機飛臨。

在我右鄰戰壕的，是長田飛行兵，聽他咬不清濁音、半濁音的日語口音，應該是朝鮮人；但是彼此同為殖民地出身，怕他有自卑感，我從來不敢問起。我心裡一直以他為競爭對手，加緊努力學習，希望不要被人看成「台灣人比朝鮮人不行」。

這時指揮班派出的傳令兵頻頻傳來情報。首先是「敵方大型機數架北進中」，不久又「敵方大型機數架侵入立川方面，高度六百」。雖然我因緊張而神經緊繃，卻直覺情報有誤，所謂大型機應是空中堡壘B29，它絕無可能超低空以六百高度進入。

這天雲量很多，探照燈好幾條強光照向天空尋找敵機蹤影，只聽到像是B29的引擎聲，放眼盡是雲而不見機影。長田飛行兵高聲問我：「黃，你看到什麼嗎？」說時遲那時快，頭一架B29已經出現上空，對準機場投下一顆照明彈。本來漆黑一片的基地，一下子全部曝光。

那令人毛骨悚然的蒼白光線，猶如鬼火一般，我自覺好像全身赤裸，被人照射和瞄準似的，渾身起了雞皮疙瘩。直覺敵機今夜的目標果真是我們立川，僵直的身體開始發抖，手指則按著機關砲扳機，仰頭尋覓敵蹤。這樣緊張等待射擊命令，可是小隊長和分隊長都不見人影，沒有命令也沒有消息。

接著第二波引擎聲傳來。在傾盆大雨一般「咻嚕嚕，咻嚕嚕」聲響之後，「轟隆轟隆」爆炸聲四起，附近到處可見炸彈爆裂的火花。接著一波又一波空襲，又投下三、四顆照明彈，再來一陣「咻嚕嚕咻嚕嚕」聲響。此時滿懷鬥志的長田飛行兵再也沉不住氣了，不等上面命令就怒吼一聲「好，開砲！」率先對空射擊。雖然這時仍未發現敵機，但既然朝鮮人都開砲了，台灣人怎麼可以輸他，更不想輸給日本人；因此我也下意識拉了扳機，對空大射一陣。

在跑道前端的陣地，大概是受到我們誘引，十幾枚曳光穿甲彈朝向天空發射不停。數十道光猶如煙火一般被吸入雲中，場面非常壯麗。我們雖然看不見明確目標，也毫不鬆懈、毫不間斷地射擊，直到翌晨三點多，連砲身都發燙為止。在激烈的戰火中，長田飛行兵突然發瘋似地跳起來，說他擊落一架敵機，好像落在青梅方向。大家儘管半信半疑，也沒看見敵機墜落，卻被他的興奮傳染到而歡欣鼓舞，跟著他一起高呼萬歲。

不知奮戰多久，久久之後，基地上空回復平靜，警報也解除了。通宵達旦的戰鬥使我筋疲力盡，就地假眠以等待早晨到來。清晨五點多，昨夜戰鬥中始終未見人影的小隊長和分隊長，居然跟在中隊長後面到場視察。我們從戰壕僅伸出一個頭，報告戰鬥經過。揉著疲累而充血的眼睛，環顧一下四周，以砲架為中心的戰壕周圍，盡是我們發射的彈莢散落一地，還有大大小小銳利的炸彈碎片插得滿地都是。落彈這麼密集，卻連個擦傷都沒有，想起來真令人心有餘悸。

至於機棚、跑道、航空工廠以及其他重要軍事設施，都遭受毀滅性的破壞夷成廢墟。跑道對面「立川飛行機製作株式會社」所屬的一式戰鬥機和其他新銳機，全部遭受破壞，火焰還在燃燒。在如此嚴重的空襲中，我們少年飛行兵徹夜迎擊敵機卻毫髮未損，簡直是奇蹟。這是部隊長聽完我們報告之後，所做的詳細說明。

來襲飛機果然是B29空中堡壘，但高度是六千而不是六百，造成錯誤的傳令兵被追究責任。被問到「誰下令開砲射擊」時，中隊長以下的幹部都垂頭不敢作答，倒是我們不畏虎的「初生之犢」，競相舉手承認是自己所為，結果沒有進一步追究。

在那場夜戰中，我們誤認為「俯衝轟炸」的敵機，其實是B29投下的炸彈在通過照明彈下面時，在雲的上方投射的黑影；因此我們盲目射擊的目標，其實是B29投下的兩百五十和五百公斤炸彈。而被長田擊落的敵機，其實是照明彈或它的降落傘。我們每門機關砲，都把兩箱彈藥一共一千兩百發子彈射完，結果盡打敵機投下的炸彈。「射擊炸彈的少年飛行兵」英名從此傳遍立川基地。

（取自《陸軍少年飛行兵史》）
一式戰鬥機（隼）。

（取自《陸軍少年飛行兵史》）
四式戰鬥機（疾風）。

（取自《陸軍少年飛行兵史》）
九七式戰鬥機。

戰爭告急：擦身而過的滿洲行

蔡焜霖譯

曾經在大津、熊谷一起學習一起玩樂的同學，一個接一個在空襲中活埋，或吃了炸彈粉骨碎身…看多了這些，經過一夜思考，我決定轉調滿洲。

後來硫磺島被美軍攻陷，以硫磺島為基地的P51也定期來襲，我們相準它超低空侵入時對空射擊應戰。空襲越來越頻繁，四月三十日、五月十日、五月二十九日，B29進行三場大空襲，我同期同學有十幾位，被直擊彈炸得粉身碎骨。他們身為飛行兵，卻在地上戰鬥陣亡，即使入祀靖國神社，恐怕也不會瞑目吧。

立川基地白天遭受火箭彈攻擊與機槍掃射，夜間則數度遭受B29大量炸彈與燃燒彈轟炸，作為第一線補給基地的功能喪失殆盡，變成一片廢墟。連日連夜的空襲，同袍普遍患有空襲恐懼症，但我潛意識不願上司或同袍看扁台灣人，又有客家人骨子裡特有的「硬頸」，一就戰鬥位置就奮戰不已，且奇蹟似的連個輕傷都沒有。

我們這一代台灣人，在日本殖民統治下，從小被灌輸尊崇所謂的「日本精神」。也透過日本兵在戰場的英勇故事，被洗腦「日本軍隊的神勇舉世無雙」。在立川基地雖只有短短三個月，卻讓我看多了「皇軍」形形色色的醜陋模樣。

像是部屬勇敢迎戰敵機時，不知躲到哪兒的指揮官啦，優柔寡斷的士官啦，無法辨認粉身碎骨的部屬屍體的中隊長啦，警報一響率先逃入防空洞的幹部啦，還有一遇空襲就哭喊、抱頭鼠竄的「補充兵」歐吉桑啦等等，讓我懷疑愛國歌曲裡「忠勇無雙」的日本兵，消失到哪兒去了？轉念一想，「我這個乳臭未乾的台灣和尚，才是日本第一勇的軍人！」雖然不得已在地上負責對空射擊，但相信總有一天，手握駕駛桿，自由遨翔藍天的夢想一定會實現。

一九四五年四月起，美軍對距離日本本土最近的沖繩島（琉球），展開史上最大規模的登陸戰。日本陸海軍航空部隊，在臨時成立的航空總軍統轄下，配合沖繩守軍全力對抗，但無法阻擋美國海空軍的強大火力，終於改採「特攻作戰」。配合海軍「神風特別攻擊隊」的全面出擊，陸軍也編列「振武特別攻擊隊」出動，許多年輕戰士前仆後繼一去不還。

為了保存將來「本土決戰」的精銳實力，特攻隊成員除了「編隊長機」指揮官之外，都是剛自學校畢業的少年飛行兵，或速成教育訓練的大學生「特別操縱見習士官」及「特別幹部候補生」等毫無戰鬥經驗者。至於我們第十七期「甲種少年飛行兵」，則因半途結束飛行訓練而提早畢業，僥倖沒派去沖繩參加特攻作戰。然而與我們一起入學的「乙種少年飛行兵」，卻有很多人接受速成教育，隨即加入特攻隊，戰死於沖繩天空。

當沖繩攻防戰如火如荼進行，美機轟炸日本本土也日益激烈的五月下旬某晚，中隊長傳我到他辦公室面談，問我要不要轉調到滿洲，加入即將成立的練習飛行隊。我本對他沒有好感，這天他卻很親切地說，我以優秀成績畢業於熊谷飛行學校，所以要推薦我。他還說滿洲沒有空襲，不必從事對空射擊。還有很多新銳飛機和汽油，可以盡情享受飛行樂趣。

據我所知，在部隊平常被轉調出去的，都是主管的眼中釘，或是他不喜歡的人。但今天中隊長的口氣倒蠻誠懇，而且一邊看我的考核成績表，一邊向我推薦。我不論是大津或熊谷學校的成績，或是派到立川基地後的表現，都一向獲得好評，那麼他說要推薦我，應該也不是客套話吧。我請他給我一天時間考慮。

當晚我在床上輾轉反側。擔心滿洲的「練習飛行隊」會不會是另一個「特攻隊」？不過他既不是「命令」而是「推薦」，又似乎多慮了。想當初不顧父母反對志願少年飛行兵，無論如何就該掌握機會，成全飛行夢想，否則豈不辜負大家期望？萬一在立川基地，因空襲炸死在地上，即令入祀靖國神社，恐怕也不能光耀家門吧。

曾經在大津、熊谷同桌共硯，一起學習一起玩樂的同學們，一個接一個在空襲中被活埋，或吃了炸彈就地粉骨碎身…看多了這些，早日逃離立川基地的念頭近日時常盤繞心中。經過一夜思考，次晨早點名後，我進去中隊長室報告，答應轉調滿洲。

從那天起，我被解除戰鬥任務，整理好行李，準備隨時奉命出發，但出發命令遲遲沒下來。大約有十天時間，一遇警報我就提著私物躲空襲，而同袍們卻立刻出任務；加上B29屢次大空襲，死傷人數陸續增加。這時我更殷切盼望早日離開立川，空襲時就跑遍營地，尋找可能最安全的防空壕，虔誠祈禱故鄉媽祖廟、城隍廟、義民廟諸神保佑平安。

有一天，突然接到變更命令，叫我在六月十二日早晨，到位於山林環繞的奧多摩陸軍航空本部「適性檢查本部」去報到，當夜住宿那裡，接受兩天極為嚴密的「適性檢查」、「知能檢查」、「典範令」等學科考試。共有一百多人應考，包括從大學學徒兵選拔的見習軍官、特別幹部候補生，以及少年飛行兵出身者等，合格名單在十三日下午三點公佈。等待放榜的空檔，我獨自坐在樹蔭下的石頭上沈思。

本來決心轉調滿洲的練習飛行隊，誰知由於海空交通延誤，取消轉調，派來這裡考試，也就是繼續留在日本，這是命運捉弄嗎…已有半年以上沒接到家書，年老雙親身體可好…兩位哥哥會不會被徵召出征…同學是不是也效法我志願少年兵…故鄉記憶不斷縈繞腦海。這次突然奉命參加考試，我已盡了全力，但到底是什麼性質的考試…思緒紛雜的當兒，合格名單終於貼上佈告欄。

只見名字上榜、喜極喊叫的特別幹部候補生；找不到名字、垂頭喪氣的少年飛行兵；還有手握軍刀、故作威風跨大步的特別操縱見習士官等等…我推開以各種表情看榜的人潮，從下段開始找，想不到在上段排名第四的位置，找到以日本姓名寫法的「黃華 昌」三個字。夢想實現了，覺得格外高興。

（取自《あゝ少年飛行兵》）

1945年5月，日本陸軍特攻隊「第58振武隊」準備出征。少飛9～14期出身者，加入這支隊伍。

隨著接到命令，要在六月十五日十三時，前往豐岡陸軍航空士官學校入學。事情急轉直下，夢想已久的航空士官學校終於獲准入學。我快速返回立川基地向部隊長報告。雖然獲得十四日一天特別假，卻因空襲警報無法出門，只好與同期夥伴啃著「炊事班」A來的乾糧，閒聊家鄉閒聊女人，消磨一天假，最後相約彼此活著再見的日子才去就寢。

特攻訓練：豐岡陸軍航空士官學校

蔡焜霖譯

他拿下手錶交給我說：「也許我倆再沒有見面的機會，你要照顧自己。萬一特攻出擊，就把這隻錶當作我一起帶去。」戰亂時代的友情，充滿無奈與悲壯。

六月十五日一大早，我揮手告別立川基地的同袍，前往夢寐以求的豐岡陸軍航空士官學校報到。同袍帶著混合羨慕與嫉妒的眼光，倒也噙著淚水，離情依依為我送別。為了避開空襲，我不能走捷徑從東京前往，必須迂迴鄉下繞遠路，經青梅、飯能，再搭西武線在豐岡站下車。這時已過了下午三點多。

豐岡陸軍航空士官學校位於埼玉縣入間郡（現址是航空自衛隊入間基地），大門旁邊有昭和天皇親自命名的「修武台」三字。衛兵崗哨旁邊，有一位英俊的上尉（大尉）正焦急等著我們。後來才知道他是少年飛行兵第一期的前輩小林末太郎。

仰頭一看，在學校本部玄關上方，懸掛金光閃閃、象徵皇室的「菊花御紋」，前院還豎立一塊題為「修武台」的石碑。目睹這種氣派，讚嘆陸軍航空的最高學府果然不同凡響。向菊花御紋敬禮後，瞄一眼放在一旁、把擊落的B29重新組合而成的實體模型，隨即穿過電車軌道，來到飛機棚後面掛有「操縱研究演習中隊」門牌的營舍。匆匆放下行李，列隊跑步到飛機庫，那是入學典禮的會場。一進去，先到者已列隊等候；航空本部的貴賓、學校本部與中隊的幹部也都整齊就位，就等我們這些遲到者。我們一到就開始入學典禮。

臉色被陽光曬得稍黑的中將校長，上台一開口就訓誡：「身為航空兵，不管什麼理由，都必須嚴守時間。」接著是很有威嚴的鼓勵：「各位要專心一致，精勵邁進，勤於訓練，務期不愧於優秀傳統的修武台精神！」本以為我們會因遲到挨罵，但校長在典禮結束後，親自走到隊列，向每位訓練生說鼓勵的話。這就是我對陸軍航空士官學校校長德川好敏中將的第一印象。他是一九一〇年首位飛過代代木練兵場上空的帝國陸軍第一代飛行員，也是日本航空界最偉大的前輩。

我們的中隊「操縱（駕駛）研究演習中隊」簡稱「研演隊」，中隊長由本校總務課長梁瀨健吾上校（大佐）兼任，少年飛行兵的前輩小林上尉擔任人事管理，其他幹部也都從航空學校或實戰部隊特別挑選，是菁英中的菁英。這天入學的一共五十名，分兩個教育班，各班教育課程不同。其中少年飛行兵十七期的有二十六名，特別幹部候補生三期的有二十四名。至於入學考試時，看到大學出身的特別操縱見習士官，不知是否全落榜了，一個也沒來報到。

中隊長梁瀨上校也是空中英雄，曾率領轟炸機隊進攻菲律賓，也是「蒲田飛行學校」創校負責人。爾後很多特攻隊員，都是他的學生或部屬，因而稱呼他為「陸軍轟炸隊及特攻隊教父」，應該也名副其實。這位大人物做我們的中隊長，可見上面賦予本中隊的任務，就是要培養飛行員為「本土決戰」的特攻要員，以備將來美軍登陸日本本土時投入決死戰。

本校不愧是誇稱世界第一的航空士官學校，校地寬廣，設施也極為充實。鐵道池袋線及新宿線隔開校舍與第一機場、第二機場（滑翔訓練場）向東西方延伸，真是雄偉無比。

入學第二天，馬上展開嚴格訓練。我配屬第一教育班，在第一機場接受中級滑翔機到高級滑翔機的訓練。首先由十公尺直線滑翔開始，進到三十公尺、六十公尺的迴旋滑翔，再到一百公尺空中操作蛇行飛行，或一下子跳到8字型飛行，課程進展很快。本來預定訓練到能完美做好「寬三十公尺、長一百公尺」的定點著地為止，後來因空襲頻繁，課程進度落後；更因沖繩戰事終結，終止滑翔訓練，改成九九式高級練習機的飛行訓練。

當時隊內有謠言流傳：要訓練我們成為輸送人員的滑翔機駕駛，派往沖繩戰場。從美軍進攻沖繩以來，日本陸海空軍已投入二千餘架特攻飛機，意圖阻止美軍以日本本土為最終目標的「跳島戰略」，可是沒收到預期戰果。連誇稱世界最大戰艦的「大和艦」，也在特攻出擊途中，遭受從天而降的密集攻擊，在抵達沖繩海域前，就跟聯合艦隊司令長官一起沈沒海底。

另如改裝九七式重轟炸機，搭載步兵「義烈空挺隊」，趁夜間強行登陸已被美軍佔領的沖繩北機場，結果遭遇美軍激烈砲火，空挺隊未能發揮戰力就慘遭殲滅。然而為了確保日本本土安全，無論如何必須擊毀沖繩基地的美軍飛機。雖然陸續出動特攻飛機，但很快被美軍雷達捕捉；因汽油短缺而飛行訓練不足的飛行員，加上慢速度的舊式飛機還攜帶二百五十公斤的炸彈，特攻機瞬即變成美機空中攻擊以及戰艦對空砲擊的最佳獵物，同大和艦一樣，還沒到達沖繩上空就被擊落。

日本軍方在一連串重大挫折之後，新開發的秘密武器便是編號一一四的木製運人滑翔機。既不發出聲響，被雷達捕捉的可能性比較小。重轟炸機一次可以牽引三架滑翔機，每架可搭載十名完全武裝的士兵。這樣猶如「空中列車」，由轟炸機牽引到距離目標五、六十公里之處，在三千公尺高度脫離，換滑翔機的駕駛員把步兵部隊送到敵人基地，摧毀敵方設施。這種戰法，不論步兵部隊或滑翔機駕駛，都是一去不回的，可說是一項死亡任務。

聽到這種謠言，我們無不心情沮喪，感嘆自己的命為什麼都這麼悲慘。所幸訓練開始進行不久，六月二十三日沖繩守軍被擊潰，司令官牛島中將自殺身亡；沖繩攻防戰結束，以滑翔機連成的「空中列車」死亡任務也被取消。

因這項戰略變更，我們的滑翔機訓練終止，換成駕駛九九式高級教練機的飛行訓練。它由九八式直協偵察機改裝而成，與其說高級教練機，不如說偵察機更適合，或乾脆叫做特攻機。機體漆成醜陋的墨綠色，機身下方掛著與偵察機不搭調的二百五十公斤炸彈懸吊架，另外還配備一支七十七毫米（mm）機關槍，這明明就是自殺攻擊用的「特攻機」。從滑翔機訓練轉換成九九式高級教練機的飛行訓練，擺明就是要參加特攻出擊了。

但比起滑翔訓練時的心情沮喪，已經有心理準備的特攻飛行訓練，反而令人振奮；既不怕炎夏的酷熱，也無畏敵機的空襲，我們都精神百倍，熱心參加訓練。那些特別幹部候補生出身的訓練生，比我們年長三到四歲，但是大家不分年齡高低，互相競爭也互相切磋，致力提升飛行技能。

有個星期天，我到所澤陸軍航空整備學校探訪在「計器科」就讀的好友小笠原君。我告訴他，我在離此很近的機場，每天駕機飛過所澤機場上空，他聽了很替我高興。不過我又告訴他，我正在航空士官學校接受本土決戰的特攻訓練，這一下他又滿臉難過。等我告辭時，他拿下手腕上一只手錶：這只錶他從家鄉到軍隊，一路隨身不離：給我說：「也許我倆再沒有見面的機會，你要好好照顧自己。萬一特攻出擊時，就把這隻錶當作我一起帶去。」戰亂時代的友情，就是這樣充滿無奈與悲壯。

第三部

終戰—流浪歸鄉路

（圖片來源／あゝ少年飛行兵）

終戰的悲喜劇

蔡焜霖譯

消息猶如晴天霹靂，每人先是愣住了，接著嚎啕大哭。不知是因為輸了戰爭而氣憤，還是因為撿回一條命而歡喜，大家站著的腳一直發抖，抖個不停。

一九四五年八月十五日，仲夏的天空從清晨起一片晴朗，看不到半點雲影。這是飛行訓練最理想的天候，可是對美軍來說，也是發動空襲的最佳日子。幸好一大早到現在，還沒有敵機來襲的情報。當我們正準備開始飛行訓練時，值星官接到上層通告，交代我們：「今天中午，有天皇陛下的重要廣播，所以停止一切訓練活動。」

難得這麼適合訓練的好天氣，卻為中午的廣播，一大早就停止訓練實在可惜。我們心裡老大不高興地嘀咕著，為了消磨時間，我去學校福利社，購買鑲純金邊的航空胸章和空中勤務章。戰時體制下物資極端缺乏，民間所有貴金屬、金製品之類都以「國防獻金」名義被徵收，即使軍人用品也多改成品質較差的代用品；本來象徵航空兵榮譽的航空胸章，也改用刺繡或印刷品來代替。

自從成為帝國軍人以來，我很幸運遇到好的長官與同袍，不論言談或態度，從未因身為台灣人而受到差別待遇。可是小時候在家鄉所經歷、見聞的種族歧視，卻刻骨銘心，從未消失。因而不斷勉勵自己，也比別人加倍努力，好向世人展現台灣人的氣魄。如今在航空士官學校福利社，買到這裡才有的鑲純金邊航空胸章和空勤章，喜悅之情格外強烈；原有台灣人的自卑感，好似一下子飛散消失在雲端。

正午，全員集合在校舍前，聆聽天皇的「玉音放送」。大家立正站好傾聽，卻因雜音太多聽不出個所以然，等播完就糊裡糊塗解散了。小林上尉為了查詢玉音放送內容，跑遍各飛行班及機棚；兩小時後回來，眼眶已泛著淚水，他說：「天皇陛下已經向盟軍有條件投降。」

我們這批年輕的「特攻要員」，為迎接即將到來的本土決戰，日夜接受嚴格訓練。而今未戰先降，消息猶如晴天霹靂，每人先是愣住了，接著同聲嚎啕大哭。不知是因為輸了戰爭而氣憤，或是因為撿回一條命而歡喜，大家站著的腳一直發抖，抖個不停。

我們隊有人主張繼續抗戰，戰到最後一兵一卒；有人還提議現在就出動執行特攻任務；也有人議論著什麼叫做「有條件投降」；被徵召而來的地勤老兵則竊竊私語，擔心盟軍佔領後留在家鄉的妻兒安危。我們血氣方剛的訓練生，晚餐也吃不下了，也不管熄燈號已經響過，整夜高唱《航空士官學校校歌》、《航空百日祭》、《加藤隼戰鬥隊》、《Rabaul航空隊》、《神風特別攻擊隊》等等雄壯軍歌，唱個不停。也許這是藉歌聲發洩滿腹不安的必然反應吧。

這樣過了一夜，八月十六日中隊長梁瀨上校復任總務課長原職，少年飛行兵前輩小林上尉就任研演隊隊長。當天晚上，可能害怕台灣人會藉機反叛，把我叫到隊長室，問我今後的打算等等，接著把原先發給我的短劍收回。我變成被解除武裝的第一人。

其實我當時根本不知道「波茨坦宣言」是什麼，也不知道台灣即將擺脫日本的殖民統治回歸中國。從軍投入這場殘酷無比的大戰，經歷無數次生死危機，遺憾飛翔天空的夢已斷，無法以一身神氣活現的飛行軍官英姿回鄉，對欺負我們的警察、教師等報一箭之仇。總之終戰對我而言，有打敗戰的悔恨、遺憾，以及救回一命的喜悅等，可謂百感交集，但最遺憾的，還是「復仇夢」被打斷的挫折感。只好向自己許諾，把純金鑲邊的航空胸章和空勤章攜回家鄉，獻給父母…雖然他們有可能已經離開了人世。

自從玉音放送後，空襲警報不再響起，倒是好幾天都聽到飛機嗡嗡引擎聲掠過頭上。原來那是友軍（海軍）的兩架小型飛機以超低空飛來，撒下《告陸軍將士》、《告一億國民》等宣傳單，上印檄文，聲稱：「聯合艦隊仍然健在。海軍航空隊深信神州不滅，將戰到最後一兵，希望陸軍航空隊同心協助護持皇國大業！」

此一檄文，對於呆等上級解除武裝命令、心情沮喪的下級幹部來說，無異是一帖興奮劑。佐藤軍曹（日本兵制，約同現在的中士）與鈴木曹長（約同於上士。伍長、軍曹、曹長依序升上來）兩位士官搬來油印機的鋼板，主張：「既然海軍要戰到最後一兵一卒，陸軍怎可袖手旁觀。我們也來刻鋼板，印宣傳單，號召全國同胞徹底抗戰」。但隊長小林上尉阻止：「軍人以服從為天職。我們要服從天皇陛下的命令解除武裝，靜候復員，不可輕舉妄動。」並勉勵大家「為十年、二十年後日本航空的重建全力以赴」。我們只好滿腹怨恨，天天無所事事過日子。

在八月十四日「御前會議」主張徹底抗戰的陸軍大臣阿南大將，主張未被接納後，回到官邸即負起戰敗責任切腹自殺。部份青年軍官也像感染了瘟疫，跑去皇宮二重橋前自盡。消息傳到航空士官學校，又有十幾位參謀、中隊長、區隊長等少壯軍官，都在校內的航空神社前自殺。隊內飄浮惶恐不安的氣氛，有一位飛行班的中尉等不及復員令，擅自駕駛高級練習機飛回故鄉青森；還有一位軍曹助教，卡車加滿油就一路開回家…怪事接連發生。

惶惶不安中度過半個月。九月一日，就任戰後首位總理大臣的東久邇宮殿下，以天皇特使身份親自蒞臨，對全校將兵傳達御旨，勸大家立即解除武裝還鄉。學校本科生據此解除武裝，我們研演隊訓練生也據此除役。曾經一起訓練的同學，互相約誓致力重建日本航空，然後流淚離開這一所「天空勇士」搖籃的修武台。

臨行，每人配給約兩斗白米、約三千支香菸，以及不到一百圓的除役津貼。有家歸不得的我，陪著回鄉的同學，從學校後門走去西武線稻荷山站，從這裡搭車到東京，各自東西南北回家園。當同學一一離去，我孤單留在空無一人的月台，禁不住淚水奪眶而出。此後我聽從隊長小林上尉勸告，暫時留下來幫忙處理善後。

修武台最後一兵

蔡焜霖譯

下機的每一位美軍飛行員，身材魁梧，隨便套T恤，露出胸臂的紅毛。我想日本人和他們一對一打架鐵定打不過，於是輸了戰爭的感覺變得格外真實。

航空士官學校日夜同甘共苦的同學都走光了，留下我獨自一人，站在月台，心情寂涼，淚水潸潸。從車站走回營舍，僅僅幾百公尺路程，比沙漠上追尋綠洲的駱駝腳步更加沈重。

好在我的隔壁班：第二教育班，也有三位無家可歸的夥伴。一位是佐久良武，本名賴起套，回台後改名賴泰安，台灣嘉義人。少飛十七期，大津校、熊谷校、立川基地等一直和我同隊。返台後升任空軍上校，現住屏東。

一位是賀川英彥，本名鄭連德，台灣大甲人。特幹（特別幹部候補生）三期，舊制中學五年級畢業。返台後任台灣基督長老教會牧師，退休後移居美國。

另一位安本信夫，是本籍廣島的日本人，在台灣屏東出生。屏東中學畢業，台北高等商業學校貿易科肄業，考上特幹三期。因擔心留在台灣的母親與姊姊安危，擬前往台灣帶回日本，才留下來和我們一起行動。現址與去向均不詳。

有這三位留下來協助善後，讓我稍感安心。所謂「善後」是指清點飛機、武器彈藥、各種資材設施，整理統計造冊，以便美軍進駐時順利交接。聽說美軍不會要的日軍廁所、防空洞等的拆除作業，也在善後範圍內；但為求一個不愁吃、不愁住的地方，我不惜做重勞動，答應留下來幫忙。

然而究竟配屬哪個單位，其實都還沒講好。這麼一留，問題馬上來了。膳食配給沒有算我們的份，只好像被遺棄的小狗，到鄰近的飛行班討殘飯剩菜吃；不然就在誇稱世界第一的校區到處亂闖，尋找廚房，尋找食物。幸好後來總務課長梁瀨上校替我們設法，安排與飛行班一起開伙，吃的問題才解決。

我從沒有辦理事務的經驗。雖然被分派在飛行班幫忙，每天無所事事，只是與年輕的女職員聊天打屁，消磨時間。想吃吃女職員豆腐，反被問到：「飛行兵小朋友，你幾歲了？」看我不會打沒有手搖把的新式電話，一邊教還一邊調戲：「好可愛的飛行兵小朋友⋯⋯」讓我羞愧得無地自容。白天這樣過日，比起從前嚴格的訓練，固然快樂好多倍；但一到晚上，獨自睡在空蕩蕩的寢室，想起日夜生活在一起的夥伴，撩起縷縷鄉愁，不自覺眼淚濕透枕頭。

九月十三日早餐後，照例在學校院子曬太陽聊天，飛行班女職員氣喘吁吁跑來說：「美國軍機今天就來進駐，我們必須在中午以前撤離學校。請趕快收拾好，等待出發命令。」

離開修武台的時刻終於到來。我離情依依，不知不覺走進機場，去和曾經一起翱翔天空的

「愛機」告別。想到和這架墨綠色特攻機從此永別，心裡一陣淒涼，爬上沒有附降落傘的駕駛座，隨手胡亂搖動駕駛桿和引擎桿。環視一下，看看有什麼東西可以留作紀念，看到能指出故鄉方向的羅盤，便從口袋掏出小刀，試著把固定的螺絲釘旋開；但是太緊旋不開，反而弄斷刀尖。沒辦法，轉移目標，把駕駛座上的安全帶（綁在膝上，牢固座位之用），用斷了刀尖的小刀割斷。然後跳下飛機，朝著機首舉手敬禮，做最後的告別。

這一條含有重大意義的安全帶，在事過半世紀以後的今天，與我的飛行帽一起供奉在我家櫥櫃，讓來訪的親友嘖嘖稱羨。

美軍進駐比預定時間提早，十點多就飛來。首先降落的是一架C46運輸機，機身中央機門一打開，一輛吉普車滑落似地駛下來。當我們目瞪口呆看那龐大機身時，又有二十幾架P51戰鬥機飛來，威嚇似地盤繞上空一圈，再朝機場超低空直衝而下，隨又急升翻個筋斗，以斜向翻轉方式一架架降落。

下機的每一位飛行員都沒穿飛行衣，身上隨便套一件T恤，胸部和手臂的紅毛都露出來，這才恍然大悟，為什麼管叫老外「紅毛」的道理；心裡也暗忖，日本人和這種魁梧的「老美」一對一打架鐵定打不過。於是輸了戰爭的感覺也變得格外真實。

以上就是我對戰勝國「老美」的第一印象，也是豐岡陸軍航空士官學校落幕的最後一景。時間是一九四五年九月十三日近午時分。

（黃華昌／提供）

與作者同甘共苦的兩位戰友。

（劉振祥／攝影）

從軍紀念：特攻機上的安全帶。

（劉振祥／攝影）

從軍紀念：飛行帽。

台灣兵闊步大本營

蔡焜霖譯

出身台灣的陸海空軍人不知幾萬，但能在日本軍事中樞的大本營昂首闊步，接受衛兵和軍官敬禮的，恐怕我是最初也是最後一個吧。想到這裡，做夢也甜美。

距離航空士官學校不遠，在埼玉縣飯能町有一座天覽山，高約兩、三百公尺，是昔日明治天皇登高眺望武藏野的地方。山麓有一所純和式旅館「東雲亭」，也是明治天皇御駕時住宿的所在。被進駐美軍掃地出門的善後事務處理委員會，就包租整棟東雲亭，繼續未完的移交業務，並充作與大本營航空本部等單位的聯絡處。一進玄關右轉，有鋪著百疊榻榻米的寬廣大廳，各課分頭處理業務；晚間則給我們四個沒有固定隸屬的人，充當寬廣無比的大寢室。

俯望錦鯉游波的池塘，在地上一樓有校長德川中將與幹事（副校長）吉永朴少將，以及從航空本部派來的翻譯官森少將等人的辦公室。其他軍官雖然在一、二樓都有安排房間，但通勤的佔絕大多數；所以下班後，偌大大樓空蕩蕩的。夜裡除了旅館員工與我們四人以外，很少有住宿的人。

先說一段小插曲：我在航空士官學校時，有天傍晚，軍中文職官望月少校找我面談，小林上尉也在場。我心想，會不會叫我接受特攻訓練？出乎意料，特攻訓練的事隻字未提，卻問起我的志願和身家。我趁機表示：「如仍有此生，願在修武台讀本科生，以晉升飛行軍官為目標。」

望月少校鼓勵我：「只要你肯努力，忍人所不能忍之苦，目標是可以達到的。不過全校學生中，只有你的姓名是三個字；可以的話，改成日本姓名，對以後的仕途會有很大幫助。」小林上尉也對我詳細解說。我想到自己種種切身遭遇，終於動了更改姓名的意願。名字就定為「廣田昌夫」。

一九四五年七月，為了我改姓名一事，德川校長特別電報行文台灣軍司令、也是台灣總督的安藤利吉上將關照。再透過台灣軍司令部下達，經由竹南郡役所兵役課，通知我的家人儘快申辦，以達成軍方命令。這事始終沒辦成。我回台灣後才知道，當時大哥已暗暗察覺戰局不利，找些理由搪塞，一直拖延此事。

再回到東雲亭。有一天我在總務課，一邊和女職員開玩笑，一邊抄寫復員名簿時，德川校長看到我，說：「喔，黃飛行兵，或是該稱呼你廣田君？」校長為我改姓名一事幫過忙，雖只見面兩三次，還記得我漢日兩種名字。我高興之餘，立正鞠躬敬禮後答說：「報告閣下殿，我在總務課協助善後事務。」在大廳辦公的人聽我這麼一說，嘩然一聲哄笑起來。我不知道人家笑什麼，摸不著頭腦呆呆站著。庶務課的牟田中尉提醒我：「尊稱閣下就好，不必再加『殿』。」這才發覺錯在哪裡，羞愧得無地自容。

對上司如隊長、教官、助教等，我們一向受的教育，是要加個尊稱「殿」，譬如「隊長殿」。但因很少有機會與將官說話，所以忘了「閣下」本身就是一個尊稱，不必再加「殿」的，我因話頭習慣了，才搞出這個笑話。好在校長絲毫不以為意，笑容可掬地鼓勵我：「能回台灣以前，要好好保重。」

有趣的是因為這個機緣，這天起我奉派擔任校長的勤務兵。膳食、收拾寢具、洗衣等工作，有一位美麗的女職員伺候；我主要負責「傳令」，每當校長外出，就與副官一起跟隨，由我提公事包或捧公文。當勤務兵後，與校長交談的機會增多了，但稱呼「閣下殿」的習慣老改不過來；女職員常取笑我，乾脆為我取一個綽號叫「閣下殿」。

有一天校長要外出，我把丟在大廳一角不知誰的帽子隨手一抓戴上，趕緊跟隨其後，到位於東京市谷的航空本部。因為我隨手戴上的是一頂軍官帽，大家誤以為我是鼎鼎大名的德川將軍的副官，站崗的衛兵不用說，連年輕軍官看到了，都紛紛舉手向我敬禮，害我只得膽怯怯的回禮。校長好像在欣賞我尷尬的模樣，含笑吩咐：「要昂首闊步回禮！」

後來又到大本營陸軍部。實在看不出那是挖山洞建造的地下壕，裡面燈光通紅。雖然終戰後，大家都取下階級章，看不出官位大小，但大多數還掛著參謀肩章，官位應該不小；現在輪到我要頻頻舉手敬禮，幾乎沒有機會放下。偶而也有人向我敬禮，這次我不再膽怯，很大方舉手回禮。這天晚上回來較晚，校長在伺候他的女職員面前，拿我在航空本部、大本營受軍官敬禮而出糗的事情開玩笑，我才見識到老將軍體貼調皮的一面。

出身台灣的陸海空軍不知幾萬人，但能在日本軍事中樞的大本營昂首闊步，接受衛兵和軍官敬禮的，恐怕我是最初也是最後一個吧。想到這裡，當夜的夢也充滿得意和愉悅的感受。

武藏野的思鄉淚

蔡焜霖譯

每當黃昏時分，放學的小學生三三五五走過，一路唱著童謠《晚霞飄飄》，聽來特別感傷。遙遠的歸鄉路，不知何年才能回家，情不自禁淚水奪眶而出。

善後處理告一段落，梁瀨上校將轉調他的故鄉長崎，任聯隊區司令。這位前中隊長的老長官調職，讓我們四人變成沒爹沒娘的孤兒般，被別的課視為累贅。到了十月九日早上，事先毫無預告，林田副官通知我們「即日除役退伍」。校長特別恩典，晉升我們為「預備役伍長」，並發給新毛毯五條、奶油兩公斤、米五公斤、攜帶式乾糧麵包一箱等。

面對這晴天霹靂的退伍命令，我們一時手足失措。為日本志願從軍，比別人加倍努力學習，在戰爭緊要關頭，不惜捨命參與特攻訓練，直到終戰後，仍留下來協助善後，盡最後一兵的最後責任…如今任務完成，就把我們趕出門，任其自生自滅。對航空士官學校這種非人道的措施，只能深覺悲憤。

這時我只是一個單純的青年，才滿十六歲六個月，毫無在社會謀生的經驗和技能。雖然前途茫然，但命令下來只好接受。我將毛毯、米、乾糧等，與愛機上割下來的安全帶捆包一起，向德川校長辭行，感謝他的照顧，然後懷著複雜心情步出東雲亭。軍官和幹部沒有一個同情我們，也沒人關切我們如何安排往後的生活。反而身為軍屬的書記和女職員替我們擔心，問候今晚可有睡覺的地方；也請我們回去要多保重、多聯絡，充滿人情味。

以上就是我這個帝國陸軍末代飛行兵與豐岡陸軍航空士官學校關係的始末，也是我和帝國陸軍首位飛行官、男爵陸軍中將德川好敏的一段短暫因緣。

我們咬著嘴唇，眼睛泛著淚水，傷感地走出東雲亭，來到位於入間川町的一棟民屋，暫時在此棲身。這房子是女職員介紹的，靠近稻荷山車站，離航空士官學校的機場也很近。房子沒有炊煮設備，連續兩天以乾糧果腹，一下子就吃膩了。幸好還有配給的飯盒，以及從航空士官學校「研演隊」搬來的十公升容量鋁合金水壺，姑且用它烹調。

柴薪倒是不用愁。為了聯絡善後事務，我們曾多次進去機場，摸熟地形和美軍崗哨位置，這時就趁美軍軍律鬆懈時，從稻荷山方向潛入，把機場角落堆積如山的資材、廢料偷來充當柴火。還把終戰前，勞動服務的學生或女子挺身隊在機場周邊空地栽培的南瓜、蕃茄、落花生之類摘回來，用飯盒和水壺充當鍋子炊煮。

白天到牧場幫工，或到農家當臨時工割稻。鄉下長大的我有割水稻的經驗；這裡雖然割陸稻，但很快就熟練了，所以很受農家歡迎，除了午餐之外，還提供蒸地瓜做點心，加上十塊錢報酬。此外也去營建工地幹雜役，當建築工人，賺不到十塊錢工資，三餐勉強餬口。

日本戰敗後，經濟管制和配給制度逐漸崩盤，黑市交易猖獗起來。退伍所領不到一百圓的津貼，很快在黑市花光。郵局存款有富士丸遇難時，領到的一百圓慰問金，加上兩年多來省吃儉用存下的錢，一共兩百多圓；但隨著日子消逝，也快用完了，對往後的生活愈發感到不安。我把校長發給的新毛毯一條和軍服一套，賣了三百圓高價，就拿這個錢謀生。

這時秋天漸遠，嚴冬腳步日近，關東下山風即將逞威。這個冬季要如何度過？雖然擔憂，但為了解決眼前餵飽肚子的問題，毛毯和軍服一件一件從行李中消失。

十月下旬，航空士官學校的末代幹事（副校長）吉永朴少將也除役退伍，加入我們的行列。他是九州熊本人，從陸軍幼校、陸軍士官學校，一直到陸軍大學，都是領「恩賜組」（天皇獎）的英才，並與皇室朝香宮殿下在「宇都宮飛行學校」一起接受訓練。他原任關東軍航空參謀長，與家眷一起駐留滿洲；但一接到航空士官學校幹事派令，即獨自搭乘MC運輸機回國履新。本來打算交接完畢，宿舍也安排妥當，才把家眷接來；想不到八月九日蘇俄參戰，滿洲慘遭蹂躪，與家屬的音訊也中斷了。

當時日本報章雜誌上，連日報導蘇聯軍隊強姦掠奪的殘暴行徑。從牡丹江、哈爾濱脫逃回來的士兵說，蘇聯軍都是囚犯部隊，光天化日下肆無忌憚強暴婦女，搶劫錢財；很多婦女把頭髮剃光，穿上軍服喬裝男人，在同胞掩護下從事重勞動。這才讓我想起，從前在東雲亭時，每次看見吉永少將都是愁眉不展，原來就是因為妻女都留在滿洲，至今行蹤不明。

吉永從滿洲調回來，本來內定升任陸軍航空最高學府—豐岡航空士官學校校長的職位。他是帝國陸軍最精銳的關東軍航空參謀長，沒料到蘇聯會撕毀「不侵犯條約」參戰，更沒想到關東軍如此脆弱，竟然不堪一擊。如今要探查家人下落，想到處理復員業務的中樞機構如「復員省」都集中在東京，與其回熊本沒有家人團聚，而且資訊缺乏，不如在鄰近東京的埼玉暫棲，和我們這批無家可歸的年輕人合流，算也是「國破山河在，有家歸不得」的寫照，身分殊途，際遇同歸。

大約在這時，復員省公佈海外各戰場軍民預定輸運返國的日程表。照日程看來，台灣因擁有足夠存糧，以及治安穩定度高，在台日人遣送回國的日期被排在最後面，要等到一九四九年。換句話說，要再等四年，等在台日人遣送回來後，我們才能搭原船返回台灣。這意思是說，我們恐怕要做長期留在日本的打算。恰巧就在此時，美軍把航空士官學校第二機場退還給日本政府，政府又將它放租給民間。吉永少將邀我們一起參加由復員軍人組成的「農務開拓團」，向政府租用大約一公頃土地從事開墾。

把駐軍丟棄的舊鋤頭和圓鍬等撿回來，一鋤又一鋤開墾那塊哺育多少空中戰士的武藏野大地，將它化成一大片麥田。秋天蔚藍的天空遠處，遙望富士靈峰銀白色的冠雪，沐浴著靈秀之氣；而一旦關東下山風吹起，又冷得渾身哆嗦，只好把修武台的機場，使盡力氣挖掘到筋疲力盡。

每當黃昏時分，放學的小學生三三五五走過機場回家，一路唱著童謠《晚霞飄飄》（夕焼けこやけ）。我唸國民小學時，經常唱這首歌，這時聽來特別令人感傷，歸鄉路是如此遙遠，不知何年何日才能回到家。聽到「大家牽手回家去，和烏鴉一起回去」，情不自禁淚水奪眶而出；幾乎每天都瞞著吉永少將和三位同伴，背地裡偷偷哭泣。

同樣都是帝國軍人，往日的同學在終戰後回到故鄉，這時該是和家人團聚，在餐桌享受熱騰騰的味噌湯，也和家人或情人睡在溫暖的被窩裡，悠遊在平和甜蜜的夢鄉吧。而我這個修武台的最後一兵，只因身為台灣人，被迫在異鄉任由寒風吹刮，幹著不知會有多少成果的粗活，況且不知何時才能回鄉以慰親人殷盼。不安的心情與日俱增。

異國親情濃於水

蔡焜霖譯

吉永少將知道我的決定，由於失望與孤寂感，一夜之間好像從四十九歲的壯年，衰老成七十歲的老人。

有一晚，與吉永少將一起泡湯。當我替他沖洗背部，他憂愁的臉上浮現些許快樂的笑容。我倆不論階級或年齡都相差太大，平常很少細談的機會。然而一起泡在澡桶裡，話也自然多了。跟他聊了很多才知道，他對自己接到幹事任命，立即單身趕回東京一事，現在覺得很懊惱。他親口告訴我，真的沒想到戰爭會這麼早結束。

另一方面，他對我家庭狀況也抱著很大興趣，問東問西想多認識我一些。之前他不知在哪兒聽錯，以為我是熊谷學校第二名畢業，並且領到「航空總監獎」。我越開玩笑似的說：「是倒數第二名呀」，他越相信是第二名。因為佐久良君（賴起套）在大津學校領過「航空總監獎」，所以我說那一定是講佐久良君，而不是講我。吉永於是誇獎說：「台灣人都好聰明。」讓我聽了也很高興。

又有一天，是埼玉晚秋格外寒冷的一夜，我捧一杯才剛泡好的熱茶，送到隔壁他的房間。他正拿著家族的照片，一臉寂涼地端詳著。我怕吵到他，輕輕放下茶想要走開，卻被他叫住，把相片拿給我看。他的夫人雍容華貴，十九歲及十七歲的兩個女兒也很美，另外還有兩個兒子。當我誇獎「您家小姐都好漂亮」，他毫不遲疑說：「你喜歡誰就嫁給你。」使我羞紅了臉匆忙離開。

從此每次一起泡湯，他就苦苦勸我：「你是家裡老三，就是回台灣也不可能繼承家業」，「最好不要回去，留在日本唸大學」，或是「日本自古以農立國，你可以唸農學部，然後協力復興戰敗的日本」。接著用命令似的口氣單刀直入：「只要女兒從滿洲回來，不論姊姊或妹妹，你挑個喜歡的來娶，你要留下來當我養子。」他的表情和口吻都挺認真的。本以為這些話都是他心情憂慮煩躁之下，一時的戲言，但他一而再地提起，我就不得不答：「請讓我認真考慮看看。」

戰爭結束前，我曾為了改日本姓名一事，有勞德川校長去電台灣軍司令，催我家庭的戶籍資料，卻始終沒有回信。不知家裡是否發生變故？如果回到台灣而無親無故，不如聽吉永的話，留在日本當養子、讀大學⋯心裡翻來覆去，回鄉的意志開始動搖。

吉永好像察覺我的意志動搖，有一天專程帶我去東京杉並區，把我介紹給任教東京大學的他哥哥。然後招待我去觀賞戰後首次在「兩國國技館」舉行的大相撲比賽。他想盡辦法留我下來的心意表露無已；幾番誠懇的招待對我而言，是有一點承受不起的重。

歸鄉日期茫茫，究竟該回去或居留日本，拿不定主意，只好去拜訪戰後的隊長小林上尉請教意見。小林舉他二哥的遭遇為例：他二哥以優秀成績自京都帝國大學畢業後，受到故鄉企業家的賞識而當他的養子。之後事業有成，變成企業界名人，但一般人認為他是「叨養父的光」，自己的能力反未受到公平的評價。根據這個例子，小林勸我：「日本有個諺語：『粉糠一合不入贅』，意思是只要有點食糧能糊口，就不要入贅當養子。」勸我大丈夫要忍辱負重，刻苦耐勞，並排除萬難回家盡孝。於是我下定決心，要婉拒吉永的好意。然而想起他憂愁滿面的老臉以及屆時失望的心情，又使我久久不敢開口。

當日本國內陸海軍的復員工作大致完成時，南洋群島日軍第一梯隊也被遣送回來。復員省與文部省（教育部）為安排大批復員軍人就學就業，規定原在士官學校肄業的學生可編入大學一年級，中尉以上者則准予插班大學二年級。我雖然也讀航空士官學校，卻屬於「研究演習中隊」而不是「本科」學生，無法享受這項優惠。

吉永誤以為我不開口拒絕，就是已經答應留下來。於是透過他的人脈，向善後事務處理委員會交涉，替我簽製一份「航空士官學校本科在學證明書」，準備送我進大學。

雖然我接連畢業於大津和熊谷兩校，獲有中學畢業資格，但在那個視英語為「敵語」的時代，英文水準當然好不到哪裡；而速成教育所學的幾何代數三角等，也在應付激烈空襲與嚴格訓練過程中，早就全部「還給教官」了。就算進得了大學，以高等數學或化學為必修科目的理、工、農學院，最後不是把我留級，就是把我退學…我列舉這些理由，請吉永不要再替我操心，他硬是不肯放棄他的努力。

約有三分之一的土地已經墾好。我們用農協（農會）學到的「小麥育成法」播種完畢，待新芽出齊，第一次「踩麥」也完成時，開拓團卻通知說：我們幾個人沒有日本國籍，又不是軍官，依法不得放租公地給我們，於是不得已退出開拓團。

正在走投無路的時刻，一向關心我們返鄉事宜的梁瀨上校，自長崎聯隊區司令部拍來電報：「有前往台灣的走私漁船，速來！」一看電報發出日期，竟是一個禮拜以前；就算現在馬上趕到，恐怕也來不及。

儘管如此，我那三位夥伴還是主張去長崎投靠老長官。因為我們先被善後事務處理委員會掃出門，失去吃住的保障；如今辛勤墾荒之後，又被農務開拓團逐出去。而關東下山風冷冽的嚴冬即將來臨，與其留在這裡袖手待斃，不如到氣候比較溫暖的長崎找前隊長。

我則遲疑著，丟不下吉永一個人，想留下來陪他。但同伴都走了，獨自一人留下，既沒有自信，也沒有安全感。另一方面思親之情殷切，很想打聽父母兄姊的安危。這樣猶豫及煩惱許久，我還是屈服於親情及同甘共苦的三位夥伴的友誼，終於下定決心一起去長崎。

吉永少將一知道我選擇離去，由於失望與孤寂感，一夜之間好像從四十九歲的壯年衰老成七十歲的老人。但他還是強抑感傷，與小林上尉一起送我們四人到東京車站，搭乘慢車前往長崎。這是一九四五年十一月二十三日的事。

長崎廢墟苦命工

蔡焜霖譯

原爆後的長崎，印入眼簾的災害景象，遠遠超乎我們的想像。報紙競相報導：受災地區往後七十年都不適於人類、家畜與其他動植物生存。

航空士官學校研演隊首任隊長梁瀨健吾上校，終戰後一直很關心我們幾位台灣兵的返鄉事宜，也帶我到航空本部交涉，讓我們搭乘台日之間的「公務聯絡專機」回鄉而未能如願。後來調到長崎任聯隊區司令，仍心繫孤兒般遺留在埼玉的部屬。期間輾轉結識在台日之間走私食品與砂糖的漁船船員，拜託他們下次回航台灣時，讓我們搭乘而獲首肯，於是趕快打電報通知我們。陰錯陽差，電報遲了一個禮拜才送到，走私漁船已經揚帆而去；被開拓團逐出而走投無路的我們，也只好到長崎尋找機會了。

往長崎的火車，我們明明是從起站東京上車的，不知什麼時候，從什麼地方，卻出現那麼多的人。車上有返鄉的軍人軍屬、離開疏散地回家的婦女小孩，以及他們的行李家具等，把車廂擠得水洩不通。車內瀰漫著悶熱空氣，即使摩肩接踵擠來擠去，仍令人昏昏欲睡。而每停一站，上下車乘客伸手拿網架上的行李，常常碰到我們的頭而驚醒。辛辛苦苦坐了整整二十四小時，車到岡山必須換車。我們分成兩組，一組兩人衝擠上車廂，另兩人從窗外把行李塞進去，過程有點像執行戰鬥任務，因此不免和其他搶搭的乘客發生爭執。

後來在鳥栖和博多兩地也有換車，每次換車之後都沒有座位，一路站到底。從埼玉帶來的川越名產蕃薯乾，以及吉永特地為我準備的炒黃豆，都當做火車便當，站著用水壺的水灌進肚子裡。離開東京車站四十八小時後，好不容易抵達港都長崎。拖著疲憊的腳步，蹣跚走尋長崎聯隊區司令部，終於找到了。

原爆後的長崎，印入眼簾的災害景象，遠遠超過我們的想像。報紙競相報導，受災地區往後七十年都不適於人類、家畜與其他動植物生存，糧食與住宅也嚴重短缺。目睹這樣的慘狀，我腦裡浮起吉永的慈顏，和親自播種的小麥萌出的新芽，曾有一度想回埼玉。但大家商量的結果，還是一起留在長崎，等候船期回鄉。

梁瀨上校在他家割愛一間四疊半的小房間給我們住。想到他家在和平來臨後，才能團圓共享天倫樂；不料一下來了四個不速之客，一定給他家增添不少麻煩。在同一棟住宅的樓下，住的是梁瀨弟弟的遺孀，她丈夫在朝鮮當高等女子學校校長任內病故。形式上我們是寄宿這位遺孀家，每人每月付六十五圓，在她家包住包吃早餐。戰後通貨膨脹嚴重，每月六十五圓寄宿費相當便宜，然而對我們而言卻是一筆鉅款。

遺孀梁瀨夫人有個女兒在上班維持家計；長男（現任梁瀨產業株式會社社長）因腳傷而居

家療養，次男則在水產學校肄業。連同梁瀨上校一家五人（梁瀨夫婦和讀小學的兩男一女），再加我們四個，成為十四個人的大家庭，生活艱難可想而知。尤其我們四人離開航空士官學校後，因沒登記戶籍，自然分不到任何配給，三餐更成問題。

有一次，偶而看到就讀水產學校的次男的便當，只裝白水煮的蕃薯和沙丁魚，剎時覺得很心疼。最需要營養的中學生，只帶這麼簡陋的便當裹腹；我們一個月才付區區六十五圓，再也不敢貪吃了。從此早餐只吃個三分飽就出門。

我們走到長崎的碼頭或魚市，四處打聽來往台灣的走私船消息，但生性粗野的漁夫根本不理會我們。時當沙丁魚豐收季，一條炭烤沙丁魚才賣一圓，而拇指大的串肉或長約十公分的蕃薯糖一支都要十圓。外食券餐廳的雜穀飯一碗也要十圓，不過這是黑市價，也是我們沒有外食券的幽靈人口最委屈的地方。

打聽不到前往台灣的船期，每天午晚餐只買便宜的炭烤沙丁魚，或用黑市價買一碗雜穀飯充飢；雖然如此省吃儉用，日子一多仍是阮囊羞澀。為了賺一點錢補貼寄宿費和餐費，只好去應徵營造廠臨時工，很快被營造公司「三浦組」錄用。搬運建築材料、從河口附近海邊拉著板車運砂、攪拌漆牆用的石灰泥等，就是我每天要做的粗活。

最辛苦的是在長崎有名的石磚斜坡路上，穿飛行服和航空長筒靴，氣喘吁吁拉著板車踟躕而行。尤其早餐只吃三分飽，實在沒力氣拉滿載砂石的板車爬上斜坡。而一天工資只有十二

（黃華昌／提供）

1969年左右，梁瀨來訪，與作者攝於烏來。

到十五圓，只夠午餐買一碗雜穀飯，只好繼續在黑市變賣軍服和毛毯充當餐費。有多次委實餓得發慌，還向認識不久的豆腐店老闆討豆渣來吃。生怕梁瀨上校和他家人擔心，賣毛毯討豆渣的事，從來不敢跟他們提起，算也是男子漢的氣概吧。

驚險智取外食券

蔡焜霖譯

經辦人說還要確認，叫我明天再來。我把口袋的十幾元攤出來說：「這就是我的全部財產，你今天不發外食券給我，明天你會發現我餓死在街頭。」

有一天，一位從鄉下來當臨時工的夥伴告訴我，只要有外食券，在外食券餐廳吃早餐只要九角，午餐晚餐都只要一塊錢。他還教我申請外食券的方法，就是到警察署的經濟課，說明「目的」與「天數」，申請獲准，拿許可證到糧秣事務所領取外食券，同時從戶籍地家人的配給總額中，扣掉這次的額度。聽說一張外食券，黑市竟賣到一張十元。從此我日夜思念取得外食券的方法。其實我們這種沒有戶籍的幽靈人口，申請外食券恐怕比登天還難。

但我日思夜想，不甘心輕易放棄。數日後，藉口身體不舒服向營造廠請一天假。怕牽累梁瀨和同伴，避開長崎，來到鄰近的諫早市，向火車站員問了路，逕往諫早警察署，並循箭頭指示，上去二樓經濟課。一位看似課長的人，本來和兩三位來賓談笑，起身走來問我有什麼事。我掏出航空士官學校的復員證明書，以及寫明「自東京至台灣基隆」的復員軍人乘車乘船票等給他看過，說我到長崎等船期，苦候多日不至；又撒了人謊，說透過長崎聯隊區司令部的安排，目前寄宿諫早幼稚園倉庫一角，無奈沒有登記戶籍，一天三餐都成問題，特地前來貴課拜託。

那人並沒有輕易相信或同情我，看我這個小鬼怎麼可能是「陸軍伍長」，也懷疑我是不是台灣人。我只好拿出印黃華昌三字的「軍人手冊」，半帶恐嚇的語氣：「我是來自台灣的特攻隊員。如果不相信，可以去問長崎聯隊區司令梁瀨上校。」他看我軟硬兼施，又懇求又堅持的態度，終於簽一份可核發一百張外食券的許可證給我，還很親切指點我去糧秣事務所的路徑。我深深一鞠躬後，走出警察署，照他的指引去找糧秣事務所。

一路上興奮掏出那份許可證來看，突然靈機一動：「這麼難得的大好機會，何不在『一百張』的一上面，再加一槓或兩槓，變成二百張、三百張，豈不一勞永逸！」於是摸摸上衣口袋，卻找不到平常隨身攜帶的鋼筆，只得到路邊的店借支筆，猶豫到底要加一橫或兩橫。老闆娘以懷疑的眼光看我鬼鬼祟祟，我趕緊加上一橫還給她，匆匆趕往糧秣事務所。

事務所有兩位年輕女性坐在門口，邊曬太陽邊聊天。我舉手敬禮並告訴來意，女職員說今天是禮拜天，經辦人沒有上班。自從被迫退伍後，在流浪的日子裡，每天勞碌討生活，居然沒注意今天是禮拜天。難怪剛才警察署也安安靜靜沒有幾人。女職員叫我明天再來，但辛苦煮熟的鴨子怎可讓牠飛走。所以我千拜託萬拜託，請她聯絡經辦人前來替我辦理。諫早市附近有海軍航空隊，但是陸軍少年飛行兵，她可是第一次看到。我看她蠻好奇，就東扯西扯亂蓋一通，當然沒有忘記細說目前的苦境，引起她的同情心。

過了半小時光景，經辦人姍姍到來。看著許可證，卻疑惑地說：「從來沒有核准二百張之多的前例呀。」說著拿起話筒要向警察署確認。這下子我的心跳加速，萬一發現破綻，不但外食券拿不到，搞不好因「偽造文書」還得去坐牢。我側耳聆聽，準備萬一作弊被揭穿，那就三十六計，走為上策，憑我十三秒跑百米的紀錄，準備奪門溜走。電話那端只聽鈴聲響個不停，沒人來接。果真「天公疼憨人」，開許可證給我的那位課長，好像和他客人吃飯去了。

這時我的膽子又壯大起來，掏出復員證明書、復員車船票、軍人手冊等所有證件給他看，強調警察署是同情我這個來自台灣的少年飛行兵，才破例核准我二百張外食券。經辦人說他還要確認，叫我明天再來，我把口袋的十幾塊錢攤出來說：「這些就是我的全部財產，你今天不發外食券給我，明天你會發現我餓死在街頭。」經辦人仍然不為所動，我只好放話：「那我就在你們辦公室等到明天」。

看事情僵在那兒，女職員插嘴替我說情，看來剛才跟她聊天有效。她可能被我的故事吸引，不但同情我，可能還有一點喜歡我吧。後來經辦人終於同意，當場給我兩本各為一百張的外食券。我拿了券，向女職員使個眼色致意，一走出事務所的門，就飛也似趕往車站。雖然飢腸轆轆，怕被人尾隨，不敢在諫早吃飯，匆匆趕回長崎。

首先在火車站前的外食券餐廳用掉兩張，一次吃了兩餐份。回宿舍後到了傍晚，招待三位夥伴每人兩張份的豐碩晚餐。看他們訝異的臉，我撒了謊，說是在長崎車站前撿到外食券。

當夜就寢，回想白天申請外食券的驚險歷程，久久睡不著。憶起以前在故鄉，老母從南部農村採購代用麵來賣，居然被經濟警察抓去，以「違反經濟政策」罪名拘禁。那我今天就在日本長崎，替老母向經濟警察報了一箭之仇。興奮之外，當然也有些許不安，怕他們會照會長崎聯隊區司令部來抓人。還好從此沒人提起這件事，梁瀨上校也從來沒有問過。看來我是平安過關了。

異鄉客遇故鄉人

蔡焜霖譯

他們被派到菲律賓當軍屬，後來美軍反攻，他們逃到深山，日夜遭受空襲，彈盡援絕，許多人死於飢餓和瘟疫。最後他們被美軍捕捉，關在俘虜營。

一九四五年年底已近，我們的工作也越發忙碌。有一天，我被指派拉板車到運河口裝砂，再拉去阪訪町的民家。我的搭檔是一位從鄉下來打工的中老年人，爬上石磚斜坡道時，必須請他在板車後面幫我推。拖著滿滿一車砂石上斜坡，真是一件艱困的工程，像我歷經千錘百鍊的年輕小伙子都上氣不接下氣，一步一步踏得很辛苦，何況是這位歐吉桑。好不容易爬到一個眺望較佳的小山岡，我倆決定歇個腳，在可俯瞰港灣的地方休息一下。

我從口袋取出航空士官學校發給的香菸抽了起來。香菸據說是天皇「恩賜」的，上面印有象徵皇室的菊花紋。歐吉桑看了好生羨慕，我便送他一支。他居然雙手捧著那支煙，朝大海方向深深一鞠躬說了聲謝謝。不知他在謝我還是謝天皇，不過看他虔誠的模樣，我很大方地再抽出兩支給他。本來這些最高級的菸，我打算帶回家送給父親。無奈日子一久，有點霉味，趁最近才學會抽煙，開始自己享用。

休息一陣子，想起身繼續上工時，突然從山坡下傳來蠻熟悉的講話聲。有兩個青年大概要去陬訪神社吧，正朝這邊爬坡上來。他們以日語和台語混合著講，流露出久違的鄉音；我再側耳傾聽，果然是台灣口音的日語和台語。

雖然離開台灣才兩年多，但聽到鄉音好像久隔十多年一樣，令人感到親切和懷念。本來正要抓起板車車把的手，霍地一伸，卻抓住其中一人的手臂，以日語問道：「喂，你們是台灣人嗎？」我唐突的舉動，讓他倆誤以為我要找碴，也就兩雙眼睛瞪著我，準備打架的架勢。我趕緊用台語道歉說：「失禮、失禮，我是新竹州竹南郡出生的台灣人，姓黃。」並簡單做了自我介紹。

那兩人聽過我的經歷，非常同情一個特攻隊員竟然淪落到拉砂石板車。其實他們的遭遇比我也好不到哪裡。他們是同屬台中州的沙鹿和東勢人，當軍屬被派到菲律賓；後來美軍反攻，他們的部隊逃到馬尼拉東北部深山，日夜遭受美軍艦砲射擊及空襲。日軍彈盡援絕，在一面倒挨打的局面下，死於飢餓與瘟疫的人數急遽增加；最後他們被美軍捕捉，關在專門收容台灣人的俘虜營。

等到遣送時，因隸屬日本軍的關係，他們沒送回台灣，而是與其他日軍全部遣返鹿兒島。政府復以「沒有台籍軍人軍屬名簿」以及「台灣人現已回歸中國國籍」等理由，連退伍津貼及復員支援金等一個錢也不給；還怕這一共一百幾十名台灣青年抗議鬧事，集體收容在鹿兒島的小學教室。後來聽說佐世保原海兵團舊址成立了台灣青年隊，所以才遷移過來不久。異鄉遇知己，真是令人興奮的事。況且從他們口中獲悉，台灣已歸還中國，我們也變成戰勝國的國民。臨別他倆熱心勸我別再辛苦拉車，趕快去佐世保的台灣青年隊和他們匯流。

這天趕完工作，馬上跟三位夥伴報告白天的事情，商量今後的去留。討論到半夜，到底要繼續投靠梁瀨上校？或去佐世保參加台灣青年隊？久久沒有一個結論。本來講好明早向梁瀨請教意見，但他一大早就上班去了，我們乾脆向三浦組請了一天假，一起趕往佐世保。

到了那裡，有一棟營舍，門口貼著「台灣青年隊」字樣的紙條。走進去，在上下兩層木板床的房間裡，有各色各樣服裝的人，這裡一塊、那邊一團地聚在一起，或聊天或玩撲克牌。我們出現，沒人在意與相迎，又遍找不著昨天那兩人，只好逕自走進看似一間「士官室」的房間，有一位年紀稍長的幹部接待我們。他看我們都穿飛行服，感慨的說：「原來台灣人也有飛行兵！」勸我們不要留在日本做苦工，趕快參加青年隊。他說長崎的崇福寺也有台灣青年隊，我們可就近報到。

所謂「近在咫尺，遠在天邊」。來長崎已經兩個多月，做營造廠的臨時工跑遍大街小巷，偏偏不知道就在我們住處附近的崇福寺，已有收容台灣同胞。剛巧這個時候，由於美軍提供船艦支援，復員省從海外戰場接運日軍日僑的業務也加快腳步。本來預定四年後（一九四九年）才會輪到的在台日僑遣返工作，也提早從一九四五年的年底展開。

一九四六年一月底左右，復員援護局有情報通知聯隊區司令部：二月二日將有復員船隻從博多港開往台灣。梁瀨上校也贊成我們跟收容所的台灣青年一起搭船回鄉。當晚梁瀨夫人親自下廚，做了好幾道美餚，一家人為我們送行，萬感交集互道珍重再會。四個人中，安本信夫因為是日本人，又不會說台語，怕在上船檢查時穿幫，決定留下來。

第二天在梁瀨一家人和安本兄歡送下，我們遷移到崇福寺。這是台灣青年隊的長崎分隊，已經集合了三十多位台灣人軍屬或被徵召的船員。大家發現只有後到的我們三人是正規軍的航空兵，都很客氣對待我們。這裡令人高興的是，大家可以毫無顧忌大聲講台灣話。其中一位商船學校畢業的徐先生，是出身新竹州的客家人，我跟他用客家話談天說地；我的兩位同伴鄭兄和賴兄聽見了，都很驚訝我原來是個客家人。

歸鄉之旅心慌慌

蔡焜霖譯

這些軍人身穿棉襖，腳登草鞋，背插一把傘，扁擔挑竹籠，邊聊天邊行進。這就是接收台灣的祖國軍隊嗎？誇稱世界最精銳的日本軍，怎會輸給如此不成體統的中國軍？

一九四六年二月二日，告別長崎的日子終於到來。在日本將近三年的流浪之旅，長崎成為終點站。在碼頭停泊的日本商船「日昌丸」甲板上，已有十多名擔任警衛與護送的美軍，我們一行沒經過身份或行李檢查，很簡單就上了船。早知如此，安本兄也可以一起搭船，但後悔已來不及了。乘客以九州各地的台灣人軍人軍屬為主，還有聽到情報趕來的留學生及民間人士等，一共八百多位。不幸的是我們台灣青年隊長崎分隊被分配在三等客艙，寢室非常擁擠，很少有動彈餘地。

我因之前「富士丸」遇難的痛苦經驗，一上船把簡單行李丟進客艙一角後，馬上去確認萬一出事時的疏散途徑，同時尋找救生衣。雖然日本投降，戰事結束，但海上到處漂浮敵我雙方敷設的水雷，料不到何時何地會觸雷，或因其他事故沉入海底。歷盡千辛萬苦才得到回鄉機會，萬一出事葬身海底，那就要遺恨千年了。我從船艙倉庫把擱置不用的救生衣拿一件出來，儘管被同伴取笑，還是隨身攜帶一直到船抵台灣。

由於「沉船恐懼症」，我把行李丟進船艙出來後，幾乎未曾在船艙待過，隨身帶著救生衣就在甲板打盹。船駛離博多港，不知航行多久，又駛進佐世保港。為了交涉糧食和燃料的補給，在佐世保港一泊就是四天。這期間船上美軍固然對台灣人客氣，但還是採取對待戰俘的態度。好不容易爭取到補給，船終於駛離港灣，把九州拋在左舷後方，一路朝南航行。

船過九州最南端的鹿兒島時，一位學生打扮的青年，看我身穿飛行服躺在甲板上，不知出於好奇或什麼原因，悄悄告訴我一個不好的消息。他說凡是台灣人志願當日本軍人或軍屬者，中華民國政府將一律以漢奸罪名逮捕判刑。士兵刑期三年，士官五年，軍官則處以十年有期徒刑。軍屬也依階級高低處以徒刑。被判刑的人將關在高雄的原盟軍戰俘收容所，現在叫做「日本軍人集中懲治所」。

這個消息令人憑添煩惱。航空士官學校退伍時，德川校長為了犒賞我們協助善後的功勞，以特別恩典晉升伍長，並發給我們復員證明書。假如因此被判五年徒刑，豈不是很諷刺的「恩典」？早知如此，應該留在日本當吉永少將的養子，上大學讀書就好了。但正如俗語所說，現在已「誤上賊船」，喊救命也來不及了。只好聽天由命，抵達台灣再看著辦好了。

一九四六年二月十三日，天一亮就遠遠看到台灣島影。乘客很快都跑到甲板上來，歡聲雷動喊起「萬歲」。匆匆吃過船內最後一頓午餐，獨自上去船橋，眺望故鄉山巒愈行愈近，活著回來的喜悅湧上心頭，情不自禁淚水滂沱而下。一位高級船員走過身邊時提醒我：「飛行兵先生，現在到台灣了，你總放心了吧。」要我交回救生衣。可是船還沒進港，港口內外都有觸雷的危險呀。因此我沒照辦，還跟他說：「船未停泊碼頭以前，我不會放下救生衣。」

下午兩點左右，基隆港的導航人員上船來。港內處處可見遭受空襲而顛覆的船身，也有船桅突兀伸出海面上的荒涼情景。戰爭結束已過半年了，戰禍的痕跡在這裡仍歷歷可見。我們船巧妙穿過港內的危險物之間，終於在火車站前的碼頭靠岸，這是三年前搭乘富士丸的同一碼頭。放眼望去，岸上行走的人，岸上種種聲音，都讓人覺得有點生疏，卻又很親切。

戴著扁平大帽子的中國官員登船來，看不出是警察或軍人，但樣子有點土里土氣，讓人有點失望。大家站得遠遠的看祖國官員，但是講的話一句都聽不懂。中國官員與護送我們的美軍商討一陣之後，配發歸國調查表給每個人，同時交代我們，軍種、兵科、入退伍日期、部隊名稱、服役地點、戰歷、階級與回國後的地址等，都要詳細填寫，令我開始緊張。船上那名青年透露中國政府會處刑漢奸的說法，看來有幾分真實。

於是我慌裡慌張將軍人手冊、畢業團體照等可能變成證據的文件撕碎，跑到棧橋相反方向的船舷，把它丟棄海裡；小張照片或較薄的復員證明書，則藏在鞋襪或空水壺裡面；表上的階級欄填「陸軍學生」，然後把調查表交出去，等待下船。

不知是不是行李檢查很嚴，等很久還輪不到我們下船，就像在法庭等待判決一樣，令人心虛和焦急。會不會調查表上填了什麼不該寫的內容？「不會有事的，要鎮靜，要鎮靜……」這樣自言自語，把眼睛轉向防波堤上，懶懶散散的祖國阿兵哥，還有向我們兜售東西的小販等，都是蠻新鮮的光景。

最特別的是軍人隊伍。身穿草綠色棉襖，腳登草鞋，背部插一把唐傘，用扁擔挑的竹籠，裡面放鍋子瓶子，還有把步槍像扁擔一樣扛在肩上的阿兵哥，邊聊天邊行進的隊伍……這就是接收台灣的祖國軍隊嗎？同情和失望之情交錯湧現。誇稱世界最精銳的日本軍，怎會輸給如此不成體統的中國軍？越想越覺得不可思議—這就是我對祖國的第一印象。

耐心等著，終於輪到我們下船。一下船梯，戴著扁平大帽子（後來我們戲稱它「乒乓台」）的檢查官，口頭詢問隨身攜帶的物品，檢查有沒有帶槍枝刀劍。令我擔憂很久的與「漢奸處刑」相關的兵科、階級等問題，一個也沒問到，比想像中更輕易過了關，背著復員行李走去廣場和大家會合。現在用那一雙穿著飛越航空士官學校上空、跨過大本營與航空本部大門、又在武藏野與長崎斜坡路與我同甘共苦的航空長筒靴，我有力地站在故鄉台灣的大地。

活著回來的喜悅湧上心頭，萬感交集的眼淚直如雨下，弄濕腳下凹凸不平的碼頭地面。踩上如今換了一個國名的土地，一起踱過苦難日子的航空長筒靴，可能也因喜極而泣，被滴落的淚水濕透。而曾經懷抱雄心壯志，以為當個軍人、晉升軍官，即可替父母報仇，那場少年的夢，隨著一踏上故鄉大地，即像一場幻夢消散無影無蹤。

第四部

台灣第一號思想犯

（李筱峰／提供）

（李筱峰／提供）

「幽靈」戰士半夜歸來

吳水燈譯

車到台北站，已夜幕深垂，車頂三盞小燈泡，照得走道昏暗，不便走動。頓感到戰勝國的台灣，竟比戰敗國的日本還不如，更為物資缺乏感到悲哀。

我所搭乘的「日昌丸」，全船乘客八百多人。在基隆上岸後，當局為了遣送這批人，特別調度終站為嘉義的一列專車，這是一列老舊的慢車，包括十輛以貨車改造的代用客車，靜靜待在基隆月台。

我提著行李，避過代用車，搶先登上客車，坐上面對面的雙排座椅上，靜下來回想這段緊張又興奮的回台旅程。同車旅客，不知是疲憊還是放鬆，沒有興奮的交談，各自閉目深思。或許心中都有無限的感慨吧；或許正在思潮起伏，如何面對明天以後的人生？

車到台北站，已夜幕深垂，車頂三盞五瓦特小燈泡，照得走道昏暗，不便走動，頓感到戰勝國的台灣，竟比戰敗國的日本還不如，更為物資缺乏而感到悲哀。

列車走得很慢，到達竹南站已是半夜一點多，比預定時間遲了一個多小時。我在竹南先下車，所以向在大甲下車的鄭連德、在嘉義下車的賴起奞道別，互道珍重，誓約再會。

賴君和我同搭富士丸，同遭美國潛艇魚雷擊沈，同在海上漂流六七小時才獲救；抵日後，一同到大津陸軍少年飛行兵學校報到，畢業後，再一同到熊谷陸軍飛行學校和立川基地，之後又一起到豐岡陸軍航空士官學校…是和我一路同隊同班，同艱共苦的老戰友。不但如此，就連戰後也一同在武藏野揮鍬開墾，在原爆後的長崎廢墟做苦工，過著沒有戶籍、到處應徵粗工、有一餐沒有一餐的挨餓生活…是這樣一個生死與共的難友，令人感動尤深。

至於鄭君，雖然比我晚一年從軍（從特別幹部候補生入伍），年歲反比我大三歲；頗具明晰洞察力，為人樂善好施，正是前輩的性格。他在終戰後那段混亂時期，一直引導我破迷解惑，是一位可貴的兄長。

這兩位都是忠心不二的、莫逆之交的戰友，和他們分別，我萬分依依不捨。奈何只有默默目送慢車載走他們，駛離月台，消失在黑暗中。

走出收票口，忽然看見黑暗的候車室，有兩位穿著軍服、背著復員行李的青年在交談，似乎碰到什麼困難似的。打聽清楚才知道，這列車走的是海線，他們要在山線的苗栗和豐原下車。不得已必須在竹南換車，待明早第一班車才能歸家。我腦際念頭一閃，竹南風可是有名的；加上戰後的竹南站候車室，受空襲爆破的玻璃窗無一完整，在這裡過夜，何其令人難受，不禁為這兩位一掬同情之淚。但想到自己今夜棲宿何處尚未可知，一時茫然不知所措。

出了車站，沿著沒街燈的街道，蹣跚顛簸地慢慢走，終於找到睽違已久的家。

一眼就看出是我的家。只是門窗破了，雜亂而笨拙地補釘木板；從隙縫窺視一下，裡面一片漆黑。我放開大聲叫喊，握緊拳頭猛敲門，過了許久，裡面還是沒反應沒動靜。會不會家人疏開別處還沒回來？果真進不了家門，只好踅回車站，跟他們作伴過夜了。就在這時，忽然傳來木屐聲，趕緊再用客家話大喊：「爸！是我，華昌啦！」

看看有人點上了燈，出來開門的是大哥，不禁興奮叫一聲「大哥！」可是他一語不發，用狐疑的眼光打量我，從頭看到腳，再從腳看到頭，來回瞧個不停。突然間，慌慌張張轉頭往樓上跑，叫醒全家人。父親下樓了，一再揉拭疑惑的眼睛，看我的飛行服，終於語帶嗚咽：「孩兒呀！你真的回來了？」拍我的肩膀，握緊我的手，久久難以平靜下來。

向來話少的母親躲在爸身後，也淚汪汪看著我。這時大嫂開口說話了：「街上謠傳很久了，說你在特攻隊戰死。媽熬不過眾人的謠傳，已經快撐不住了。」並一直撫慰咽泣的母親。就這樣，全家人都哭著歡迎我的歸來。

放下行李，我立刻疾步跑回車站，這舉動嚇呆了一家人。不一會兒，我帶那兩位走投無路的年輕人（苗栗的邱君和豐原的陳君）回來住宿，讓他們免於一夜風寒。談不上招待，睡的是稻草臥舖，共度了一夜。

打從離家之後，第一次享受既興奮又溫馨的一夜，連眼皮都沒闔上，天就亮了。一早父親、大哥和我先陪兩位客人去車站，趕搭首班車。送走他們，回程忽然興起，繞到車站邊的堆貨倉庫，追尋小時候的記憶。當時為了幫忙家計，和大哥常到這裡撿拾掉落的木炭屑或小木材當作柴燒，有時甚至用偷的，被站員一路追趕⋯想起那段遙遠的回憶，不禁暗笑幼年的天真和苦楚。

正好在倉庫邊空地，看見四、五名頭戴戰鬥帽、腰繫長毛巾的日本兵，正在露天作飯；另有一、二十名士兵坐在走廊上。我頭戴在飯能町東雲亭撿到的軍官戰鬥帽，身著飛行服、禦寒絨軍褲，腳蹬飛行長筒靴；這身打扮一出現，他們立刻大喊「敬禮！」觸電似的個個身子畢挺，肅然行了舉手禮。突然受到這群日本兵敬禮，我有點靦腆，但還是大大方方回禮。

我走近跟他們搭訕幾句。據說日方為了接待遣送專車或公務來此的日本人，在竹南車站派一個分隊服務，供應茶水和補給，並備有簡單醫療設施。當我提到昨天剛從日本返國時，他們一聽立刻圍過來，想打聽日本各地的戰後情況。我無法一一回答，只能以自己親身見聞，例如都市家計艱難、糧食短缺、物價奇貴，以致生活極端困苦等，舉一般性的例子相告。他們再次向我敬禮後，大家才辭別。

陪在我身邊的父兄堆著滿臉笑容。後來父親向鄉里親友們，得意洋洋地誇耀：「日本兵向我兒子華昌肅立敬禮呢。」廣泛宣揚樂此不疲。說起來慚愧：我曾違拗他們的極力反對，報考充滿危險的少年飛行兵，最後編入絕命必死的特攻隊，幸好因終戰保住一命。然而戰後家書斷絕，讓全家人為我惦念，使我十分愧疚。所幸昔日騎在我們頭上的傲慢統治者，也有畢恭畢敬向台灣人敬禮的一天；至少對家族而言，是心靈的補償和快慰；對我來說，也是出人頭地的樂事。

日本昭和天皇宣佈投降的「玉音放送」。

（李筱峰／提供）

1945.10.25，「中國戰區台灣省受降典禮」在台北公會堂（今中山堂）舉行，此日被官方定為光復節。但從本圖可以看出，當時是軍事接管典禮，而非國際法上的領土歸還或主權歸屬。

戳破皇國夢　揪打日本狗

吳水燈譯

陳仙一跨進門就問：「你要問卦兒子的生死嗎？」問得老母啞口無言，只好把我的生辰資料給他。一看籤示，陳仙斷言說：「你兒子早已不在人間了。」

一九四五年八月十五日，日本天皇親自發表「玉音放送」，等於投降詔書。住在台灣的日本人，以往深信不疑的「皇國必勝論」被戳破驚醒了，因為信之彌深，所以打擊愈大。官員和一般日本人，以特權階級的身分仗勢欺人，對台灣人加以歧視侮辱，現在紛紛被趕出官舍住家；有些官員索性丟掉官服，改頭換面，像落水狗一樣躲起來；至於特別惡質的警察或教師，則被揪出來羞辱毆打，嚐到「凌人者人必凌之」的滋味。

日本人過去的昂揚氣勢不知哪裡去了，現在都低頭哈腰地謹言慎行。站前廣場、人潮熱鬧的街道邊，到處都有日本人在販賣形形色色的家財、傢俱；內容無所不有，偶而還可發現國寶級的骨董或珠寶。

有一天打聽到，曾經苛酷我老母的經濟警察岡田巡查部長，也被街上的青年揪出來打得半死，算平了長年鬱積難消之恨。

我當初要報考少年飛行兵學校時，請長澤老師代為辦理；他嗤之以鼻，而且劈頭大罵：「太不識相了，飛行士沒有你們這些『清國奴』的份。」聽說他在投降翌日，就在台北師範學校附屬小學校，連帶妻兒一起遭到羞辱。他被叫到司令台上，先喊「清國奴」，再大聲喊「我是一條狗」（台灣人當時稱日本人為狗），受盡侮辱後，再打個半死才放他走。

長澤老師自誇是「保皇」的近衛軍團士官，在台灣人面前耀武揚威，最後落得這個下場。可惜他的落魄我沒看到，如果他還在的話，我要站在他面前說：「喔呀，長澤狗仔，抬頭看看『清國奴』當上智勇無雙的日本飛行官！」讓長年鬱積心中的恨意消一消。

一九四五年十月廿五日，台灣總督兼台灣軍司令官安藤利吉上將，以日方投降代表的身分，在台北市「公會堂」（今中山堂）簽下投降書，將台灣移交給中華民國，結束五十年的殖民統治。台灣回歸祖國懷抱的這一天被定為「光復節」，台灣人並以震撼山河的氣勢，盛大慶祝這一劃世紀的光榮史頁。台灣人從此搖身一變，由「清國奴」變成戰勝國的國民。

戰時，有些抗日的知識青年，躲過日本憲警耳目偷渡到大陸；戰後一躍變成國軍幹部或接收委員，紛紛衣錦返鄉。然而更多的台灣青年，戰時被徵調做軍人、軍屬，派往菲律賓、婆羅洲、新幾內亞等南洋諸島出生入死；僥倖沒死的，戰後被聯軍收容於俘虜營，後來才陸續解甲回來。一時台灣各地，到處可見穿POW（Prizoner of War）俘虜裝、或日本軍服的青年滿街跑，倒成了刺眼的諷刺現象。

南洋戰場的台灣青年陸續回鄉，但在日本本土的我，反而有家歸不得，飽嚐異鄉隔絕之苦。家書寄不到，手札寄不出，兩地懸念各不放心，怎不叫人著急。家人找郡役所要人；不幸的是，戰時最令人討厭的人物，大家稱他為「閻羅王」的徵用擔當官（兵役課長），畏懼眾怒怕遭報復，早就把有關文件一概燒毀以湮滅證據，連人都不知消失到哪裡去了。

政治紊亂、行政癱瘓，在這種情況下，要查知我是否平安，猶如大海撈針一樣困難。街坊一直傳說，我一定戰死了，沒有生還希望；可是大哥主張，除非軍中正式通報死訊，否則絕不放棄究查到底。聽說也向我在日本的學校寄好幾次信，都如石沈大海。其實學校早已解散，永遠投遞不到的信，消失在亂世的漩渦中。

老母對街坊的傳聞半信半疑，於是找到中港街姓陳的「鐵口斷事仙」到家裡來問卦。陳仙一跨進門檻，第一句就問：「你要問卦兒子的生死嗎？」這一問，老母啞口無言，只好把我的生辰資料給他。經過一番行事，得了一支籤；一看籤示，陳仙斷言說：「你兒子早已不在人間了。」一聽說陳仙更絕的是：「你兒子已不在人世，我也就不收你這份禮了。」老母仍不灰心，又到我要赴日時，帶我去祈求「武運長久」的媽祖廟（今中港慈裕宮），再次問卦乞籤，結果還是下下籤。可憐的她，至此已幾近絕望。

我在大津少年飛行兵學校時，大哥摯友方壬癸醫師曾來探訪我。他在京都帝大附屬醫院服務，是大哥唯一的消息來源。大哥一次次拍電報給他，請他尋找我的下落，可惜連他的音訊也斷了。

所幸一九四五年十二月中，方先生搭乘第一艘遣返船歸來，大哥即刻前去找他，關切他的近況和我的消息。原來終戰後，在神奈川的高座海軍工廠工寮裡，還有八千多名台灣工人滯留未歸。他們從公學校畢業後，就徵調到日本工作。因為一直無船遣送，等待遙遙無期，心情鬱憤不滿；加上戰後環境惡劣，生存如同煎熬，常與當地警民發生摩擦。

此外，在東京一帶的一些解隊台灣青年，也像無頭蒼蠅一樣生計無著；後來依附到高座之寮，形成一個大集團，雖說集團，卻是無政府狀態。方壬癸為了提供他們醫療照顧，乃離開京都到神奈川來。因為工作的接觸面廣，每遇有航空隊出身的台灣人，便打聽我的消息。後來從來自南投的林蘭芳那裡，得悉我在六月進航空士官學校，因為日本準備本土作戰，士官學校要編為特攻隊訓練營…以後的事情就不得而知了。

由以上蛛絲馬跡，愈描愈黑，風聞傳風聞，難怪街坊人家都相信我已經死了。如今被斷定不在人世的人，忽然在半夜像幽靈一樣無聲無息歸來，難怪全家人又驚疑又歡喜，也可見他們的惦念關心何其殷切。當然街坊看到我，也是嚇一大跳吧。

在母親陪同下，我逐一到寺廟拜拜，感謝神明賜佑。還願完畢，順道到竹南國小，造訪恩師潘萬枝老師，他已升任該校校長。隨著日本投降，校園的太陽旗被拉下，換上青天白日旗，學校教育也以國語取代日語。潘校長一見到我，驚跳起來，拉我的雙手說：「大家都謠傳你在特攻任務戰死了，無恙回來真好。」並帶著哽咽的語氣，向諸位老師介紹：「這是我的學生，本校出身的唯一日本空軍飛行士黃華昌。」他滿臉春風，堆滿喜悅得意之情。

一九四四年，日軍與聯軍在菲律賓海進行攻防戰，日本海軍潰敗。日本預估戰勢發展，認為美軍下一個戰場可能就是台灣或沖繩，因此軍方把最精銳勇猛的一團駐紮在新竹周圍。戰後，這團日軍的殘兵餘勇，有一個中隊駐紮在竹南國校東邊的一間農舍倉庫等待遣返；前面所說駐紮在竹南車站的分隊，就是從這個中隊派出去的。

想誇耀一番的潘校長，帶我去見中隊長佐藤上尉，並為隊員一一介紹。士兵都想了解日本戰後情況，於是中隊長把隊員集合，圍成ㄇ字型，請我為他們做一下報告。我心想，他們離鄉背井至少都有近十年吧，對祖國日本都有濃濃的鄉愁；將心比心，將遭遇比遭遇，我充分了解他們的鬱悶和無奈，但又能給他們什麼呢？

只能就我親身見聞，例如美軍對日本本土的焦土轟炸，原爆下的死傷慘況，終戰後的吃住艱難、物價暴漲，加上聽說蘇聯進攻東北後，關東軍慘敗之事，做了一些說明。講完，在隊長宏亮有力的「敬禮！」令下，行了部隊敬禮。十八歲的我，領受這份敬禮是有點尷尬，也有點自喜。潘校長把喜悅寫在臉上；我能為校長光耀顏面，心裡也很高興。

回到學校，我向校長告辭：「太打擾您了，浪費您好多寶貴時間。」正要走出校長室，他忽然記起什麼似的，拉住我的手：「光復前有一天，一架飛機飛到校園上空表演特技，是你做的吧？」「要是當時給我投下通信筒，我就可以對日本人大大耍威風⋯太可惜了。」校長出其不意的話，使我不知怎麼回答。其實我遠在日本，怎麼可能飛到學校。但礙於諸多老師在場，不敢損校長顏面，只好含混應答，慌忙退出校長室。

（黃華昌／提供）

作者的母親楊義妹（1885～1977）。

（取自竹南國小《百年校慶特刊》）

光復後竹南國小第一任校長（1945.8-1956.10）潘萬枝。

特攻的變調 故鄉的榮耀

吳水燈譯

街坊都對我指指點點，小聲說「特攻隊」、「飛行士」，使我樂透了。也有人出於嫉妒，叫我「大塊呆」。變了調的特攻員，竟翻身變成故鄉的風雲人物。

特攻隊是戰爭末期日軍的禦敵法寶，其實就是人帶機自殺攻擊，陣亡一去不回，是標準的不人道戰術。但在當時軍中，卻被譽為無上光榮，死後可祀為靖國之神。我雖受過特攻訓練，卻因為終戰而保住一命，所以我常自嘲是走了樣的特攻員。

讀小學高等科之後，我這個乳臭未乾的小子，經過三年不到的軍隊生活，又經過戰後無衣無住無餐的落魄生活，說實在，沒有一件家居服可穿，僅有的不是飛行服就是軍裝。此外可能因年輕人的自負、自寵和矜持心態使然，我外出時都會穿飛行服；因此在市場附近或十字路口，不時有擦身而過的伙食採購兵、官兵清潔隊等對我敬禮，頗受青年男女們羨慕的眼光。當時有些日本警察暫時留下來，協助新政府維持治安，看我身穿飛行服，也會溫文有禮打招呼：「您為日本辛勞了。」不再有以前威勢逼人的優越感；不但如此，甚至可聞到他們散發自卑的氣息。現在可輪到你們來感受這種悲哀了。

街上來往的男女老幼，都對我指指點點，小聲說「特攻隊」、「飛行士」，使我樂透了。也有人出於嫉妒，以諧音叫我「大塊呆」（福佬話的特攻隊和大塊呆音近）。戰後為了活著回家，忍凍挨餓打零工、刈稻工、拉板車工，從關東漂泊到九州，淪為一身邋遢的流浪漢。誰知歸鄉後，這個變了調的特攻員，竟翻身變成「飛天英雄」的風雲人物。

關於潘校長提到我曾經飛越故鄉上空一事，有一段插曲：當初我在立川基地，空襲最激烈的五月下旬某一天，也是空襲時刻，我藏身戰壕擔任對空砲擊的任務。慌忙中跳進來一個人，是鎌田曹長，因現場緊張，形勢匆促，彼此未能多談。但我後來偷偷託他代我投寄一份家書。

不知何時，他轉駐台灣的第八飛行師團（註一），此事我毫無所悉。六月末，沖繩戰事結束，台灣上空落入美軍掌握，空襲頻傳；竹南居民也疏散到鄉下，街上宛如空城。有一天家人回家，看到一封署名是我、寄自台北市福住町的信。這信就是鎌田曹長轉寄的。

家人以為我轉進台北的基地，就請在鐵路局台北機務段當機關手（火車駕駛）的二哥，按照信上地址，撥空前往福住町（註二）查訪，卻一直找不到營舍或旅館；相反的，盡是一些高官豪宅。鎌田住過台北，他知道從高官住宅區寄出來的信，憲兵、特高都不敢亂動，可通過嚴密的檢查寄到我家。真是好仔細的用心。

約在終戰前一個月的某天，一架雙翼練習機飛來竹南，在車站前廣場及國小操場上空，低空表演急下衝、翻筋斗、急橫飛等飛行特技，秀完就飛走了。此後從學校的師生，到街坊的人們，都確信那是竹南唯一飛行員的我，訓練之餘順便來做飛行訪問。恰好過了幾天，我的信轉寄到家；兩種巧合相加，更使人相信我確實駕機飛來故鄉訪問，也難怪潘校長銜著我說：「那時丟個通信筒給我就好了。」更巧的是，過沒幾天，郡役所兵役課又來催促家人，趕快申辦手續讓我更改日本姓名。這一連串事跡，都讓人家深信我回過台灣，而且飛過家鄉。

然而戰後，這些特攻隊的印象，卻因為我與家人音信斷絕，信息悄然，加上神籤顯示凶多吉少，自然而然導致一個結論：我已經特攻陣亡了，難怪謠傳滿街飛。但是想起來，整個過程也未免充滿太多巧合。

以後一段時間，幾乎每天穿著飛行服或軍裝出門，都有人問：「你就是架機飛來翻筋斗的人吧？」「你是特攻隊的靈魂！」我得一一澄清：「不是我…」「我在日本埼玉縣的航空士官學校受訓，哪有那麼大的本事…」越是否認，越得到反效果，對方接著就說：「難得有這麼謙虛的青年。」「不會了，不會把你抓去當漢奸或戰犯處置了。」這麼一來，我變成英雄人物，名氣愈來愈旺。

現在想來，會不會是鎌田故意替我做了飛行訪問？還是附近新竹海軍預校的學生，在飛行訓練中的脫隊表演？終戰過了半個世紀，這仍是未解之謎。我這個走了樣的特攻員，被人們張冠李戴地稱讚，表面很光彩，暗地裡卻感到汗顏。

註一：日本投降時，在台灣的駐軍共有五個師團、七個獨立混合旅、一個「第八飛行師團」。飛行師團司令部設於台中，部隊長為山本健兒中將。

註二：現杭州南路二段、金華街、信義路二段一帶。

（取自《大東亞戰爭—台灣青年》）

天真少年，製造戰爭機器。

高座工廠少年工

（取自《大東亞戰爭—台灣青年》）

晨間體操。

（取自《大東亞戰爭—台灣青年》）

集合上工。

祖國來劫收　光復變沉淪

吳水燈譯

官僚接收幾十萬噸食鹽、樟腦，偷偷賣掉，中飽私囊，說是螞蟻吃掉。試問台灣小學生，也會告訴你「螞蟻不吃鹽和樟腦的」。

戰時，為數高達二十萬的台灣年輕人，被徵調為軍人、軍屬；大部分派往海外作戰、支援後勤，少部分留在本島防禦。在海外戰病而死的，高達三萬人之多。戰後倖存的人，從中國、菲律賓、婆羅洲、馬來、爪哇、新幾內亞等戰區陸續遣送歸來。也有很多留學生、學者滿懷熱情投入祖國懷抱；尤其很多留日的自願放棄在日學業，紛紛歸國致力復興大業，一時在竹南鄉下，街坊都呈現一番活力。

但當時的工商業，因城市遭受戰爭破壞，幾近廢墟，復原工作意外緩慢；復員的青年越多，就業也越加困難，目睹這樣的世態，失望反而更大。從人間地獄、非生即死的慘烈殺戮戰場歸鄉的歡喜，瞬時幻滅了。

從祖國來接收的國民黨政權和軍隊，名為奉揚三民主義，宣稱「台灣同胞同為具有五千年悠久歷史的中華民族，我們絕對一視同仁。」「國軍經過八年艱苦對日抗戰，台灣才能光復，同胞從日本殖民統治的桎梏下解放出來，同享自由平等博愛，回歸祖國懷抱。」可是大陸來台的國軍和官員，卻以征服者君臨的姿態對待台灣人，不只沒有一視同仁，還視為三等國民。由此慢慢醞釀發酵，埋下台灣人和外省人衝突大悲劇的伏因。

說實在，終戰之前，台灣同胞的國民教育已達八〇%的高標準。戰後來台接收的台灣行政長官陸軍上將陳儀，也畢業於日本陸軍士官學校，並留學日本陸軍大學；一九三五年還被招待參觀「始政四十周年紀念台灣博覽會」，可說是一個「日本通」將軍。可是他和他帶來接收的官員軍隊，卻讓台灣人深深失望與反感。

一些高級官僚昧於自私自利，從日本人手中接收莫大的「日產」，公然強奪橫佔自肥。像接收幾十萬噸庫存食鹽、樟腦，藉口「蟻蝕」予以報銷；食鹽偷賣到大陸沿海都市，產量世界第一的樟腦偷賣給歐美各國。說是螞蟻吃掉，試問台灣小學生，也會告訴你「螞蟻不吃鹽和樟腦的」，這種無知現象卻經常發生，真是笑死人。

至於中下級官僚，很多學識低劣，甚至只知道簽自己的名字，幾近於文盲。卻以征服者的心態，和上司的身份，來管理受過現代教育的台灣人；並公然瀆職收賄，然後官官相護，把「成果」獻給上級，既可升官又可自肥。

戰後台灣復原維艱，民生窮苦，陳儀政府的接收人員卻把大量的米糧、糖、煤炭走私賤賣給對岸巨商，使人民生活更加塗炭。物資缺乏導致物價暴漲，台灣人要食無糧、就業無著，切身的苦楚引燃遍地的怨聲載道，更形成人心惶惶的世態，醞釀一股反彈反抗的巨浪。

至於身著臃腫棉襖、背插紙雨傘、穿著草鞋、形同乞丐狀的「國軍」，素質之惡劣，比起官員有過之而無不及。他們把接收的軍糧流售給商人，連槍砲都可賤賣給黑道集團；流氓一般的惡質士兵，則視強姦掠奪為平常事。於是曾經「夜不閉戶」祥和樂利的台灣，很快變得治安大亂。

無能的官僚打著「三民主義」大旗，強調「自由平等博愛」。其實是把接收的「日產」當作戰利品，自由私吞，平等同肥；至於「博愛」，則是講堂上的裝飾；台灣人所受的不平等待遇，比起日本殖民時代更令人不滿。至少日治時代豐衣足食，社會平靜安詳，治安良好，夜不閉戶，寧為台灣人民所嚮往。

台灣人對舊日生活的懷念，卻被新政府官員認為「思想有問題」，一口咬定為「受皇民化教育，奴隸根性已深，幾近喪失民族精神」云云，而加強壓制手段。種種施政之不當，日益加深台灣人對外省人的反感。

台灣人當初為了歡迎這些貪官污吏、土匪軍隊，即使生活艱苦，仍動員大家到機場、碼頭熱烈迎師；各地建造牌樓，敲鑼打鼓，舞獅慶祝⋯如今悔不當初。發起歡迎活動的，主要是所謂「愛國士紳」，一時成為眾人怪罪的對象。大致來說，這些士紳在殖民時代是皇民化運動的先導，率先改用日本姓名，享受特權利益，因此被稱為「御用紳士」。日本一敗，他們又率

（李筱峰／提供）

反映戰後國府統治下，官商勾結、囤積米糧，雙重剝削人民的版畫。取自1946年2月出版的《新新》月報。

先加入國民黨，愛國為名，投機為實。他們的行徑，被許多海外歸來的熱血青年們唾棄。

一些熱血青年眼見世態如此，為了革除腐敗政府和無能軍隊，決定投身軍旅來救國。這時國民政府的駐軍，為了補充在中國戰場嚴重折損的兵源，以各種宣傳為餌招募新兵，一時失業青年踴躍應募。入營當天，歡送的人潮以日本軍歌助勢，熱烈的壯行場面，令國軍士兵們感動流淚。想到自己是大地主、富豪買來的傭兵，或是農夫、工人被抓來充軍。中國俗話說「好鐵不打釘，好男不當兵」，他們大惑不解，為何台灣人如此盛大歡送子弟兵入營，引染他們的悲戚之情。

官僚賣機自肥　青年報國被誤

吳水燈譯

無論舊型機或新型機，一概當作廢品，賣給民間工廠，變成鍋釜器具。表面說是為了提升國民生活，必須製造民生用品，實則肥了官僚口袋。

光復初期國民政府在台灣的駐軍，台中以北為七十軍（軍等於日本師團），以南為六十二軍。六十二軍司令部設在台南，全軍似乎都講客家話，是從廣東開來的子弟兵。軍長為陸軍中將黃濤，是我曾祖父的長兄的曾孫輩，和我是同輩的堂兄，反而他叔父輩的黃砥峨少將是他的參謀長。

黃濤的堂兄，也是我的堂兄，就是住在新竹州的黃漢昌。黃砥峨於戰後的一九四五年末，在台灣刊登尋人廣告，才找到黃漢昌。黃漢昌出身農試所（註一）。農試所與台灣醫學校（註二）、國語學校（註三），為日治時代台灣三大學府。黃漢昌當過農試所技師、學校教師和法院書記，經歷可說是當時士紳級人物。

日本大正八年（一九一九），黃漢昌遵奉先祖遺志，回故鄉梅州的宗家，抄錄本門祖先的家譜帶回台灣，這一系列家譜現在就留在我家祖先牌位上。黃漢昌回梅州時，黃濤還是一個青年軍官。

梅州宗家以為我們一族在台灣頗有發展，之後還有幾次往來，呼籲族人維修先人舊宅、墳墓，並對貧困的故鄉族人伸出援手。其實我家先人沒什麼造就。清朝科舉沒中榜的曾祖父和祖父，渡過驚濤駭浪的台灣海峽，來台灣沒多久即落入日本統治，一個漢學老師淪為賣豆腐過日子的窮民；後代子孫的我輩，又長期過著凋敝貧困的生活，如何救援人家？反而需要人家救援吧。

堂兄知道我畢業於日本軍校，建議我從軍，擔任六十二軍軍長和參謀長的副官，可以官拜中尉。因為他們對台灣實情比較生疏，希望我幫忙對外公關。我對於沒有軍紀的軍人，和穿著短褲頭、光腳穿拖鞋、背插紙雨傘、扁擔挑行李的軍容，相當無法認同。況且除了航空兵可以考慮外，步、工、砲為主力的陸軍都不是我本行，所以用「等國語學好，適應環境後，再為國盡忠」託辭婉拒。

當時的報紙是一版日文、一版中文，我們受日本教育的比較容易了解。其實我們都是用母語輔助，參雜使用各種語言來交談的。但光復後，我覺得學習語言要不落人後，以免嚐到苦果，便自動上漢學私塾學「國語」。但私塾所教的國語，和官定的通用國語，發音相差太遠，反而北京話和客家話還有一點類似之處。原來私塾老師的「國語」也是急就章：今晚跟外省人或從大陸回來的台灣人學，明天就拿來教學生，可見也不夠標準。至今我的國語還是頗受懷疑的國語。

有一天，報紙頭版下方刊出一則廣告，內容大意是「原日本軍事學校畢業者，或因戰爭中輟學業者，凡有愛國心，願為祖國貢獻之青年，可到台灣省警備總司令部（註四）登記。」我一看，覺得報效祖國的機會到了，不由心生歡喜。但要不要登記？一時躊躇不決。想到在回台的日昌丸上，那位青年說國民政府會以「漢奸」罪名處刑日本軍人，不禁懷疑這廣告會不會是陷阱。

廣告上報連續一個月之久，似乎不是陷阱，也不是假情報。於是我們一夥飛行兵學校出身者，由住台北的李名賀出面，召集張X熙、林蘭芳、郭榮源等七、八名同學，加上少年戰車兵學校、少年通信兵學校、船舶兵學校畢業的「特別幹部候補生」等，一共十四、五名，到位於原台北州廳（現監察院址）的台灣省警備總司令部集合報到。我因為出身航空士官學校研演隊，加上所講的客家話和北京話有些發音相近，被推為代表，和李名賀一同被請到三樓的警備總部第一處。

處長蘇紹文少將（註五）和我是新竹同鄉，也留學過日本陸軍士官學校。因為同鄉同校之誼，很親切地對我們說「一定符合諸君的願望，配合各人的特長做分配，希望諸君為祖國重建盡力」云云，鼓勵一番就解散了。

後來警備總部又通知：「這事要經過行政長官陳儀同意，並獲得南京中央政府認可，手續才算齊全。請諸君詳細登記學歷、軍歷等資料。」一切照辦後，我們這一夥就在台北站前的一家小餐廳，舉辦回台後第一次戰友會。本來應有三十個以上的同期生，經過李名賀熱心尋找，只聯絡到七、八人。場面雖有點冷清，但大家能回到祖國相會，心情十分歡暢。

不料等了一個多月，一直沒有消息。李君再赴警備總部打聽，詢問長官公署和南京政府的意向，終於有了下文。說是光復後接收的製糖、石油、造船等重要企業，歸中央資源委員會管轄；鐵路、船舶、公車等，則歸省政府管轄，編制為公營事業。我們可進入公營事業任職；如要任軍職，可到情報機關。如果我們有意願，警備總部即發介紹書，我們即可上班。

我認為自己是學飛行，應該進空軍比較合適，但需要南京航空委員會的同意。於是先造訪在台北工業學校（今台北科技大學）斜對面的空軍第二十二地區司令部，強調是警備總部第一處長蘇少將介紹而來，而獲得中校司令接見。我拿出報紙廣告，表示願接受再訓練成為飛行員，為祖國效力。

對方的回應是：「空軍對警備總部的公告不負有責任。至於台灣青年對祖國的熱血忠誠，我們願意照會南京航空委員會，並向蔣委員長報備請示。最好留下姓名、地址、學歷、軍歷等證明文件，等待聯絡通知。」本以為見到一縷曙光了，然而一等再等，猶如石沉大海，再也沒有任何消息。

滿懷熱誠的我，希望將所學的飛行技術貢獻祖國，為復興大業盡力，卻不被祖國接納。我不死心，又和一位出身「都城航空乘員養成所」，住在台南市的顏君，一同拜訪屏東基地和松山基地，也都吃了閉門羹。燃燒的愛國心被一而再潑冷水，換來的是失望憤慨、悲憤落魄。如同其他青年的感受，看到、聽到、遇到的一切祖國經驗，都是一片黑暗，令人大大失望。

實際的情況是，戰後政府從日本手中接收過來的陸海軍飛機，總數有九百架，數字正不正確不得而知，但除了松山機場留下雙引擎高級練習機和雙翼練習機以外，其他無論舊型機或新型機，一概當作廢品，賣給民間工廠，變成鍋釜器具。表面說是為了提升國民生活，必須製造這些民生用品，實則肥了官僚的口袋。

我們看到擁有大量軍機和精密科技的美國，即使戰勝之後，對日本飛機仍然十分重視，新銳戰鬥機、偵察機、轟炸機等，都送回國內加以拆解研究；而我們既沒飛機自製能力，愚昧官僚又只顧自肥而毀機，怎不叫人嘆息。

註一：台灣總督府農業試驗所。

註二：台灣總督府醫學校，即台大醫學院前身。

註三：台灣總督府國語學校，即台北市立師範學院和國立台北師範學院前身。

註四：台灣省警備總司令部原隸屬於軍事委員會，首任總司令是陳儀。一九四九年九月一日改為台灣省保安司令部，彭孟緝任司令；一九五八年五月成立的台灣警備總司令部，接管台灣省保安司令部、台灣省民防司令部、台北衛戍總司令部的事務，成為戒嚴總指揮機關，也就是俗稱的「警總」。

註五：蘇紹文在二二八事件時，任新竹地區警備司令。後升中將，民國卅七年（一九四八）當選為第一屆國民大會代表。

（許昭榮／提供）

陸軍第70師山砲營第3連觀測班，攝於1946年。

陸軍少年戰車兵。其學校在富士山下。

位於香川縣的船舶兵特別幹部候補生隊。部隊番號是「曉／第2940連隊」。

（鍾逸人／提供）

警總處長蘇紹文。

愛國青年　變成思想犯

吳水燈譯

那是一處殺人魔的特務機關。刑求時，先把我口鼻矇上毛巾，再用大茶壺灌水，使我昏迷不醒；再不依，就叫我跪下，用鐵棍滾壓脛肉。我受不了酷刑激痛，禁不住慘叫。

戰火餘生的我，秉著滿腔熱血和一身專長，想為祖國空軍貢獻棉薄之力，為祖國的復興繁榮盡責，做了許多摸索和努力，到頭來陷入落魄失望的谷底。不了解內情的親友和街坊人們，之前誤認我駕機飛來表演特技而謬賞，現在反而責難：「敢為日本特攻隊捐軀，何不為祖國空軍盡力？」包括令人置疑的愛國士紳、滿身響亮的名望家、當地所謂的有力人士等，閒言閒語，諷刺聲不斷。

國民學校同班同學的黃金和，和我是客家同宗；他的父親黃發盛，殖民時代是所謂名望家，戰後率先加入國民黨，一躍成為竹南地區主委，是地方的有力人士，也把我叫去訓了一番。我忍不住激昂的語氣反駁他：「不是我不愛祖國，是祖國不愛惜我。我對『祖國懷抱』和國民黨已經厭倦極了。」

他終於了解我的遭遇，打電話給隔鄰頭份鎮出身的台灣省參議員林為恭（後為苗栗縣長），要求他向政府質詢：對日本軍事學校畢業的台灣青年，給予再訓練的機會，並從陸海空軍優先起用。黃發盛並建議我：應投書報社，披露台灣青年愛國的熱誠。我想自己沒能實現翱翔祖國天空的夢想，又一直遭受親友誤解，何不發表感想，一抒胸中鬱悶。於是寫了一篇日文稿：〈貪官污吏之下沒了國家／寶貴的飛機變成鍋釜廢鐵／愛國青年滿腔熱血換來悲憤之淚〉。結果當然沒被刊登，還引來特務機關的注意，而在黑名單上留名。

我有一位表兄陳俊樓，就讀台中一中時，和前副總統謝東閔同班。後負笈日本就讀明治大學法學部，畢業後任職大藏省（財政部），終戰後回台，也是一位愛國志士。他帶我去找國民黨台灣省黨部主任委員李翼中（後為省政府民政廳長），陳訴我的遭遇。

陳俊樓是新埔人，一九五一年當選第一屆新竹縣議員。他的哥哥陳俊玖，國語學校畢業，日本時代即當關西庄長（今鎮長），是台灣人第一位地方行政首長。

李翼中和陳俊樓是明治大學前後期，有學長學弟的關係；畢業後娶日本妻回大陸，抗戰頗有立功，以「接收委員」的身分來台灣。他也是客家人，日語不知忘了還是故意不說，都以客家話和我交談。我的話總會跑出一些日語，這是難免的習慣，好幾次被他糾正，後來不敢再開口。他妻子知道我剛從日本回來，有意向我打聽戰後的情形；但在丈夫面前也避說日語，故意用廣東話和我打招呼。對此我的感覺是有點莫名其妙。

我和李翼中同為旅日的客家留學生，這次談話還算很投機，可惜不熟政治的我，似乎沒什麼獲益。未料後來他竟是救我一命的大恩人。

一九四六年八月十五日，正逢終戰周年。想到從航空士官學校研演隊到戰後回台這段期間，一路陪我同甘共苦的鄭連德君，久違未訪，就搭海線慢車去大甲找他。車上悠心眺望西海岸，看見海岸有數艘艦艇、船舶，船身鏽朽，傾斜在淺灘上，不知被空襲還是被魚雷擊沉。久久沒看到的戰敗悲景，憶起自己的親身經驗，不禁一陣悵然之情。

到了鄭家，共迎終戰一周年紀念日。彼此都保住一條命，回到祖國故土；如今相逢，倍覺歡欣。話匣子一打開無所不談：從軍苦樂、流浪回憶、將來如何走上成功之路…聊得十分投契，不知夜深。鄭君確定要上神學校，希望當牧師，把一生獻給上帝，立志彌堅。我也不認輸地表示，只要能進入空軍，將來要做一名飛行員，翱翔在祖國天空。互相約誓後會有期，才辭別返家。

隔天，十六日正午回到家，竹南警察分局的便衣警員已經在家等候。開門見山就問我復員歸國時，為何不申報自己帶有「九五式軍刀」和一四式手槍。劈頭就問這種問題，一時我莫名其妙；但腦際一閃，一個中國警員對日本武器名稱那麼清楚，一定有人密告無疑。九五式軍刀又名「曹長刀」，是飛行員萬一敵前迫降，為了自衛或自殺所用的軍刀。我說沒有那種槍械，結果我家被徹底搜查一番，取走我的復員證和一些照片等，然後把我帶走。

忽然想起怎麼一回事。原來昨天去大甲前，曾到以前日本子弟就讀的小學校（現竹南中學）

運動。無意中走進一間教室，遇見南方戰場歸來的三、四個軍屬，正暢談戰地經驗、俘虜生活甘苦談。投其所好我也加入話局。

我聊到終戰的「八一五事件」，以及在皇居二重橋前廣場，青年將校切腹自殺以明志等戰爭故事，並背誦海軍航空隊撒下的《告一億國民》《告陸軍將士書》檄文，寫在黑板上，大家覺得很珍貴。一時之間，有人唱起《拉包爾之歌》（Rabaul是新幾內亞東部一小港；太平洋戰爭時，為日軍最南方軍事基地），大家也拍手合唱，一抒年輕人積壓的鬱悶。一陣激昂話題一轉，聊到政府腐敗、軍隊亂象，就有人在黑板加寫「打倒陳儀政府，建設新台灣」「青年們！愛護我們的鄉土」等半戲謔的塗鴉文句。事後大家一哄而散，我也回家了。

翌日，暑假返校的女老師巡視教室時，發現黑板上「反政府言論」一大篇，嚇得趕緊向警局報案。現場拍照之後，本地出身的刑事組長馬上判定航空學校畢業的我涉嫌，不巧我正訪大甲而不在家。後來抓到警局，刑事組就追究說：「這你寫的是不是？」筆跡照片證據俱在，使我啞口無言。回想大家一時情緒激昂，就忘了擦掉黑板，實在是一大失誤。

竹南有一位馮刑事，新埔人，和我大哥很要好。事前一週左右，就偷偷透露消息給他：「上級指示注意黃華昌，監視他的舉動，有異即上報。」我為發洩一時鬱憤不滿，投稿報社，引起情報單位注意，才受大哥一番叮嚀警告；未料不久又惹出大代誌，真有點後悔不及了。我辯說檄文是我抄的；至於其他筆跡，不知道是誰寫的。不想牽連別人，我堅持到底不供。

終戰才滿一年，歸國不到半年，就被關在祖國的警察局拘留所，成為台灣思想犯第一號。他們抵不過我的頑強不交共犯，三天後把我送到新竹縣警察局（當時在桃園）；縣警局也沒能怎樣，一個禮拜後以「日本軍國主義復辟運動」罪名，轉送台北的行政長官公署警務處。他們研判，有兩個以上筆跡，一定有共犯，我不供共犯，就要受拷問。我說我走了之後，誰寫的我確實不知道，並趁一時之怒大喊：「愛國無罪！」反而更被苛刑一番。

之後，被矇眼坐上三輪車，轉送到一處隱密的日本式房子。那是一處拘留所，裡面的人一式中山裝；一眼就看得出來，這是殺人魔的特務機關。我很快就帶進審問室，開始疲勞轟炸。看到我頑抗，就帶進另一個房間刑求：先把口鼻矇上毛巾，再用大茶壺灌水，使我昏迷不醒威嚇我認罪。再不依，就叫我跪下，用鐵棍從腳背滾壓脛肉。我受不了酷刑的激痛，禁不住慘叫。回想在日本，受過嚴苛的軍事鍛鍊和戰敗的艱苦磨練，已練成強健的體魄和剛毅不屈的精神；但承受這種不人道的酷刑拷問，連自己都覺得困難。

送到台北後，我被關在獨房，對外斷絕一切關係，不准接見、不准接濟。因此，大可毫無顧忌地只穿一條內褲，整日打赤膊。到了九、十月監內尚熱，十一月就有點涼意，拷問換成懷柔，審問次數減少，對付我的方法也緩和下來。

父親不忍這個兒子在特攻作戰留得一命，回歸祖國反而被折磨得半死，於是去找我的表兄陳俊玖、陳俊樓兄弟。他們熟悉中國官場行規，就攜帶父親的全部財產六萬元、黑市買的兩瓶洋酒，及廣東人嗜好的狗肉三斤，求見李翼中。李翼中劈頭就表明，他不願過問思想案件，但東西是收下了。當時通貨膨脹物價暴漲，在鐵路局機務段開車的司機，月薪只有三千元；六萬元可說是足以傾家蕩產的鉅款。

恩師潘萬枝校長，也一直惦念我的安危，另找上警備總部參謀官陳昌瑞中校，哀求設法救我。台北第二師範學校畢業的潘校長，和陳昌瑞是同班同學，陳昌瑞又跟我一樣是新埔客家人。陳師範畢業後，不滿日本人的差別待遇，憤而拋棄教員生活，改當翻譯官，到大陸另覓出路。民族意識強烈的他，在廣東敵前起義，投靠國民政府為情報官，相當活躍而立功。光復後為警備總部擔任情報職務。

在這間不知其名的拘留所關了一陣子，之後轉送刑警總隊，關約一個禮拜，再移送警務處。十一月十三日，不知是國民黨台灣省黨部李主委，還是警備總部陳參謀的疏通奔走之力，當局以「日本軍國主義復辟運動證據不足，中國共產主義青年團無確證，恤其年輕十八歲未滿，以叛亂罪未遂不起訴處份」將我釋放。我本被指控為「日本軍國主義復辟運動的共謀者與聯絡員」，茲事體大，幸賴李翼中或陳昌瑞的疏通，終於虎口逃生。他們的救助，和潘萬枝校長、陳俊玖、陳俊樓兄弟的大恩大德，至今我仍深深感謝。

盛暑八月被捕，到十一月晚秋被釋救，我身無一物，被送到火車站，給了一張到竹南的車票，在車上一直寒慄顫抖到家。那是一段蝕心慘澹的哀痛故事。

【後記】關於所謂「日本軍國主義復辟運動」，有一事件可做參考。終戰後，失去日本政府庇護傘的殖民時代所謂名望家、御用紳士許丙（日本貴族院議員）和辜振甫（辜顯榮之子。明治廿八年（一八九五年），辜顯榮引導日軍進入台北城，此後因平定全島反抗有功，受日本天皇賞賜家財連城，但被台灣人唾棄罵為台奸）等人，邀集數名有力人士，和日本第十方面軍（台灣軍）串連，藏匿日軍的武器彈藥，圖謀台灣獨立。但被台灣軍司令兼台灣總督安藤利吉制止，安藤當時負責日本軍民的遣返工作。另一個傳說，是日本少壯軍人徹底主戰派的首謀，唆使台灣方面的有力人士串連，計劃讓台灣獨立，不交還中國。

這件事後來被中國政府獲悉。參與謀反未遂的日本軍人，被送往南京戰犯法庭審判；台灣方面的參與者也被逮捕，據說一九四七年夏，辜振甫等人被判二至三年徒刑不等。現任台灣政界高官的辜振甫，對此事不做承認或否認，至今仍是個謎。

飛行兩人組 攜手上青天

吳水燈譯

滑行八百到一千公尺時，眼看跑道已到盡頭，飛機才浮了起來。這時我連掌心都出汗了，額頭流下的汗水滲進眼中，儀表板上一片霧煞煞。

一九四六年十月廿五日，台灣慶祝光復一周年，台灣省第一屆運動大會也在台北市盛大展開。這場綜合體育大會除了田徑、球類、游泳等項目外，有一項比較特殊而引人注目的，就是滑翔比賽；那是過去軍技競賽的項目，如今卻有夕陽餘暉之感。

台北師範學校（註一）以日本海軍預科練習生（註二）轉學就讀該校的學生為班底，組隊參賽。這項運動最要緊的，也是初學者最要用心的，就是脫離牽引膠繩、急速升空一瞬間的反射操作。當天因該隊的駕駛反射操作不當，機體急速上升引起失速而墜機，駕駛的肩骨也骨折重傷，滑翔機墜毀並且無法修復。

結果是台北工業學校隊獲勝。教導是出身少年飛行兵學校十一期的許崙敦。至於台北師範學校隊的駕駛，事後才知道並不是預科練習生出身，而是一名海軍航空工廠出身的冒充者。

台北師範學校體育主任溫兆宗也是一位客家人。他畢業自日本高等師範學校體育科，具有客家特有的剛毅不屈精神和榮譽心。為了準備來年奪回優勝，正在物色滑翔技術的指導員。

我因黑板塗鴉事件，成為台灣第一號思想犯和「叛亂未遂犯」。釋放回家時，已是寒氣逼人的晚秋，一個人躲在南下慢車的車廂角落打哆嗦。因為理光頭，加上長期關在牢中，皮膚特別白皙，怕被誤認為殺人放火的強盜犯，盡量避人目光，閉目反省深思。不料忽然被人叫一聲「前輩」而驚醒。抬頭一看，是竹南國校晚我一年級的黃榮隆。他繼我之後，也投考少年飛行兵學校，但沒及格，現在是台北師範三年級生。

黃君一見我直打哆嗦，趕緊脫下上衣披在我身上。看到我這一副模樣，不禁慨嘆「英雄無用武之地」，忍不住就罵起政治腐敗、百姓塗炭。因我身經中國特務的慘酷對待，趕緊提醒他「隔牆有耳」，促其謹慎為要。

接著，他跟我提起台灣省第一屆運動大會。「前輩，如果你出場的話，撐竿跳一定在六名以內。」可惜我沒能參賽。忽然他記起什麼似的：「先輩想不想教滑翔機？學校正在物色滑翔機的教官。」隔天，急性子的黃君立刻帶我去學校，見溫兆宗主任。溫主任對我的學經歷感到滿意，便帶我到台北女子師範學校（註三），校舍旁擺放一架滑翔機，請我鑑定能不能使用。我看這種滑翔機，戰後已經停產，又沒有新機出廠，也沒零件補充。即使兩機併一機，零件還不一定夠。可是心想，若能用初級機教導後輩，慢慢提升到中級機、高級機，有朝一日，或許可以實現翱翔青天的夢想。

台北工業學校隊的教導許崙敦前輩，讀台南二中（現台南一中）四年級時，考上少飛十一期，先後畢業於東京航空學校及宇都宮飛行學校。戰爭初期，加入馳名全日本的六十四戰隊（亦即名揚四海的加藤隼戰鬥隊）在戰場活躍一時；曾擊落美機數架，是一位非常優秀的戰鬥機駕駛員。論戰機駕駛，我要向他低頭；但論滑翔機駕駛，我在航空士官學校研演隊時，受過「日本第一特級滑翔士」中野德兵衛上尉培訓造就，絕對有把握打敗台北工業學校隊。

問題是，初級滑翔機故障率高，如果沒有足夠零件備用，再好的教導也沒有用。何況如果當局的態度一變，把滑翔機操練視為軍國主義教育的一環，則名列黑名單的我，恐會連累校方。這些不利處境，讓我不得不躊躇起來。

偶然會找來偶然。正在思索不定的我，在回家的公車上，恰好和同鄉長我一歲的許先生坐在一起。他向我介紹一位飛行士朋友，住在太平町（今延平北路）的許清卿。許清卿的父親在太平町一丁目開許章內科醫院，母親是日本人。戰時他以「長田清卿」的名字擁有一等駕駛、一等航空士、二等機械士、一級滑翔士執照，可說是台灣人的A牌人物。後被徵調到熊谷陸軍飛行學校，以特殊學生的身分接受訓練。

許清卿為我的前輩，人頗隨和，話匣一打開，談不盡說不完。他說，他在位於東京都的「航空技術審查部」當陸軍中尉特別試飛員時，有多次駕駛新銳機種的「試作機」經驗。終戰前不久的某一天，一架由「六七飛龍重轟炸機」改造、搭裝七十五毫米（mm）高射砲，專門攻擊B29的試作機，在大阪上空試飛，他就是機上的試飛員。

「當進入狀況，聽到同機搭乘的砲兵少校『裝彈完畢』、『發射準備完畢』時，我立刻按下射擊鍵，瞬間砲聲大響，連同高射砲的反彈衝擊，機身一陣搖晃，似乎要空中解體一般。」他說：「前面的擋風玻璃應聲粉碎，消失在眼前，即刻整個人暴露在飛行的強風中，膽子幾乎嚇破了。」還好他臨機應變，趕緊迫降就近的伊丹基地。地勤人員目睹這番景象，無不驚嘆他的豪邁氣概和冷靜處理得當。聽他公開這件驚險的糗事，我倆一同大聲豪笑了好久。

許清卿問我想不想當日本軍機的指導員，和他一同在西南航空公司工作。我答應了。兩天後辭退了滑翔機指導教官，到他的公司報到。

西南航空一九三七年成立於廣東。原是國內線小型航空公司，中日戰爭時，僅有兩架運輸機，被國民政府徵調為軍用運輸機；戰後因對日戰爭有功及特殊貢獻，獲得台灣約六十架從日軍接收過來的大型機，如重型轟炸機等。西南航空希望把它們改造為客貨兩用機，並訓練廣東來的駕駛和地勤，使用日本機的地勤規格和守則，再調回廣東的總公司任用。

可惜早先到台灣的接收官僚，已把這些飛機私吞掉一半，變成民間工廠的面盆、鍋釜器具；留下來的，大都在露天擱置一兩年，受盡日曬風吹雨打，鏽蝕不堪，變成不能整修的廢機。不得已，只好把廢機解體，取下零件備用。

松山機場北端有兩架日本九七式重轟炸機，外觀看起來還算可用，所以決定加以整備。但沒有治具、沒有計測儀，機身檢查只能靠許清卿的經驗和目測來判斷，再依地上運轉的情況來判定。從廣東總公司來的駕駛、整備（維修）和技術人員，是從中國空軍退役的上上級陣容。因為作戰支援的關係，對蘇聯和美國機的整備綽綽有餘；但對待日本機，因無法讀懂使用說明，好像劣等品一樣棄之不顧。

以許清卿為中心，集合了航空界的臭皮匠，二十多名台灣青年不願認輸，不忍屈辱，也不捨對日本機的愛心；為了讓人家認同台灣人的技術和日本機的優點，大家咬緊牙根，突破種種困難，努力整備工作。上天不負苦心人，不到兩個月總算把兩架軍機整備完畢。到了地上試機時，當引擎啟動，轟然一聲進入運轉，大家不禁高興的振臂高喊：「萬歲！萬歲！」有人感動得熱淚難止。

沒有大型機飛行經驗的我，在許清卿一聲「上機」令下，有了小小一陣躊躇；但在許前輩的鼓舞下，也就毅然決然坐上右座副駕駛位。引擎的聲調很好，機翼兩邊稍有擺盪；經過一兩年野放的機體，萬一在空中分解，我倆只有一命嗚乎了。我倆幾乎以出特攻任務的心情，對準了起跑線。「前輩，可以嗎？」現在死了，靖國鬼沒有我們的份了。「沒有問題，給他們看一下台灣人的意氣！」一陣猛吼聲起跑，接著離地起飛，連做了幾次離著地飛行、周場飛行後著陸，再開到大家等待的機房前停妥下機。隨即大家一致鼓掌歡呼，從總公司來的中國空軍退役駕駛，都豎起大拇指連說：「好，很好！」「very good!」

之後，繼續與總公司派來的駕駛員同機試飛，測試引擎動力與巡航速度的關係、檢查儀表板等裝置；我們還飛到在新莊上空，悠然欣賞大屯山、觀音山的景色。這些駕駛員不愧是中國空軍的佼佼者，對於日本機的駕駛技術和守則，很快就駕輕就熟，並能單獨飛行。戰時日本的新聞宣傳，對中國空軍諷辱有加，其實完全虛假，我不得不一掃之前對他們的錯誤印象。他們確實是學識高、技術一流的好駕駛，連許清卿都連聲讚賞他們的優秀。當然，他們偶而也有點失誤。例如離地後，忘了鎖定腳架，以致著地時，撞損腳架和螺槳葉片之事。

許清卿以熊谷飛校的前輩身分，熱心教我很多駕駛技術，像一分鐘三度角傾斜三百六十度的水平旋回飛行，以及許多民航知識和技術等，是一位非常仁慈的好前輩。

當時台北市南邊新店溪畔，有一座川端飛機場，簡稱南機場，現在是青年公園。大戰末期，日本陸軍利用河川地，簡單整地作為臨時機場。因跑道很簡陋，不久雜草茂盛，變成附近農家的放牛場、牧羊場，偶爾可看到小孩子在此放風箏。

在這荒涼的地方，也停著西南航空所屬的兩架九七式重轟炸機，和兩架六七飛龍重轟炸機。六七屬於中翼機，不適合改裝成運輸機，所以解體取零件，諸如計測器、電器類作為備用品。至於九七式重轟炸機，因為之前有兩批整備經驗，經過一個月多，就完成引擎整備。可惜要移動時，卻沒有滑行道可用。經過現場查尋，發現以前跑道的痕跡，於是從松山機廠的空軍基地借來啟動車和卡車，每天來回輾軋坑洞，再以砂石回填，勉強鋪成一條跑道。

接著進行地上試機。發現螺旋槳葉扭角調整電動裝置有問題，請電技人員修好後，引擎運轉的聲調還不錯；為了安全起見，請電技人員也上機。專門試飛的許清卿似乎下了最大決心，也許要向我展示高超的駕技吧，一聲令下「開走」，請整備員協助推機尾，把機首對正跑道；接著操縱桿往前一推，引擎加速迴轉，飛機動起來了。

這時立刻發生狀況。因路面不平，飛機前後左右不規則地顛簸，我們的手腳也跟著搖晃，無法保持滑行方向。最糟糕的是加不上速度，飛機無法浮揚，滑行八百到一千公尺時，跑道已看到盡頭，飛機才浮了起來。這時我連掌心都出汗了，額頭流下的汗水滲進眼中，儀表板上一片霧煞煞。許清卿也和平常不一樣，一語不發僵直身子，好像一尊塑像，飛行高度過了五十公尺左右，才看到他的笑容。我們相互凝視無語，深深吐了一口氣才笑出來。這是一九四七年四月上旬的事。

註一：前身為「台北第二師範學校」，一九二七年五月成立於台北市的芳蘭之丘，即今大安區和平東路三段一帶。即台北師專、國立台北師範學院前身。

註二：簡稱「海軍預科練」，以大專畢業生為號召，經預科練習課程，速成培育飛行員。

註三：台北第一師範學校，前身是台灣總督府國語學校，戰後一九四五年，改為省立台北女子師範學校；一九六七年，改為台北市立女子師範專科學校；一九八七年，改為台北市立師範學院，造就男女師範人才。現址位於台北市愛國西路。

第五部
二二八起義

（歐陽文／繪圖）

二二八

1.二二八當天，群眾聚集在專賣局台北分局，將文卷、器具等拋到馬路上燃燒。　　（李筱峰／提供）
2.終戰後，台中火車站前搭起「歡迎國民政府」的牌樓，愛國士紳留影，準備迎接「祖國」到來。　　（李筱峰／提供）
3.台灣行政長官陳儀。陳儀後任浙江省主席，國共內戰期間，勸湯恩伯投共，湯密告蔣介石，蔣將陳逮捕來台，殺於1950.6.18。當天到馬場町路上，民眾群集爭睹，結果大失所望，因為國民黨更改地點，把他送到安坑刑場槍斃。　　（李筱峰／提供）
4.事件中的學生兵。戴日本軍帽，持武士刀，不知幾天後將面臨屠殺的命運。　　（李筱峰／提供）
5.陳儀致電蔣介石公文。二二八後，陳儀急電蔣派兵鎮壓。蔣派一師一團一營，3月7日中午從上海出發。當天陳儀請李翼中飛往南京向蔣面報，並電請加派一師，至少一旅來台「戡亂」，可見急切之情。文末還指名請湯恩伯來台指揮。

❹

❸

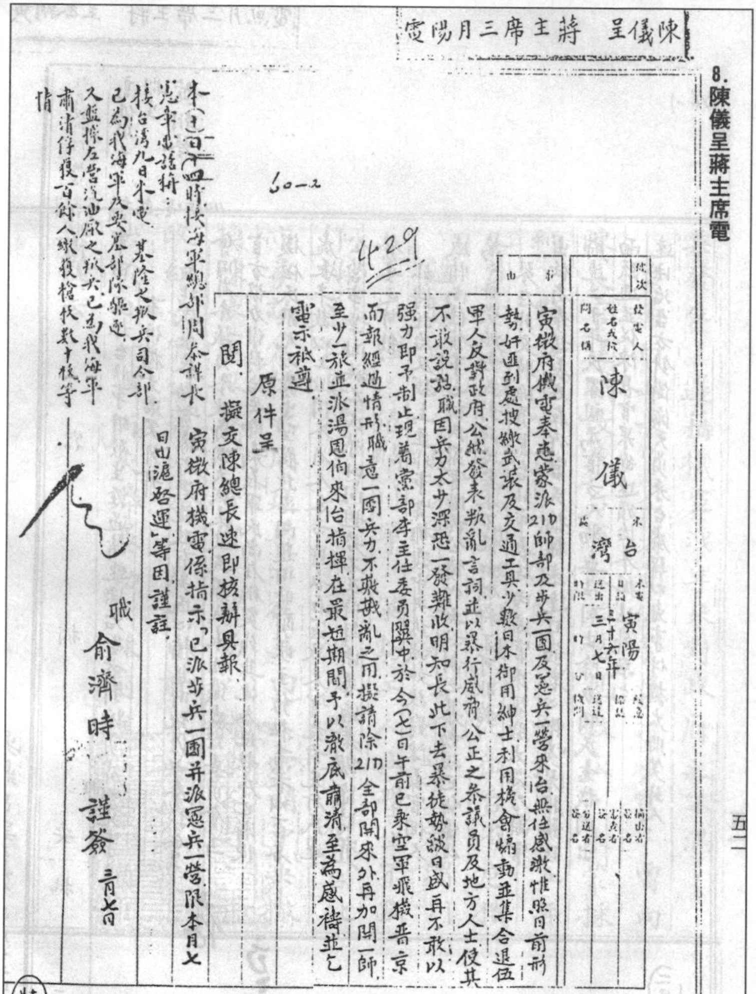

8. 陳儀呈蔣主席電

陳儀呈 蔣主席三月陽電

60-2

4.29

發電人姓名或住所：陳儀

來自：台灣

來電日期：三十六年三月七日

韻目：寅陽

寅微府機電奉悉，蒙派21D師部及步兵一團及憲兵一營來台，無任感激。惟照目前形勢，奸匪到處搜繳武器及交通工具，少數日本御用紳士利用機會煽動，並集合退伍軍人反對政府，公然發表叛亂言詞，並以暴行威脅公正之參議員及地方人士，使其不敢說話。職因兵力太少，深恐一發難收，明知長此下去暴徒勢燄日盛，再不敢以強力即予制止。現省黨部李主任委員翼中於今（七）日午前已乘空軍飛機晉京，面報經過情形。職意一團兵力不夠戡亂之用，擬請除21D全部開來外，再加開一師，至少一旅，並派湯恩伯來台指揮，在最短期間予以澈底肅清，至為感禱。並乞電示祇遵。

原件呈

閱。擬交陳總長速即核辦具報。

寅微府機電係指示「已派步兵一團并派憲兵一營，限本月七日由滬啟運」等因，謹註。

本（十）日下午四時接海軍總部周參謀長憲章電話稱：接台灣九日來電，基隆之叛兵司令部已為我海軍及要塞部隊驅逐，又盤據左營汽油廠之叛兵已為我海軍肅清，俘獲百餘人，繳獲槍枝數十枝等情。

職 俞濟時 謹簽 三月七日

特

五二

❺

蕃薯跟阿山的戰爭

吳水燈譯

緝菸事件揭開二二八的序幕。民怨像決堤的水爆發開來，掀開反政府運動的怒潮。然而演變的結果，卻是以數萬人被屠殺的腥風血雨收場。

一九四七年二月二十八日，上午十點半左右，我開著從松山機場空軍基地借來的啟動車（以前發動飛機引擎使用的汽車），要前往「西南航空台灣辦事處」所在地的新生南路。開到公賣局啤酒工廠（在今建國北路）旁的平交道附近，數十名穿著寫有「POW」俘虜裝及日本軍服的台灣青年一擁而上，叫我停車。他們好像非常激動，看到車門用白漆寫著「中國空軍」，不分皂白把我從駕駛座硬拉下來。我覺得莫名其妙，他們也不講理由，只瞪著我：「你是空軍吧？」「是不是台灣人？」語調很奮亢。

「我是航空公司的台灣人。」我說：「車子是從空軍借來的，發生什麼事？」

「在城內，『蕃薯仔』跟『阿山』正在進行『相刣（殺）的戰爭』！」

前一天，二月二十七日晚上，專賣局台北分局的六名查緝員，在圓環附近取締走私香菸時，一位在「天馬茶房」附近賣菸的老婆婆林江邁來不及走避，包括專賣菸和走私菸，全部遭到沒收，裝錢的錢袋也被拿走。拉扯之間，查緝員用槍管打林江邁，使她頭部中傷流血。

現場多人目睹這一幕，都同情與聲援林江邁，並向查緝員理論，要他退還錢袋。查緝員看到群眾聚集越來越多，一時心生恐慌，開槍警告並開始撤退。一名住在附近的青年陳文溪被流彈打中，由於傷勢太重，第二天就死了。

激昂憤慨的群眾，群起包圍警局，要求局長把肇事者交出來法辦，以平息民怨。以上所述的「緝菸事件」，就是二二八悲劇的導火線。

一九四五年八月十五日，日本無條件投降，根據波茨坦宣言，分離五十年的台灣回歸祖國。「台灣同胞將脫離日本殖民下的差別待遇，與中國同胞一起過著安定富裕的生活」，我們抱持這樣的信心及期待。

然而，無能與腐敗的中國政府，派來台灣接收的官僚，卻以征服者的姿態，不把台灣人當同胞對待。他們沈溺私欲私利，公然收賄貪污，把接收的物資佔為己有，經過黑市交易中飽私囊，對日益惡化的青年失業問題則提不出對策。物價連續直線攀升，治安愈趨惡化，形成亂世風雨欲來之兆。

對祖國期待過高，失望也就越大。回歸祖國才一年餘，對政府的不滿及怨恨愈積愈多，台灣人與外省人的隔閡也日益加深，以致演變為不能相容的敵對狀態。

殖民時代的專賣制度，戰後原封不動地保留下來；菸酒的生產和販賣，依然由公家壟斷獨估，只不過從「台灣總督府專賣局」改為「台灣省專賣局」而已（註）。作為生活必需品的香菸，因為戰時經濟管制，戰後發生原料不足及機器設備不良等問題，而供不應求，陷入缺貨的恐慌狀態。沒有專賣制度的大陸沿海地區，如上海、福州、廈門、廣東等地，便將黑貓、雙砲台等高級品牌香菸，用帆船大量運到台灣銷售。香港也有英國三五牌或美國駱駝牌香菸、紅玉牌幸福香菸，大批湧進台灣。不僅在都市，連鄉下的路邊攤都可以買到。

緝菸事件揭開二二八的序幕。此後民怨像決堤的水爆發開來。僅僅數日之間，在沒有任何計劃下，台灣各地好像有默契一般，一起掀開反政府運動的怒潮；其後各地都成立自衛隊，甚至還有武裝組織出現。然而演變的結果，卻是以數萬人被屠殺的腥風血雨收場。

註：二二八之後，一九四七年五月廿六日，「台灣省專賣局」改為「台灣省菸酒公賣局」。

驚悚現場親歷記

吳水燈譯

我親眼看見：雙手覆著流血的臉孔逃跑的人，雙手合十哀求饒恕的人，弓背蹲著的人，俯在水溝中不知是死是活的人⋯⋯各色各樣悲慘的情景。

二二八當天近午時分，我離開西南航空台灣辦事處，隨即開啟動車趕往松山機場。那句「蕃薯仔跟阿山相殺的戰爭」始終縈迴腦海。本來對駕駛就不太有自信，握住方向盤的手也開始發抖；原來近在咫尺的松山機場，彷彿變得很遙遠了。

「回到機場，告訴松山機場場長陳金水，叫他飛機開出來，把那些『阿山』打個半死！」那群半路把我攔下來的青年們，有人以隨便的口氣這樣命令。回到機場後，仍如往日一般寂靜，空軍士兵好像還不知道市內的騷動。我把市內所看到的情形，若無其事小聲告訴許清卿和整備中的夥伴，並轉述青年們那句話：台灣人和外省人正在進行「相殺的戰爭」。

夥伴們聽到這消息，宛如失去定力一般，無心再工作了。中午便當匆匆吃完，把下午的工作放一邊，我們一群人決定去市內看一看，探聽消息。

從日式建築林立的堀川莊（註一）宿舍街，向東門町前進，路上聽到情緒激昂、爭論喧鬧的群眾聲音。獲悉警察局和專賣局不理會陳情，沒有處分昨晚肇事開槍的人，許多年輕人很不滿，於是包圍南門町（註二）的專賣局總局。這是光復後首次對惡政的抗爭行動。激情的示威隊伍，把專賣局的警衛推開，蜂擁衝進局內；看到官員或器材便棒打亂毆，並從窗口把桌子文具投出去，點火燃燒。

等我到達時，示威隊伍已經散去。留下來的群眾數十人，在火堆旁踱來踱去，後門通道被翻倒的車子還在燃燒。初次看到這種悲慘光景，想到這就是所謂「相殺的戰爭」，竟有些微興奮的感覺；也許是過份緊張吧，身體不由得顫慄發抖。

「群眾雖無預謀，還是展現示威抗議的驚人力量。」我和許清卿一邊聊，一邊經過總督府前。受空襲破壞而尚未修復的總督府，巨大的紅磚建築依然寂靜矗立著。

由於我對台北市區不熟悉，便跟在許清卿後面，來到本町（註三）的專賣局台北分局。示威隊伍已離去。大馬路上堆積如山的器具或菸酒仍在燃燒。好像也有糧食之類，用麻袋包裝，散亂拋棄在地上，同樣在燒。

我們又穿過新公園（今二二八和平公園）和台大附屬醫院，聽到遠方混雜著群眾叫聲、大鼓、銅鑼、碰碰爆竹聲，恐怕已有開槍，不敢過去湊熱鬧。想走到前台北州廳舍（今監察院址），從那裡出去，忽然聽到從台灣省行政長官公署（今行政院址）屋頂上，機關槍聲大作，正對著數千名群眾濫射，現場離我們大約兩百公尺。出於立即反應，我們躲到圍牆後面觀看，看到群眾向四面八方奔跑散開。根據後來非正式統計：死傷者達數十名或數百名之多。真是千鈞一髮，如果我們早到三分鐘，可能就向死神報到了。

看這種場面，哪裡是「相殺的戰爭」，不過是示威群眾敲銅鑼、打大鼓做陣頭，和政府抗爭罷了，可惜空手怎麼打得過槍砲？我倆只好認清「好漢不吃眼前虧」而走開，左轉後，從台北車站漫步經過北門和太平町，到達昨晚出事的地點：圓環。

聚集的群眾似乎都是住在圓環和太平町一帶的所謂「正港台北人」。逃過機槍掃射、三三五五退散回來的青年，在街上一看到穿軍服的中國軍人（尤其是軍官）或警察，不管三七二十一先解除其武裝（軍警常在腰間佩帶手槍），再以鐵拳或棍棒毆打。我親眼看見：雙手覆著流血的臉孔逃跑的人，雙手合十哀求饒恕的人，弓背蹲著的人，俯在水溝中不知是死是活的人……各色各樣悲慘的情景。我認為這不是戰爭，而是報復性的暴動。

一般平民，多半從穿著、外型或動作，就可看出是不是外省人。如果不容易判別時，則用福佬話或日語問：「你是不是蕃薯仔？」不能立刻回答或猶豫不決者，便被視為外省人而遭殃。如果打的不是貪官污吏，而是外省老百姓，或是官員的家眷或商人，那就是飛來橫禍了，不少人外出時遭到殘酷毆打。

有些不會福佬話的客家人，因躊躇而不能立即回答，也被誤認為外省人而挨揍，後來用日語怒罵才知道是台灣人。像這種例子也不少。

註一：今仁愛路和新生南路口一帶。

註二：今愛國西路、重慶南路二段、南海路一帶。

註三：今重慶南路一段。

1945.5.31總督府遭到轟炸，延燒三天三夜，上百人死亡。圖中只見左側毀損，其實內部設備燒之一空。

反抗怒火遍地烽起

吳水燈譯

激昂的台北青年攻擊南機場，佔領倉庫。但流氓、黑道也混進其中，搶奪武器彈藥，用以鞏固地盤、擴張勢力，日後更變成擾亂治安的火種。

騷動繼續擴大，群眾叫來群眾，事態愈趨惡化。就在二二八當天，陳儀發佈戒嚴令，但街上到處都在播放日本的《軍艦進行曲》或《台灣軍之歌》。設在新公園內的台灣廣播電台，據說已被附近五、六所學校的學生佔領，我想是他們播放的。但住在貧民街的下奎府町（今赤峰街）一帶住民，就不會有這種奢侈享受了。我和二哥兩人的租房，只有上下鋪臥床和一張桌子，約兩坪大小；兄弟倆過著貧窮的生活，當然不會有奢侈品的收音機；非但聽不到雄壯的軍歌，也無法從廣播得知二二八事件的演變。

幸好，在鐵路局機務段上班的二哥，因持有通行證，可從各地來上班的同事口中，獲得確實情報。我雖然也持有西南航空松山機場的出入通行證，卻不能毫無顧忌闊步走路。據說如有三人以上同行，神經過敏的巡邏憲兵或街頭哨兵，常誤判是叛亂份子或伏兵而開槍射殺。市區已不再繁華，變成寂靜的城市。政府機關和商店街，公務人員或企業員工，都以治安惡化及戒嚴令（註一）做擋箭牌，不願意上班；外面宛如罷工一樣，成為無政府狀態。

二月二十八日下午，台灣廣播電台被學生佔領後，開始向全台灣廣播這次事件，並號召全民團結起來。即使在戒嚴令下，反抗的怒火仍遍地烽起，一點燃就難以收拾。

由參議員、學生和地方上有力人士所組成的「二二八事件處理委員會」，提出起用台灣人、爭取地方自治、集會結社、言論出版自由等三十二條要求，陳儀對此虛應故事。同時動亂擴大，蔓延到中南部。台中、台南、高雄等大都市不必說，連在鄉下，也發生對外省官員施暴的事件，各地的行政機關或軍事基地也陸續被民軍佔領。

在台北市，由學生組成的「忠義服務隊」就駐在警局或派出所，代替警察維持治安；也在街上或十字路口設置哨所，負責整頓交通。

在台中，由海南島歸國的前日本海軍陸戰隊中尉吳振武（台中師範學校體育教師）指揮的部隊，無流血佔領了台中機場，獲得武器彈藥，對鄉土治安做了很大貢獻。台北的青年們獲悉消息，欣喜若狂，勇氣和拼勁加倍出來。

出生屏東的吳振武，畢業於東京高等師範學校體育科。他放棄優渥教職，志願報考海軍預備學生；並成為第一個升任帝國海軍陸戰隊少尉的台灣人，派赴海南島當陸戰分隊長，在當地非常活躍，終戰時已晉升中尉。

戰後，海南島上的日本人，獲得美國的援助順利遣返；台灣人卻被中國當局滯留，當作曾協助敵國的漢奸看待，關在各個集中營，供給的糧食少之又少。於是獲選為三亞集中營營長的吳先生便攜帶部下，趁夜襲擊中國軍隊和銀行，收集糧食資金，將一萬多名台灣青年平安送回故鄉，是一位傑出的人物（註二）。

再回到台北現場：激昂的台北青年攻擊南機場，並佔領倉庫。隊伍主要由復員軍人、軍屬及學生組成，但流氓、惡棍、黑道等無賴之徒也混進不少，參與搶奪武器彈藥。黑道集團獲得這些武器彈藥，用以鞏固地盤、擴張勢力，日後更變成擾亂治安的火種，殊屬遺憾。如果當時台北有一位像台中吳振武那樣的領導者，具有卓越的指揮能力，那該有多好。

除了台北、台中，各地也出現以復員軍人、軍屬、學生為主體組成的自衛隊，攻擊軍事倉庫或警察局，搶奪武器彈藥，以維持地方治安。然而在基隆、嘉義、高雄等地，也有多起攻擊失敗的例子。當局對他們施以殘酷的懲罰：先用鐵絲貫穿腳踝，再把他們拋入大海。

【附記】二二八事件時，全台灣民軍算是最團結的台中自衛隊，由吳振武中尉領導，在南投埔里與二十一師發生激戰，因彈盡援絕而失敗。吳振武被捕，差點被處以叛亂罪，獲當時國防部長白崇禧上將力保始得特赦，並獲海軍總司令桂永清上將任用，晉升海軍少校。他為國軍建立海軍陸戰隊，也是後來海軍特殊作戰部隊（蛙人隊）的前身。但他武運不佳，受到同僚排擠，被嫉為二二八動亂的首領，不得不從海軍退役，時官拜上校。

註一：二月二十八日下午三點，陳儀宣佈台北市區臨時戒嚴。三月九日晨六點，警備總部再度宣佈戒嚴，擴及全島，進行清鄉屠殺，直到三月十六日始解嚴。

註二：這段敘述，是作者根據從海南島回來的台灣人所說。但根據同是海南島回來、且與吳振武長期共事的黃金島回憶，吳振武是與台灣同鄉會代表向國民政府陳情，並呼籲台灣社會聲援。國府在社會壓力之下，才派出三艘鐵殼船到海南島接回台灣軍人軍屬。見黃金島《告別海南島中國集中營》（黃金島出版，1997.2.28）p93～98。

（鍾逸人／提供）

吳振武（左二著軍裝抱孩子者）與廈門的台灣同鄉會合照，攝於1948年。

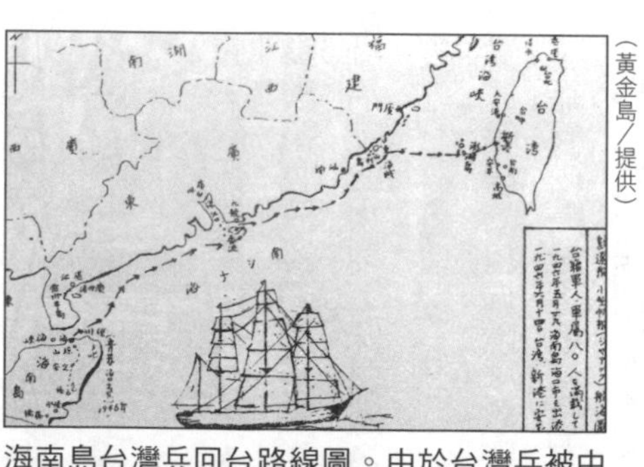

（黃金島／提供）

海南島台灣兵回台路線圖。由於台灣兵被中國當局滯留，大量病死、餓死，許多人只好自力救濟，坐舢舨船冒死橫渡大海回台灣。

救援摯友加入航空隊

吳水燈譯

本以為這位生死與共的戰友，應該善於處世，順心如意。當我想到，他可能也捲入嘉義的二二八，不由得湧出務必把他救出來的決心……雖然能不能成功，我沒有把握。

可能是在三月三日左右吧，從收音機播放的雄壯軍樂突然中斷，換上「二二八處理委員會」的廣播，號召台灣青年團結一致徹底抗爭。接著下令前日本陸軍志願兵出身者，四日上午十點在公會堂前集合；海軍志願兵出身者，下午兩點集合；海南島、菲律賓等戰區的軍人軍屬，在何時何處集合等等……彷彿向各兵種、各戰區的復員軍人軍屬，再度下達召集令。

聽到廣播而趕來集合的人群，開始編隊：前日本軍人出身者編成若櫻隊；軍屬出身者，以戰區別，編成海南島隊、菲律賓隊、澳洲隊（指新幾內亞及所羅門群島戰區）等，聯合組成「鄉土自衛隊」，隸屬蔣渭川指揮。

學生之前所組成的「忠義服務隊」繼續代替警察，在各派出所維持治安與交通；其下設別動隊，計劃與鄉土自衛隊一起行動。召集鄉土自衛隊，原本是要做處理委員會的後援，增加與陳儀談判的籌碼。然而隊員大半是血氣方剛的青年，抱持復仇的心態，很快就佔領設在太平町、近台北橋的謝娥醫院，成立了作戰本部。

一九二一年成立的「台灣文化協會」，致力於文化啟蒙運動，主張提高台灣人的品格，謀台灣文化之向上。其中一位領導者是宜蘭出身的蔣渭水醫師，戰時被當作反日本的政治犯，幾度坐牢，一九三一年在獄中逝世。他的弟弟蔣渭川也洋溢愛國的熱情，台灣剛光復，就率先揭起青天白日國旗，到港口盛大歡迎從祖國來接收的官軍。

誰知道，這位協助政府有功、應該被當局尊為「民族英雄」的反日愛國志士，不到一年半，卻挺身出來號召青年，成立反政府的鄉土自衛隊，我確實有不可思議的感觸。是否唾棄腐敗無能的中國政府？還是察覺政府毫無誠意解決問題？我總是有些疑惑。

三月四日，嘉義數千名民軍把擔任警備的國軍趕走，輕易佔領嘉義機場；到了五日下午，卻遭陸軍及空軍警備隊反攻包圍。彈藥與糧食補給困難，死傷愈來愈多，恐怕會被全部殲滅。民雄電台向全島發出求救廣播時，已經是六日的事了。

早在兩天前的三月四日，處理委員會即透過收音機廣播，號召和日本航空界（包括陸軍航空、海軍航空、及民間的航空乘員養成所）有關係者集合，共有三十多人聚集在公會堂（中山堂），組成「航空特別敢行隊」。在日本讀大學時，以學徒兵入伍，晉升特別駕駛候補軍官的張先生（名字我已忘記），因階級最高，被選為隊長。不是台北人、也沒有收音機的我，對這次號召毫不知情，所以該隊成立時，我錯過參加的機會。

六日傍晚六點左右，軍校同學的張X熙，帶一位未曾謀面的青年造訪我的住處。這位青年就是航空特敢隊的張姓隊長。可能是一起襲擊軍需倉庫，獲得戰利品吧，兩人都頭戴日軍戰鬥帽，腳穿長筒皮靴，腰繫軍刀，佩帶手槍，真有日本軍官的豪邁神態了。

張X熙是台北商業學校出身。在大津飛校及熊谷飛校，都是我的同期同學。他的劍道很強，只要聽到台灣同學被日本人欺負，不管對方是誰都要跟他打架，是一位急公好義的人。他在朝鮮迎接終戰，先撤回日本再回到台灣。不久前，還跟我一起向警備總部及空軍司令部陳情，希望有機會報效祖國而不獲任用。我剛進西南航空時，他還希望透過我的引介，和我一起在同公司上班。

張隊長告訴我成立航空特敢隊的事情。然後硬把我拉到特敢隊集合的會場，向大家介紹：此人曾在航空士官學校研演隊接受特攻訓練；又以台灣第一號思想犯坐過牢；現在服務於西南航空公司等等，措辭不無誇張之處。由於我有這些經驗，他們務必要我參加鄉土自衛隊的航空特敢隊，搶救嘉義機場的作戰同胞。

我推辭說：雖然我有接受特攻訓練，但沒有實戰經驗，只是半生不熟的小駕駛員；而且在西南航空也只是新進人員，擔任不太管用的助手角色；何況我是鄉下人，剛到台北市，東西南北還分不出來。請多多原諒。當場謝絕他們的邀約。

「北部的同期同學中，只有你具有『實戰機』駕駛經驗；為了協助南部的同學，請你務必出征吧！」張X熙這句話，與其說是請託，不如說是強迫。他所說的「實戰機」，可能是指特攻訓練用的九八式直協偵察機吧。

這句話迫使我做出重大決定。所謂「南部同學」，讓我想起嘉義出身的摯友賴起套。賴君日名佐久良武，和我一南一北，同樣生長在貧窮的鄉下。我們曾在富士丸海難中，一同漂流大海六小時之久；獲救後，在大津少年飛校同一中隊學習。畢業時，他是獲得「航空總監獎」的秀才，我的成績也不遑多讓。畢業後，我倆又一起進入熊谷陸軍飛校，也是編入同一中隊。在注重術科的熊谷飛校，我的成績排名好像比較佔上風。

戰雲緊急的昭和二十年（一九四五）三月，我們從熊谷一起派赴東京立川航空基地；其後一同被推薦，報考航空士官學校及格。在研究演習中隊，他用德國製「運克曼」四式練習機，我用九八式直協偵察機，接受本土決戰的特攻幹部飛行訓練。戰後無法歸鄉，留下來幫忙善後，成為航空士官學校最後一兵，把武器彈藥和軍需物資點交給盟軍。

此後，我倆的處境就像一首打油詩《六無齋》所形容的：「沒有親人，也沒有住宿。沒有糧食，沒有金錢，也不想去死。」像孤兒一般，在關東的曠野求生；流浪到九州，在長崎原爆後的廢墟從事重勞動，第二年春天才一起坐船返回故鄉。

分別至今雖然不到三年，總覺得宛如十年、二十年不見了。本以為他善於處世，應該身體健康，順心如意吧。但當我想到，他可能也捲入嘉義的二二八，在攻擊機場時被圍，現在正是囊中之鼠時，不由得湧出務必把他救出來的決心⋯雖然能不能成功，我沒有把握。熱血沸騰的我，試過各種方法想當祖國空軍，反被懷疑從事日本軍國主義復辟運動，把我關進牢獄。為了報復這個仇恨，我獨自思量：或許這是最好的機會吧。

張X熙和張隊長終於說服了我，加上對冤獄的復仇心、救援同學的袍澤愛，種種複雜心境之下，雖然還有些不願意，仍答應參加航空特敢隊。隨即被介紹與隊員認識，加入了會議。

現場好像沒看到少年飛校前輩的面孔，也沒看到前輩許清卿的身影。隊員多半是整備科或通信科出身的人；海軍預科練習生出身者，雖也有兩、三名，但都沒有實際駕駛經驗。三十六名隊員當中，會駕駛的除了我之外，預定從羅東找來一名民間駕駛養成所畢業的駕駛員。總共只有兩名而已，讓我感到不安，也有些淒寂。

西南航空的許清卿雖沒有實際戰鬥經驗，卻是官拜陸軍中尉的試飛駕駛員。擔任台北工業學校講師兼滑翔機教官的許崙敦，則是以神勇馳名的第六十四戰隊（加藤隼戰鬥隊）的戰鬥機駕駛員。如果由這兩人擔任指揮，台灣的天空必定戰無不勝了。因為來台接收進駐的國軍，只是地上部隊，沒有空軍的戰鬥部隊。松山機場也只有接收自日軍的紅蜻蜓雙翼機兩架（原有四架，二二八之前發生墜機事件，只剩下兩架）、高等練習機一架，只做聯絡之用。

我向總指揮蔣渭川建議，請處理委員會的委員，或台北的有力人士出馬，力邀這兩名大前輩出來當指揮官，建議被接受了。但在這兩位到來前，我被選為暫時的副隊長。

嘉義救援作戰計劃

吳水燈譯

這些幹部好像沒有帶兵的經驗，每個人都說他當過什麼官、什麼長，其實欠缺服從精神，不尊重他人意見，不過是一些烏合之眾，自私的英雄主義者。

有些寒冷的三月七日，晚上八點左右，外面下著小雨。張X熙帶我到位於太平町，格局深長的三民書局後面一間房，介紹一位有些削瘦、約四五十歲的長者，以及一位戴金邊眼鏡、學者模樣的先生。前者是總指揮及抗日名望家的蔣渭川，後者是從美國留學回來的廖博士。與各隊隊長及幹部握手後，開始進行作戰會議，議題是如何救援嘉義機場被圍的青年：

一、以若櫻隊與海南島隊為主體，募集義勇隊八十名，攜帶襲擊六張犁（原陸軍志願兵訓練所）和南機場時搶奪的武器彈藥，分乘四部卡車南下，緊急發動對嘉義機場的攻擊。

二、由於松山機場在中國空軍手中，應去說服「半山」的機場場長陳金水起義，協助打倒腐敗政府。

三、陳金水若拒絕，則動用具有戰鬥經驗的若櫻隊，和具有學徒兵經驗的忠義服務隊別動隊，攻擊松山機場，確保殘存的飛機。

四、航空特敢隊立刻整備修好殘存的飛機，儘快飛往嘉義機場，與地上部隊協力攻下機場解圍。以上是作戰及任務分配概要。

各隊的隊長或幹部，好像沒有統領部隊的經驗。每個人都說他戰時當過士官或士官長，有些人還大吹大擂，聲稱當過少尉或中尉；究其實，不過想當掌握指揮權的隊長罷了。他們欠缺服從精神，不尊重他人意見，都是一些英雄主義者，自私又沒有責任感。

我提出意見：「攻擊松山機場的計劃，由若櫻隊和別動隊從外面攻擊當然重要；如果內部也能呼應，不但可以減少死傷，更能迅速佔領機場，可謂事半功倍。」對方竟回答：「航空隊出身的年輕人！攻擊機場的行動就交給若櫻隊吧！」壓根兒不理我的建議。

戰時畢業於「大日本航空株式會社」的「松山整備員養成所」第一期的台灣青年，戰後大約有二十名在松山機場任職。來台接收的中國空軍騙說，將以空軍少尉的資格任用，要他們幫忙接收工作，結果是做「技工」，只給上等兵或下士的待遇。其中有四、五位是我小學同班同學。我常趁西南航空的工作之餘，在機場廣闊的跑道散步，有時也到他們的宿舍走走，常聽到他們的不滿聲音。其中有兩三名抱持非常強烈的台灣意識，如果能巧妙說服他們做內應，相信他們一定會答應。

細部的作戰會議宛如中央市場的喊叫拍賣，或婦女湊在井邊的閒聊，吵吵嚷嚷一陣。看樣子，不過是一堆烏合之眾罷了。只有坐在我旁邊，擔任總指揮的蔣渭川在傾聽和點頭，最後發出命令：「請先確認陳金水場長和整備員（維修員）是否願意響應我們，再說吧。」

突然間，在正門站哨的書局店員，驚慌失措地跑進來，說：「好像被便衣憲兵包圍了。」聽到敲打書局大門的聲音、喊叫的聲音，剎那間又聽到碰碰兩三聲槍響。一瞬間大家靜下來；有些緊張地站起來，掏出從軍需倉庫奪來的手槍，做出應戰的姿勢。

被任命為特敢隊副隊長的我，因為徒手沒帶武器，感到困惑不知所措。

蔣滑川立刻說：「從後門撤退，到『人類之家』繼續進行會議。」似乎很鎮靜的語氣。

大家提高警覺，從後門出去，爬過約兩公尺半的高牆逃走，耳際仍可聽到書局前面街道傳來的數發槍聲。在淅淅瀝瀝的雨中，身體因恐怖與寒冷而顫慄，我追隨張君的背後逃出來。

我來到台北大都市只有三個多月，連東西南北都認不清楚。置身在雨夜的街上，何處是「人類之家」完全不知道。一旦跟散的話，可能會被射殺，於是竭盡全力拼命追趕張君。好不容易來到「人類之家」時，身心都覺得快崩潰了。

在富士丸海難中，遭美軍魚雷攻擊，漂流大海六個多小時；又在立川基地受到B29的夜間地毯式轟炸；這幾次都有面臨生死關頭的恐怖感，但都沒有像這一次逃命時，那種無依無靠的恐怖感來得厲害。

「人類之家」位於今建成公園旁邊，是日本人設立的慈善機構。門前有身著日本軍服、腳裹卷腳絆（綁腿）的青年，握著步槍站崗哨。在日本人留下的東洋式建築和廣大的中庭對面，似乎有一棟辦公用的兩層樓。走廊或樹蔭下，看得到帶槍的人影在走動。情景讓人想起在戰時所看的電影，那種藏在密林中的戰鬥指揮所。這時我才比較放心定神下來。

這時離逃出三民書局，已過了大約半小時。除了蔣渭川，全部人員平安到達，繼續開會。緊張與恐怖感依然存在，沒有總指揮參加，會議不但難以進展，再開下去也沒有意義。因掛念蔣氏一家的安危，會議被迫中止。決定明天（八日）早晨，在太平町的作戰本部開會，詳細策劃松山機場攻擊作戰和嘉義救援作戰事宜。

這棟鄉土自衛隊的作戰本部，原址是女醫師謝娥經營的康樂醫院。抗日派的謝娥，戰時擔任中國地下情報員，把日軍情報交給中國，由於這項功績，戰後獲選為國大代表，被稱為愛國志士。二二八發生時，她透過廣播發表袒護中國政府的言論，群眾立刻奪佔她的醫院，醫療器材和家財傢俱，被搬到街上付之一炬。謝娥則不知躲到哪裡消失了。聽說後來又擔任立法委員，但也有風聞她亡命到巴西或阿根廷。

二二八發生不久，動亂很快擴大到全島，陷入無政府狀態。我們獲知情報，行政長官陳儀向南京中央政府要求派軍支援，援軍最遲將在三月九日早上抵達基隆。

所以昨天晚上的會議決定：我們必須在軍隊抵台前，奪取松山機場，救出嘉義機場的青年。而策反陳金水場長、台灣籍維修員及警備隊員的工作，就落在對機場熟悉又能自由出入的我身上。

松山機場軍情初探

吳水燈譯

他說：「身為中華民國空軍軍人，受託擔任機場場長，就不能違背職責。我要讓他們看看：跟他們不一樣的台灣人魂。」畢竟受過日本教育的空軍駕駛，就是不一樣。

八日早上，我把西南航空的通行證（腕章）戴上左腕，進入松山機場。雖然想確認陳金水的意願如何，但也不能隨便開口。即使以同樣是台灣人為理由，輕率向對方策動，也有可能遭到逮捕。

首先巡視西南航空維修中的九七式重轟炸機一圈，才造訪場長的辦公室。場長身穿當時空軍駕駛流行的咖啡色皮夾克，袖子稍微捲起，一副樸素的模樣。我編個謊言：「這次動亂，如果維修中的飛機遭到破壞，我們費盡苦心獲得的成果將歸於泡影，所以特地來巡視一下。」他說：「我在的話，不要緊啦！」反而安撫我。

「台中、虎尾、高雄、台東等地的機場，已經被青年們佔領；聽說台北市的年輕人也流傳著：『非常期待陳場長的加入』。」我以事不關己的態度試探他的反應。

他說：「身為中華民國空軍軍人，我受託擔任松山機場場長，就不能違背職責。」並且強調，要讓他們看看「跟他們不一樣的台灣人魂」。既然這麼說，事情已經非常清楚，再費口舌策反也是徒勞無功，畢竟受過日本教育的中國空軍駕駛還是有些不同。抱持佩服的心情，我只能退了出來。

陳金水在殖民時代，曾經當著故鄉父老的面，表演飛機駕駛技術，想把台灣青年飛翔天空的雄姿向大家炫耀；不幸卻在鄉親父老面前栽機入水，不僅同機的教官罹難，他也身負重傷，丟盡面子。一位抗日派黑道份子看他意氣消沈，便勸他：「潛入大陸投奔祖國空軍吧！」受不了世人諷刺的陳金水，便從新竹漁港密航廈門，再往南京，開始在大陸的亡命生活。

他於戰後回台，常誇耀自己是中國空軍官校畢業的飛行軍官；一九三六年西安事變時，也參加營救蔣介石主席的行動。雖然他對這些經歷很自豪，但因沒有學閥和同鄉、前輩做後盾，只能以空軍上尉官階，回台接收松山機場並任場長。與他同時，許多赴中國參加抗日的台灣青年，大多晉升陸軍中校或上校；在抗日戰爭大有作為者，像李友邦與黃國書，更是官拜中將，蘇紹文則是少將；其他頂著「抗日英雄」榮冠衣錦還鄉的，還有不少人。

二二八事件後，陳金水因防衛松山機場有功，才晉升少校官階，同時兼任台南機場場長。一九四七年十一月的第一屆國民大會代表選舉，新竹地區競爭激烈。同是新竹出身的陳金水和蘇紹文，同是大陸歸來的「半山」，同時登記為候選人，兩人展開激烈的爭奪戰。陳金水被認為是不可多得的卓越軍人，他又出奇招，親自從松山機場駕駛紅蜻蜓練習機，飛來選區上空撒宣傳單；但因涉及濫用職權，加上少校與少將官階差異太大，使他選舉吃了大敗仗。

所謂濫用職權，是戰爭結束後，陳金水的哥哥陳性收購日本人撤走後留下的新竹客運公司，自任董事長；但與來台接收的市長和警察局長，為了客運公司的所有權發生利害衝突。市長和局長想把經營權「私有化」據為己有，以日產應歸還政府為名，控告陳性並予拘留。陳金水接獲通報，即刻帶松山機場的部下，三十多人佩帶武裝，連夜南下包圍新竹警局。

他用槍頂著警察局長的鼻頭，迫他釋放陳性，局長只好低頭賠罪放人。可見在中國社會，只要拳頭夠大，任何事都能隨心所欲。戰後來台接收的官僚、軍憲，就是這樣濫用權力，以滿足私利私欲的。如此看來，二二八事件會發生，也是合乎情理的事；而台灣人群起反抗腐敗政府，也是當時環境逼迫，不得不然的結果。

離開松山機場的場長辦公室，接著走去維修員所住的宿舍（今松山機場前的民權東路邊），訪問台灣意識強烈而對現狀不滿的劉兄。他說不管何時從外面攻進來，他都準備好呼應作戰，並讓我看看密藏在床下的兩挺輕型機關槍。

確認了陳金水「身為機場場長，會盡責保護機場」的意向，也獲悉部分維修員願意做內應，我急忙回到作戰本部，詳細報告情況。

三民書局被包圍之前，我曾向總指揮蔣渭川提議，如要我加入航空特敢隊，必須邀請試飛駕駛出身的許清卿，和加藤隼戰鬥隊出身的許崙敦來當指揮官。可是他們似乎從那一晚就消失了。結果從空中發動的嘉義救援作戰，不得不由毫無實戰經驗的我來負起全部責任。

當時在松山機場，只有兩架西南航空尚未維修完成的九七式重轟炸機，和從日軍接收的、中國空軍當作聯絡使用的紅蜻蜓機兩架，以及兼做運輸機的雙引擎高等練習機一架，總共只有五架飛機而已。

其中有三架飛機可以立即出動，不過如要全部出動，就需要三名駕駛員。聽說從羅東會來一位駕駛員，卻沒看他來報到。只有我一人的話，不但感覺孤單，也會失去自信，免不了還有些膽怯呢。

由歸鄉軍人所組成的若櫻隊，預定今天（三月八日）會有集會，將挑選嘉義遠征隊員八十名，並決定攻擊松山機場的時間。

當若櫻隊的幹部進入作戰本部，一直在等待情報及指示的我，突然被介紹認識一位吉田中尉。吉田據說來自烏來，那是原住民泰雅族居住的地方。我一位同期同學，從駕駛轉任機上射手的李益裕就住在烏來，我返台後沒多久還去拜訪過他，從此再也沒有聯繫，不知是否健在？我問了吉田中尉，他說不認識這個人。

他怎麼看，都不像是高砂族的原住民，所說的日語也沒有高砂族的土音；打聽的結果，是出生在東京品川的純粹日本人。

戰時他在桃園航空隊擔任キ45式夜間戰鬥機「屠龍」的駕駛員。戰後從遣返日本的船隻脫逃，為了愛慕高砂族的女性，一直潛伏在烏來。

他的相貌看起來不像軍人，也沒有陸軍中尉的威嚴，也不像戰鬥機的駕駛員。或許是為了潛伏在原住民山區，不得不做的偽裝吧。但對我來說，卻是讓我如虎添翼的夥伴。以潛伏日僑的身份當隊長，聲張出去會有危險，所以他拒絕當指揮。最後決定：他駕駛第一架機的雙引擎高等練習機；而副隊長的我，則駕駛第二架機的紅蜻蜓，跟隨他後面飛行。

陳儀向南京政府請兵，民間已有此說，可能會在九日左右抵台。為了掌握時效，作戰本部決定松山機場的進攻計劃：

三月八日半夜，若櫻隊從正門發動攻擊；忠義服務隊的別動隊和海南島隊，則從東側的警備隊後方發動攻擊，與內部裡應外合，務必在九日黎明以前佔領機場。九日上午八點前，航空特敢隊要在機場前集合。我和吉田立即駕機飛往嘉義救援。

想到我這個尚未熟練的副隊長，要駕駛紅蜻蜓馳援嘉義，情勢所逼，已經沒有退路了。面臨這種緊張的處境，不由得全身發抖起來。

開往死城的火車

吳水燈譯

「南下掃蕩的第二十一師先遣部隊，好像已經進入台北市。」來自台北車站的消息說，市區可聽到強烈的機關槍聲。我們只好在鶯歌站陷入漫長的等待。

若櫻隊的幹部沒有統率部隊的經驗，也不具指揮的能力，是否能將臨時募集的一群沒有組織觀念、卻富於英雄主義的隊員統御起來打仗，這是最大的問題。假如攻擊機場失敗，而航空特敢隊被蒙在鼓裡，仍照約定於八點前集合的話，可能成為囊中之鼠，輕易被對方殲滅。我有這種顧慮，便向張X熙說：「我有通行證臂章，進出機場比較容易。等我到現場確認，特敢隊再集合比較安全。」所以我建議：「延到九點集合比較好。」並請他負責聯絡隊員。

我又想到：紅蜻蜓的駕駛座位上沒有天窗蓋，需要戴上飛行帽。所以當天傍晚，就乘坐慢車回竹南的家，把謹慎收在衣櫃後面的飛行服和飛行帽取出來。

瞞著父母的眼睛，我把飛行衣帽供奉在祖先牌位前，點了三支香向祖先祈求：願我在大戰後揀回的小命，能再和飛行衣帽一起平安回家。

急急忙忙吃過可能是與家人最後的晚餐。也許此次出門，再也回不了家，可是又不能說出訣別的話，為此心中惆悵難過。默默吃完一頓飯，就抱著包好飛行衣帽的包袱，一聲不響地走出家門。在路上，想起家人對我的不告而別正在納悶時，不禁痛責自己，又是一次對雙親的不孝，感到十分難過。

慢行列車鳴著輕微汽笛聲，迎著寒冷的夜風向北行進。車內一批手握軍刀、槍枝或木棒等武器的台灣青年，以充血的眼睛，對每站上來的乘客，用福佬話問：「你是台灣人嗎？」如果不能立即回答或發音怪異，都被看成外省人而遭酷打。不少乘客滿臉流血、痛得呼喊，甚至被威脅：「想要命的話，從火車跳下去吧！」而向這些兇神惡煞，苦苦哀求饒命。

湖口、楊梅一帶都是客家人的聚落，聽說有不少客家人因不會說福佬話而遭到殘酷毆打。比誰都熱愛祖國，反被當作思想犯第一號而坐牢的我，雖然對現狀不滿、恨入骨髓，但看到這種慘無人道的情景，還是忍無可忍，用日語大叫：「不要虐待同胞！」失去理性的青年們一聽，湧上前來盤問：「你是何方神聖！」說著，從我手上搶走包袱，當場打開來看。我說：「都是為台灣人的自由與平等戰鬥的人啦！」對方聽了，原來高高在上的氣焰好像平息下來，逕自走往別的車廂。

半夜十一點左右，小雨中，列車到達鶯歌車站。戰後由於零件缺乏，火車頭的衝力往往不夠；從台北開往桃園途中，越過台地斜坡，就得動用另一輛火車頭，從後面推動列車前進。但從桃園到台北是下坡道，卻等了將近十多分鐘，還沒有要開車的跡象。我以為是火車頭故障，向月台上的武裝青年查問，他說從南京中央政府派來的軍隊已在基隆登陸，展開報復性濫射，已有很多犧牲者了。

「南下掃蕩的第二十一師先遣部隊，好像已經進入台北市區。」來自台北車站的消息說，戒嚴中的市區可聽到強烈的機關槍聲。消息來源警告：「如果繼續開往台北，可能會遭到危險，請暫時在此等待，獲得確實的情報再開吧。」因此站長與駕駛員都陷入漫長的等待。

我有不祥的預感，總是掛慮明朝的集合。出動任務的負責人要是遲到，那就事態嚴重了；因此沒到台北以前，我內心焦慮不安無法鎮定。這時我坐的列車後面，還有一輛機關車（火車頭）在等。機關車的駕駛跑到站長面前，操著客家鄉音急忙哀求：「這樣等下去，恐怕會影響明天的勤務，希望先讓後面的機關車開走。我每到一個車站，會打聽情報給你。」站長終於答應。

由於同是客家老鄉，我懇求這位駕駛讓我一起搭乘北上，他一直不肯答應。最後我把包袱攤開，暗示我身負緊急任務，他才答應。我們坐上機關車，就在其他旅客歡送下向北開進。不多久就到達山仔腳（今山佳）車站。駕駛員跟樹林站聯絡通話，確認狀況後，等了二十分鐘才准許北上；經過樹林、板橋、萬華各站，好像都沒發現危險狀況。於是向仍在鶯歌站等候消息的那一位駕駛員報告，接著繼續往前開。

在小雨中平安到達台北機務站，已經是半夜一點多。台北市區似乎沒有發生熾烈的巷戰，只在遠處傳來「碰碰」兩三聲槍響。後火車站寂靜得讓人感到有些害怕。

拒絕駕駛員請我在控室（休息室）休息的好意，向他道謝後，偷偷溜出機務站。在小雨中，一面留意周遭的情況，一面匆匆經過人煙稀少的鐵路宿舍，趕到下奎府町的住處時，已是身心俱疲，軟弱地倒下去了。

或許是過於緊張和疲勞吧，一直睡不著覺。時鐘已過了凌晨一點，為什麼沒聽到從松山方向傳來的槍聲？是否若櫻隊因害怕而不敢攻擊，或者走漏消息而中止攻擊？不安的聯想一幕幕出現：火車上那些失去理性的青年們…被亂打而滿臉血跡的臉孔…一邊駕駛火車，一邊緊張注視周遭的司機臉孔…不停地交互浮現。睡神慢慢遠去，如此挨過一個夜晚。

鄉土自衛隊一夕崩解

盧兆麟譯

耀武揚威的若櫻隊幹部們，你們連最被我看不起的國軍都不如！戰場的邊都沒沾到，就一敗塗地鳥獸散。我滿腔悲憤，親嚐到所謂怒髮衝冠的心境。

帶著因整夜失眠而發暈的腦袋，等到黎明時刻，就坐上市營公車趕到松山機場。從公車站牌到空軍松山基地的入口處，距離約二百多公尺。我帶著裝有飛行衣帽的包袱，以一種不安的心情趕路。路旁兩側，到處可見軍服襤褸的軍人在站崗，氣氛與平常不同。我的疑慮更深，走到正門時，站崗的步哨變為四名，戰爭留下來的飛機掩體上面，竟也安裝了機關槍。因沒看見混戰後的跡象，我懷疑昨夜機場的攻擊作戰是否中止了？儘管納悶，仍慌忙從口袋取出西南航空的通行證，套入左袖，若無其事走入正門。

衛兵見狀，立即持槍一擋：「誰？」我把袖上的臂章拉一拉，讓他看一下，撒個謊：「來巡視西南航空的飛機啦！」接著在不能起飛的九七式重轟炸機周圍巡邏一圈，然後爬到主翼上面，四面八方探了一下，假裝巡視著。

凡是眼睛所能看到的，全是中國軍的警備隊，根本看不到友軍的若櫻隊或學生隊的影子。

慌慌張張離開現場，為了打聽情報，趕到維修員的宿舍。一位面熟的同學，表情痛苦地告訴我：「昨天半夜寢室被搜查，四名夥伴被抓走了。」

我判斷可能是攻擊計劃走漏消息，開始掛慮特敢隊員的安危，立刻轉頭快步趕到巴士站，等待隊員報到。不知是已經知道作戰行動中止，還是吹來膽怯風的關係，隊員們遲遲沒有出現；等到十點多，只有張X熙到場，連張姓隊長也不見影子。

我最擔心的是烏來的吉田中尉。他只會講日語，福佬話和北京話都不會，如果遇到詰問，萬一暴露身份，好一點可能被遣回；弄不好的話，可能會以參加叛亂或暴動的罪名處刑，連我們都會受波及。

為了打聽消息，我連午飯也沒吃，抱著吐嚕咕嚕響的肚子，下午一點多來到太平町的作戰本部對面。小心提防便衣憲兵和特務的監視，探視一下四周的情況。前天由若櫻隊或忠義服務隊值班的哨兵不見了；相反地，腰袋藏手槍、像流氓一樣不知身份的幾個年輕人，亮著監視的眼光不時在走動。

我明知危險萬分，但以飛蛾撲火的心情，站在對街的走廊上，裝做一副行人模樣，遠遠注視作戰本部的動靜。威風凜凜的作戰本部完全走了樣，房間內翻箱倒櫃一片狼籍。不禁想起作戰會議那晚的情景，一時悲傷憤怒湧上心頭難以自禁。

那些在會議中耀武揚威、誇下大口的若櫻隊幹部們，你們這些膿包，連最被我看不起的國軍都不如！戰場的邊都沒沾到，就一敗塗地做鳥獸散。我滿喫著敗戰的悲憤感，親嚐到所謂怒髮衝冠的心境。

為了想了解鄉土自衛隊總指揮蔣渭川的行蹤，又走到同街的三民書局附近。書店關門好像停業了，還有身份可疑的人在一旁監視，不過沒像作戰本部那麼嚴密。我從對面繞過去，走入永樂市場的巷道。

剛好在攤子邊，有幾個人在竊竊私語。我靠過去想偷聽些消息，他們卻懷疑我是刑警或特務，立刻不講話。我趕緊用日語向他們打招呼，並請問：「昨夜發生了什麼事？」他們才放心開口。

根據他們敘述內容，以及我在松山機場親身見聞，這次作戰計劃失敗，有一段來龍去脈：

——臨時湊合的若櫻隊，軍隊的組織觀念和階級意識薄弱，互相不信賴，卻有強烈的老大欲，缺乏服從精神；相反的，學生隊則繼承戰時的學徒兵傳統，有組織經驗和指揮系統，前輩和後輩的命脈結合在一起，團結心特強，服從精神良好。至於海南島隊，由於戰後在集中營時，都是同甘共苦的戰友，因此也格外團結。

——未曾建立指揮系統顯得雜亂無章的若櫻隊，與團結的海南島隊、嚴守紀律的學生隊之間，發生對立不和；造成嘉義救援作戰及松山攻擊作戰的意見衝突，形成互不相容的局面。

——作戰計畫走漏。陳儀方面已獲知情報。加上二十一師在八日抵達基隆，獲得靠山的陳儀政府，便在昨夜一舉發動軍隊與特務，進攻作戰本部和松山機場。沒有總指揮的作戰本部被蹂躪得亂七八糟，幹部四散逃命。松山機場攻擊計劃不僅告吹，連藏在維修員床下的兩挺機關槍和兩箱彈藥，也被搜出來，造成四名維修員被捕的悲劇。

擔任總指揮的蔣渭川，在兩天前，即三月七日夜裡，他的三民書局被便衣憲兵包圍，女兒在店裡，因阻止臨檢搜查而當場被射殺。蔣渭川本人爬牆逃亡，目前行蹤全然不明。

此後，一直沒人知道蔣渭川的下落，也無法與他取得聯絡。失去指揮者的鄉土自衛隊終於崩潰，各隊自然解散。幹部們為了自身安全潛入地下，不久所有聯繫都告斷絕，鄉土自衛隊可說是不戰而潰。

以上所述，是我所接觸的二二八事件。

國民黨政權認為二二八是中共策動的暴動事件，中共也宣稱二二八是在中共指導下的勞動階級革命運動；台灣人則認定這是腐敗、無能的政府發動的屠殺事件。我認為是對祖國不滿的民怨突然爆發開來，屬於民間自發的、無計劃、無組織的反抗運動罷了。

謹向這四名被捕的維修員，總指揮蔣渭川，鄉土自衛隊所屬的若櫻隊、海南島隊、菲律賓隊及忠義服務隊等隊員們致上誠摯的關切，衷心祈望你們平安健康，願有朝一日再相見，一起回憶二二八時並肩奮鬥的豪情壯志，也檢討落難與失敗的原因吧⋯⋯

二二八事件後記

盧兆麟譯

同樣住在台灣，每人的路各不相同；然而經過漫長歲月，我們仍能平安健康再相逢，或許就是命運的悲喜劇吧。

在松山機場被捕的四名地上維修員，以「內亂」罪起訴，半年後被判十年有期徒刑；但在第二年（一九四八）五月二十日，蔣介石就任行憲後第一任總統，發布特赦而得釋放。

蔣渭川失蹤後，傳言他逃亡日本，其實人在台灣。後來向當局自首（註一），並於一九四九年底出任民政廳長，一九五〇年出任內政部次長。剛就任民政廳長時，在二二八被屠殺的台灣菁英的遺族，在國民黨機關報《中央日報》刊登慶祝蔣渭川就職的廣告，全部以死者的名字具名，引起他及情治單位很大的騷動。這段軼事在民間熱鬧流傳著（註二）。

在烏來深山與原住民姑娘譜出「異國戀」的吉田中尉，事件半年後，被查出是潛伏日僑而逮捕，留置於「北署」。我得到消息後，使用堂兄弟的假名申請面會獲准，並送東西給他。

面會只有十五分鐘，僅能確認彼此平安無事，不能打聽事件當日情況；只好互相祝福對方健康，互道珍重再會。面會快結束時，他才知道我是大津陸軍少年飛行兵出身，問我知不知道一首他所愛的歌曲《琵琶湖哀歌》（大津在琵琶湖畔）。我告訴他我會唱，「懷念琵琶湖的話，就到日本來相會吧！」這樣約定後就分手了。據說沒多久，他就被台灣當局驅逐出境。生死只一線間的二二八事件，經過半世紀後的今天，緊張而恐怖的情景已成為一場虛空的回憶。當時共同奮鬥的夥伴們，如今究竟在何處？追憶往昔，不勝唏噓。

本擔心因為沒去嘉義救援，跟我生死與共的最好戰友賴起套，或許已在陰間受苦，咬牙切齒埋怨我沒去救他，我一直為此懊惱和痛苦。想不到就在一九六二年夏天，睽違十七年之後，我倆又在屏東相會。原來他歸國後，進入國民黨的機關報《掃蕩報》擔任地方記者，並沒捲入二二八；其後考進空軍官校，以第二名成績畢業。我們再會時，他已官拜空軍上尉，擔任運輸機飛行官。

或許是命運的悲喜劇，這次作戰計劃與其說是徒勞無功，不如說是在死亡時刻之前，救回我這一條命吧。同樣住在小小島國的台灣，雖說每人的路各不相同，然而經過漫長歲月之後，我們仍能平安健康再重逢，真是宛如夢境一般。

註一：二二八事件後一年，一九四八年三月，經丘念台、李翼中等人從中斡旋，蔣渭川出面投案，四月獲不起訴處分。參見張炎憲、胡慧玲、黎澄貴採訪記錄的《台北都會二二八》（吳三連台灣史料基金會出版，一九九六）蔣梨雲、蔣節雲口述部分，二一五頁。

註二：據蔣渭川的女兒口述，廣告是前文化協會的人出主意，劉明贊助刊登。與本文所說遺族不同。蔣渭川只做了四十天民政廳長即辭職。見前引書二一六頁。

清鄉與逃亡

盧兆麟譯

許多參加「二二八事件處理委員會」的菁英份子，都在三更半夜從家裡被押走，然後秘密殺害，許多人至今連遺體也找不到。

為了平定台灣動亂，二十一師開抵基隆，二二八的情勢急轉直下。一路南下的軍隊，沿途沒有遭到抵抗，很快就與特務機關合流，進行血腥的肅清鎮壓。經由密告被指控參加「暴動」的人，不用說一定被捕；就連二二八之前批評或反抗過政府的人，無論有沒有參加二二八，一律抓起來，未經審判就在當地殺害。至於由議員和菁英組成的「二二八事件處理委員會」，許多參加開會的人，都在三更半夜從家裡被強制押走，然後秘密殺害，許多人至今連遺體也找不到。二二八和其後的「清鄉」，據說被殺害的人數，高達數千甚至數萬人之多。

在南港與汐止間的鐵路隧道裡，發現了八具屍體。經過指認，是台北市區的醫師、律師及檢察官等台籍菁英份子。

一個高官的妻子住院生產，因難產流血過多而死。高官遷怒這位婦產科醫師，挾怨報復，讓他成為槍下魂。還有一位公司老闆，高官覬覦他的財產，下手橫奪而鬧到法院，判決結果高官敗訴。高官懷恨之餘，利用軍隊鎮壓之便，報復了這位老闆；還禍及該案的檢察官及辯護律師，趁機一起殺害。

在基隆及高雄港區，則把抓來的台灣青年，用鐵絲刺穿腳踝，串連起來，一起拋海虐殺。這種慘無人道的暴行，成為街談巷議的話題，加深社會的恐怖氣氛，更強化台灣人對祖國的反感，與對外省人的憎惡。

許多人開始逃亡。當時倡導台灣民主自治的台灣共產黨員謝雪紅，即帶領隨從逃亡。據說謝雪紅從埔里進入中央山脈，逃到花蓮；再偷渡香港，進入中國大陸，展開她傳奇人生的另一階段故事。

蔣渭川依然行蹤不明。令人擔憂的是，他手邊有一本鄉土自衛隊的幹部名冊，也不知去向。只好一面祈禱蔣氏平安無事，一面盼望名冊已被銷毀。為了自身安全，大家各自潛逃。

擔任航空特敢隊副隊長，又兼嘉義救援實際指揮任務的我，曾經策反松山機場場長和維修員，身分應已暴露；尤其蔣渭川失蹤後，自己也面臨被捕的危機，只好暫時躲起來避風頭。

在關西深山，有個叫馬武督的地方，當時幾乎是未經開發、人跡罕至的山地，其中某處為我一位表兄所有。它前面有個地方叫湳湖，每隔一、二公里才有一、兩戶民宅；其中有一條小徑，通往深山的一間小屋，這是逃避特務追蹤最適合的隱居所在。

我躲藏深山小屋不久，大約是三月十五日左右，這位表兄的兒子突然帶我大哥來訪。論輩分，表兄的兒子是我的姪子，不過年齡比我大很多。他畢業於日本明治大學專科部，回台後任職台大熱帶醫學研究所；戰時以軍屬身分派往南方戰場服役，由於這個緣故，跟我相當談得來。「叔叔，已經沒問題了，不必躲在深山裡囉。」勸我下山回家。

二二八的動亂已經結束，如果我名列黑名單，早在國軍發動肅清時，就已經被檢舉抓走了。大哥說，竹南家裡沒有動靜，也沒來搜查，西南航空甚至派許清卿來家裡催我上班。

許清卿把我當作熊谷飛校的學弟，處處照顧我；公司也為了試飛已經整備好的九七式重型轟炸機，把我升任副駕駛，當他的助手。他是一個很好的前輩和教官，我倆可說意氣相投。

「日本飛機不好，台籍飛行員也不行！」為了不讓中國空軍和外國飛行員如此看扁，我倆在試飛時，用些技巧稍微調高升壓來提升回轉數，以保持巡航速度。幸好如速度錶所示，達到回轉數二五〇〇的巡航速度，才放下一顆不安的心。像這樣，我倆有共同承擔痛苦和壓力的經驗，可說是很好的搭檔。

據說西南航空台灣辦事處的黃健雄處長（原為空軍上校），也掛念我的安危。他也是廣東梅縣出身的客家人。因為我和他同姓又通曉客家話，他在對外聯絡或籌措資金時，常派我上基隆，到同鄉經營的船公司辦事。這次事件後，可能強烈感到公私兩方面都需要我的協助，所以也在找我。

雖然對大哥的傳話仍有些疑慮，我還是決定下山走一趟。打算在許清卿的領導下，讓中國空軍親眼目睹日本飛機和台灣飛行員的優越技術。因此雖有點惶惶不安，還是下了山，翌日就到公司上班。

大陸因國共內戰，透過飛機運輸物資的需求大增。西南總公司也催促台灣，加速進行軍機的整備改裝。大約到了六月底完成四架，立刻空運到總公司所在的廣東白雲機場。

據說有一次，一架載運貨幣的飛機，開往東北還是華北的途中，因引擎故障緊急降落廈門；還有一次，中國籍的飛行員因為操縱日本機不熟練，降落白雲機場時發生事故。除此以外，並沒有重大事故發生，這是聊以告慰的事。

因內戰及通貨膨脹激烈，公司迫切體認到必須加強空運能力，以應付營運需求。因此放棄在台灣整備日本飛機，而以載運量更大的美製Ｃ46、Ｃ47中古機種來因應。曾經渡海轟炸南京而名噪一時的日本海軍九六式陸上攻擊機，整備工作半途而廢。西南航空台灣辦事處也跟著關閉。

不再使用日本飛機，台籍飛行員和維修員也派不上用場，遭到解僱命運，可是對我反而帶來好運。因為兩年後，國民黨吃了大敗，倉皇撤退台灣；廣東的西南航空也跟中央航空、中國航空一樣，豎起白旗向中共投降。

也許是男人對飛翔天空的執著或是留戀吧，早在二二八之前，我和許清卿就有一個夢想：籌設飛行國內航線的小型航空公司——台灣航空公司，並一直盡力促成。許清卿的父親是台北市內科名醫，我倆想依靠許父的豐沛人脈，說服市區有志及有力人士出資，再與政府、軍方交涉，把他們準備出售給民間的日本軍機買回來，改成國內線的民航機。這是夢幻天真的想法。

我也從素有政治企圖心的表兄陳俊玖那裡，取得「願意為振興台灣航空提供協助」的承諾。他和憲兵第四團長張慕陶中將、國民黨台灣省黨部主委李翼中等人素有交情。我們希望透過這些人說服有關官員，讓他們知道振興航空的重要性；當然對中國官場收取賄賂的惡習，我們也準備鉅款以待。

然而二二八之後，台灣人用日本飛機成立航空公司的想法，簡直過於天真幼稚，等於在做白日夢；對我們而言，也是極度危險的舉動。

回想去年，日本航空界出身的我們一群人，抱持一顆熱愛祖國的心，向中國空軍請求再訓練及錄用。可能害怕日本軍國主義及特攻隊精神吧，當局至今仍未給予答覆或指示。何況自光復以來，台灣人一直批評政府貪污腐敗無能，對外省人的隔閡日益加深，怎麼可能獲准設立航空公司——它隨時可以變成戰鬥力量。所謂「發展台灣航空」云云，那是我們異想天開、完全不瞭解祖國真相、發自過份幼稚愛國心的夢想。

既然籌設台灣航空已不可為，又聽到二二八事件中，襲擊南機場軍用倉庫的數名萬華民軍首領，因警備總部保安處及憲兵第四團發動肅清而被捕；接著又聽到潛伏烏來的吉田中尉被捕。我去北署與他面會時，無法打聽自衛隊幹部的任何消息；加上蔣渭川下落不明，名冊不知所在。種種跡象顯示，我的處境並不安全，愈是暴露身分，愈有隨時被捕的危險。

在這種情形下，三十六計走為上策。乃決定放棄籌設台灣航空公司的計劃，再度潛回關西深山，與台灣光復後的險惡情勢完全割斷關係，自己過一種無欲無我無為的逃亡隱遁生活。七、八年後，許清卿透過他義兄（他的妻舅）即台灣省農林廳長徐慶鐘的關係，以報廢品的名義，從空軍買下兩架輕型飛機（可乘二人），成立以噴灑農藥及探索魚群為主的「台灣農業航空公司」。

他想找意氣相投的我做夥伴，曾經到竹南找我。可惜錯過時機，我已經以叛亂罪名淪為階下囚，流放到世界聞名的火燒島（綠島）洗腦監獄。

對我的入獄不勝驚愕的許前輩，倉促回到台北後，另找當時任教台北高工的許崙敦為夥伴；從此成為農業航空的開路先鋒，在台灣海峽探索烏魚群，對烏魚漁業貢獻很大。這是我從牢中唯一准許閱讀的國民黨機關報《中央日報》得知的消息。

烏魚子的生產期，只有冬至前後，烏魚沿台灣海峽南下產卵大約一個月期間，所以利用航空觀測的漁船並不多。至於從空中播灑農藥，對當時台灣農業來說，可能是過早的尖端技術，難以開發市場。於是台灣農業航空成立不到兩年就關門了。

許清卿後來對台灣的生活環境感到失望，乃回復日本國籍，以沖繩航空常務理事的身份，從事沖繩諸島的聯絡飛行，也做得不錯。這是我聽到的消息。

第十一期少年飛行兵的許崙敦前輩，後來成為遠東航空駕駛員，從事島內空運；越戰期間，也擔任美軍物資的空運飛行而活躍一時，直到退休。

慶祝

蔣渭川 彭德 李翼中 林日高 榮任

民政廳長 建設廳長 省府委員 省府委員

陳朝乾 林紫貴 許丙 陳欣 黃朝生 徐白光 林茂生 陳屋 李仁貴 林連宗 呂伯雄 林瑞拱 王添丁 施江南 宋斐如 李瑞漢 吳鴻祺 王育霖 白成枝 陳能通 徐春卿

仝賀

1950.1.9《中央日報》刊登的奇異廣告。遭到點名「慶祝」的有四人。其中彭德是半山的苗栗人，曾任省參議員和民政廳長；林日高是板橋人，是台共創黨人士與組織部長，參加二二八，並與省工委往來，於1955.9.17被國府槍決。他的角色應是這四人中的異數。

亂世孤隱深山林

盧兆麟譯

午後疲倦時，仰臥在相思樹蔭下，從樹梢間隙眺望天空浮雲，一面回顧過去未曾實現的夢想。隱居山中男子的我，究竟還有未來否？

在人跡罕至的深山小屋隱居生活，覺得寂寞又不安。有時會聽到兩百公尺以外的山路上，有樵夫或獵人的腳步聲，機會卻極為難得。

沒有收音機、報紙，連講話對象都沒有的單身男人隱遁生活，雖然咎由自取怨不得人；然而過分的寂靜，有時會產生一種被社會拋棄的恐懼感，令人不由得打起冷顫。

在雜樹林枝梢鳴囀的野鳥，是我唯一的朋友；吱吱啾啾的啼聲，是唯一可以治療我寂寞心靈的音樂。

在沒有電燈的小屋裡，夜晚使用「電土」點燃的瓦斯燈，或是煤油燈；有時會想起孩童時代，在倉庫後面的舊房子，一家人圍著柴火煮吃的貧窮生活，更勾起無限的鄉愁。

對於年老的雙親，再三給他們添加麻煩，讓他們傷心流淚…也許對我這個不孝子已經死了心…想到這裡，就輾轉反側，難以成眠，對著漫長的夜晚焦躁起來。如此度過好幾個失眠之夜。

晚上，須提防雨傘蛇、龜殼花或台灣眼鏡蛇出沒，然後倚在前院的小岩石上，朝向夜空無數閃爍的繁星，祈禱雙親平安健康，並請寬恕孩兒接二連三的不孝大罪。只要動亂平靜，肅清結束，一定要跪在雙親膝前懺悔道歉，今後要做一個平凡的兒子克盡孝道。如此向天地神明發誓和許願。

遠離狂暴動亂的社會，過著隱居逃亡的生活，所有的交友通信也隨之斷絕。原先用來擺臭架子的飛行衣、飛行帽，已託付大哥收藏起來；山上穿的便服，則是把軍服及外套拿到市郊的染坊店染黑。看到航空士官學校發給的雙排六顆金色櫻花鈕扣的純毛外套染黑回來時，頓然感到胸部有被勒緊的感覺。戰時陸軍很少看到的雙排扣純毛外套，我一直當作從軍紀念的古董細心保管，因此懊悔不已。

除了隱居之外，又受表兄之託，留意有無外人闖入他的土地亂墾或盜林。為了答謝我的看顧，日常主食的米和魚、肉（都是醃的），他都不斷供應；至於副食的青菜，我就利用溪邊平地，種植容易熟成的白菜、甘藍、蘿蔔、甘藷等來自給自足。

午後時間不知如何消磨時，就巡視「屬地」，從山谷爬上山峰，從一座山峰到另一座山峰，幾乎跑遍鄰近的群峰以培養體力。疲倦時，仰臥在相思樹蔭下，從樹梢間隙一面眺望碧清的天空浮雲，一面回顧過去未曾實現的夢想。一個山中男子的我，究竟還有未來否？沉思於胡思亂想中，難免有一絲哀憫的感覺。

表兄的兒子不忍見我孤寂隱遁，從庫房找出他讀明治大學時購買的書籍和雜誌，多半是「岩波文庫」小叢書和「講談社」雜誌，帶來給我閱讀，那是我孤獨生活珍貴的精神食糧。巡視山林時，攜帶小叢書頗為方便；累了休息，便從褲袋抽出來看，書裡裝滿我前所未聞的知識。

父親曾經教我，我家是漢民族後裔，曾祖父和祖父從遙遠的廣東梅縣，渡海來台當漢學老師。在台灣出生的父親，從小體弱多病，加上排行老么，特別受祖父母疼愛；但到了十二、三歲，台灣變成日本殖民地時，祖父幾乎不曾教他漢學。傳統文化通常都會世代傳承，但父親不曾從祖父那裡獲得傳承，因此也沒教我祖國的歷史和文化。

上學以後，歷史和地理課本都有「支那」一詞。關於支那的知識，我除了知道古代偉人的儒家孔子及世界最長的揚子江外，僅被告知甲午戰爭失敗的清國，簽訂馬關條約把台灣割讓給日本。

當時受的是膚淺幼稚的歷史教育，所以連清國、支那和中國的分別，有什麼關聯，都搞不清楚；反而認為長輩們口耳相傳的《三國演義》，或在《西遊記》漫畫所見的唐三藏和孫悟空，就是中國的歷史和傳統文化。甚至台灣回歸祖國後，我對祖國的歷史文化還是全然無知，想起來真是丟臉。

這次的逃亡生活，反而給我讀書認識中國的機會。我對近代中國的景物記述和人物傳記感到興趣。諸如孫文的革命建國、袁世凱的貪婪篡位，殷汝耕、馮玉祥、張作霖、張學良父子等割據各地的軍閥，勾心鬥角爭奪政權的蔣介石、汪精衛、胡宗南，倡導共產主義的李友三、毛澤東、周恩來，特務頭子陳果夫、陳立大兄弟等…我專挑我不知道的人和事，讀起來津津有味。

還有馬克斯、恩格斯的著作如資本論，和社會主義、唯物辯證論方面的禁書，內容像是哲學理論之類，讀起來難以理會，總是感到興趣缺缺。

表兄的兒子擅長英語，他在從事戰災善後的美國救濟總署服務，每月大約回到關西故鄉一次。每次回來必定上山找我，兩人一起聊到天亮。

他告訴我各種外界資訊，像世界情勢、國共內戰、台灣近況等等。由於美國國務卿馬歇爾採行重歐輕亞的政策，失去美國支援的國民政府，國共內戰連連吃了敗仗，共軍渡過黃河一路南下，首都南京搖搖欲墜。他帶著威脅的口吻說：「再待在這麼偏僻的深山，好不容易從日本歸來的空中健兒，也會變成社會的落伍者！」

算起來，我隱匿深山至今，已經過了一年；連台灣風俗最重視的、全家團圓的農曆年，也沒有回去，孤孤單單在山上迎接空寂的農曆正月。

我的同志、朋友不知平安否?像與我一起編織台灣航空公司夢想的許清卿前輩,二二八志願一起作戰的同期同學和復員軍人軍屬,斷絕音訊這麼久,如今也想知道他們是否平安。我決定接受他的勸說,前往闊別一年多的台北一趟,訪友之餘順便打聽一下社會情勢。

(許昭榮/提供)

國共戰爭中被俘的國軍。戰後約有一萬五千名台灣青年,被國民政府徵調,開赴中國戰場「剿匪」,許多人戰死,無人憑弔。這是國共戰爭一段被湮滅的歷史。

(李筱峰/提供)

1949.1.21,國共戰局失利的蔣介石宣佈引退,仍握緊權力。國府遷台,蔣再復出。據政治犯說,1949年蔣剛來台灣,曾在澄清湖、角板山躲一陣子才到台北復出。

遇友種下牢獄因

盧兆麟譯

戰後僅三年多的台北市區，到處可見掛有一顆、兩顆、三顆星的高級將領。將軍的星星似乎比夜空的繁星還多，令人不勝驚嘆。

一年多前，曾因二二八殘酷屠殺而緊張蕭條的台北市區，如今彷彿惡夢消失，又呈現一片榮景。到處可見戰敗撤退來台的軍人，和怕被共產黨清算逃難來台的平民，手拿「袁大頭」銀幣，希望脫手換錢。

也有出售黃金、首飾、手鐲、戒指來張羅生活費用，或攤開手掌展示五兩、十兩（一兩為卅七．五公克）金條求售的人。帶這些金銀財寶求售的，幾乎都是校官級以上的高級將領。軍人為何持有這麼多金銀財寶？我感到不可思議。據傳聞的消息，可能是搶奪來的。

戰時在台灣，街上不要說將官，連校官都難得一見。但戰後僅三年多的台北市區，到處可見掛有一顆、兩顆甚至三顆星的少將、中將之輩。將軍的星星似乎要比夜空的繁星還多，令人不勝驚嘆。

我在飛行兵時代，也曾掛過三顆星。但我們掛在肩上，中國陸軍將官掛在領子。軍階不同，都有掛星星。看到這些比上等兵還要落魄潦倒的中國將官，不禁想以「我才是真正的陸軍上將」來奚落他們一番。

來到太平町一丁目的許章內科醫院探訪許清卿，不出我所料，他不在家。他雖沒參加二二八，卻為了籌設台灣航空公司到處奔走，可能是這個緣故，他也「走路」了；或許他家人誤認我是特務而有所忌諱，反正我得不到他的音訊。

順路走到永樂町（註一）街道，訪問同期同學的李名賀。去年三月九日中午左右，因松山機場攻佔計劃失敗，我到鄉土自衛隊作戰本部查看，見現場凌亂不堪，想急訪李君通報消息。因驚慌失措，又對市區不熟，以病急亂投醫的心情，憑著記憶亂逛亂找，還是找不到只造訪一次的李家地址。

如今輕而易舉找到他家，更巧的是他本人也在。他說二二八之後，警備總部發動清鄉，他被點到名字，家宅被搜查，幸虧他藏身屋子的頂層才逃過一劫。他告訴我，現在警備總部為了處理大陸來的難民，忙得不可開交，恐怕沒有餘力逮捕二二八的涉案者或政治犯。不過我們同班同學的黃X成和張X熙兩人，已被特務機關吸收為情報員，到處活動，千萬要注意。

其實我原先計劃是：先訪問李君，向他問張X熙的地址再去找他。也許是神明保佑，前次找不到的李君，今天輕易找到，並獲得寶貴忠告，使我免於因為走訪張君，而落入特務手中的危險，真是十分慶幸。

張X熙當初把我拉進航空特敢隊，並推舉我做嘉義救援作戰的副隊長。今天得知他背叛投敵，讓我大吃一驚。日後他官昇上尉。但因喜歡打架，酒性也不好，被迫辭職。二十幾年後，我們再見面時，他已酒精中毒，意識模糊，手足發抖，聽說不久後死於肝癌。

表兄陳俊玖住在堀川莊（近東門町）的一棟日式豪宅，可能是殖民時代日本高級官員所住的宿舍，由政府轉讓給他的。我在豪宅住了三、四晚，白天沒有特別目標的到處閒晃，希望能遇見認識的人，結果一無所獲。

以前上班的西南航空台灣辦事處，也在堀川莊的對面街道，不過撤回廣東總公司後，現在已成為空蕩蕩的屋子了。

同樣在對面偏北的地方，從小和我在一起的同鄉許氏兄弟，在此經營一家食品工廠；工廠是將原來日本人經營的食品工業研究所標售而來，專門製售醬油、豆醬和調味料，現已成為全台聞名的「工研酢」總廠。原想進去打聽故鄉及我家的近況，但因穿著太寒酸，恐被誤認是乞丐上門；且和我最意氣相投的許澄清不在，已去竹南國校任教，只好過門不入。

來到空軍第二十二地區司令部門前。當初懷抱一股愛國熱情志願報效祖國，毛遂自薦的結果卻是石沉大海。如今滾燙的熱血早已消退，我冷眼斜視著，大步走過去，再往車站走。

書店鱗次櫛比的車站前，屬於市中心，我在那裡來回遊蕩。幸運的話，也許會遇見在台北唸大學的同鄉前輩或同班同學。

一路逛下來，拖著疲乏不堪的雙腳，徘徊繁華區的重慶南路、衡陽路一帶，最後走到新公園旁的一家麵攤子坐了下來，賣麵的是逃難來台的外省人。當我抽著煙，揉著腳踝，等待我叫的牛肉麵時，「哦！你不是黃華昌嗎？」循聲回頭一看，原來是母校高我一屆的曾群芳和同班同學的顏松樹。

曾君終戰前畢業於新竹中學，後考進台北高等商業學校（註二）。顏君從新竹商業學校畢業後，考進戰後才成立的台灣師範學院（現台灣師範大學）教育系。兩人都還在就學。

如俗語說：「多往外走會碰到好運氣」，三、四天來在台北市區旋蕩，終於遇到期盼中的友人，那種歡欣別有一番滋味。

端著剛煮好的牛肉麵，忍著嘴唇、口腔黏膜都要被燙傷的熱氣，很快囫圇吞下肚。我們認為此地不宜逗留，便離開麵攤子，走進新公園深處，在樹蔭下的長椅坐著聊天。

二二八事件後，特別是警備總部發動清鄉後，他們倆掛念一直未在故鄉出現的我的安危，曾多次拜訪我家；但家人給他們的回答，總是含糊不得要領。他們現在又追問：「究竟躲在山上哪裡？」我為了提防，仍把話題岔開，不說出地點。然後我變成聽者，聽他們介紹國內外情勢和大學生活，覺得很有趣。

他們說：國共內戰至今，共軍以破竹之勢席捲大陸大半地區，國民黨政權有如風中燈火搖搖欲墜，解放台灣迫在眼前。

他們在談話中常舉史達林、毛澤東、周恩來等名字，其實這些人和我風馬牛不相及；又如無產階級、工農階級、社會革命等大學生常用語彙，我聽了也不懂，只好裝做聽懂聊以回應。他們還告訴我，校園裡都暗地成立共產主義或新民主主義的研究讀書會，研討毛澤東的思想言論。

「我們必須拋棄過去在日本教育之下，養成的奴隸劣根性和軍國主義思想，積極學習『新民主主義思想』，以迎接即將來臨的新社會。不然的話，過去被視為故鄉菁英份子的我們，勢必變成大家嘲笑的話題。」他們勸我：「如不想成為落伍者，趕快從隱居的山上下來吧！」到底是大學生，看的方式不同，思想機敏，行動積極，令人欽佩。我跟他們約好在故鄉見面後才分手。

在幾十萬人口的異鄉大都會能遇故知，真令人高興；對於在深山隱遁一年多而不諳世事的自己，又覺得可憐。然而，想不到這次給曾、顏兩位許下再會的承諾，卻為我的後半段人生帶來巨大的變化，也造成莫大的災難。

註一：今迪化街一段、民樂街、安西街一帶。

註二：「台北高等商業學校」前身為台灣總督府高等商業學校，戰後改制為台灣省立法商學院；一九四七年一月，併入台大法學院。

人生如同坐針山

盧兆麟譯

腰部作痛，使我變成上身向前屈，屁股向後凸的姿態走路。老闆娘發現，不知同情還是貶斥的說：「空中武士變成卡車搬運工，太可憐啦。」把我辭退。

逗留台北四天，回到隱遁的深山小屋時，幾乎失掉了信心，陷入一種精神恍惚的狀態。回顧一年多來，我在遠離人煙的深山逃亡過活，究竟有何意義？我對自己做了一番深入反省。雖然參加二二八，也為籌設台灣航空公司而奔走，但沒發現自己被列入黑名單的跡象。只因膽小害怕，顧慮安危而逃亡深山。現在看來，是不是沒有意義的舉動？是否繼續長此以往，做一個山中隱居人度過一生？還是不計自身安危，回歸現實社會，在時代的洶濤激盪下，重新出發？一再思考又思考，還是難以決定。

如果留在山中過活，那好友的警告「飛翔天空的故鄉菁英，將變成時代的落伍者」會在耳邊反覆作響，令人難以忍受。不善處世的我，無法適應時代的狂流而變成落伍者，那是應該的；只是把因隱居而無法飛行的我，說成「故鄉的菁英」，究竟是鼓勵、貶斥還是諷刺，我難以判斷，苦惱了好幾天。

大約是一九四八年秋，夏天快結束時，天空出現美麗紫紅晚霞的黃昏時刻，我在小屋前院劈柴，正要準備晚餐。模樣憔悴的大哥出現在我面前。

我向來常惹麻煩，給家人帶來憂慮和不安。沒想到一向結實粗壯的大哥，現在變得如此消瘦、狼狽不堪，頓覺一陣心痛，並懊悔自己過去的作為。

他是特地跑來山上告訴我，日以繼夜惦念么兒的父親，已經罹患重病命在旦夕。

給家人惹來這麼大的困擾，料想神明與社會也不會寬恕我如此不孝。聽到父親病危，終於下定決心，跟大哥一起下山。我們在小屋匆匆吃完晚餐，靠著手電筒和竹杖走下彎彎曲曲黑暗的山路，順路拜訪在關西鎮上當醫師的另一位表兄陳俊明（陳俊玖、陳俊樓之弟。陳氏三兄弟的父親，就是我的大姑丈陳遠芳），感謝在我逃亡期間給予經濟救助。

好不容易趕上最後一班車，從竹北站回到家時，已經過了深夜十二點。跟大哥一起跪在瘦弱父親的病床前，再三咎責自己的不孝。父親沒有一句謾罵或說教，反而讓我更加惶恐與感激，抽抽噎噎哭泣好一陣子。

不會奉承也不會討好人家、不善處世的我，結束逃亡生活，回到沒有一家生產工廠而且充滿失業青年的家鄉，要找能夠糊口的安定職業，實在是一件難事。

一位遠親勸我去報考警官。制服筆挺的警官之職，小時候我曾嚮往，卻因戰後看到那群大陸來的、自私自利的貪污警官，而感到厭惡；加以前年以第一號思想犯被捕時，曾受到警方殘忍的嚴刑拷打，切身之痛縈繞腦海，一直揮之不去，心中充滿即使餓死也不當中國警官的念頭，所以拒絕遠親的好意。

老實又沒有生意才能的我，只有選擇出賣勞力。大哥戰時曾在汽車駕駛講習所受過訓，持有客車、卡車駕照；但在戰後落後衰敗的鄉村，又沒有人際關係，很難找到做司機的機會。

戰前曾在日本人經營的竹子加工廠長期任職的大哥，想出向日本輸出桂竹加工品的計劃。於是兄弟倆一起到基隆，走訪街上鱗次櫛比的對日貿易公司。

像竹筷、扇骨、張布架、竹竿、竹靶等，都是用桂竹製成的台灣特產。我們先以消耗量較大的竹筷、簡易建材的竹竿，請貿易商向日本查詢商機。貿易商叫我們盡快把樣品送來。

我們回到家，立刻找認識的街上工廠，製作切削竹筷的機器；經過幾次修整改造，總算進入生產，做出來的樣品還算好。至於建材用的竹竿，因欠缺加熱處理苛性鈉水溶液的水槽設備，和陽光乾燥所需的廣大場地，只好暫以手工製造樣品。

臘月逼近的一九四八年歲末，貿易公司通知我們生產。一九四九年新年，真的是「新年新希望」，剛過年，就寄來竹竿和竹筷的測試訂單，數量相當於一台貨車。

我們立刻找地，在靠近竹東的紅土丘陵地，租借約五百坪土地，建造約五十坪的臨時木板房作為工廠及宿舍；同時以低廉工資僱用五、六名當地工人，隨後我們住進裡面開始工作。堅信這是一生中僅有的一次良機，為了初次出貨，日夜不休趕工。結果獲得良好回應，品質得到高度評價，嚴守出貨期限也贏得對方信任。訂單接連而來，訂到一九四九年底為止，等於是全年的業務滿載。為了應付大好商機，隨著加倍增雇工人，加緊從事生產。

一九四九年四月上旬，我們已完成第四次出貨，但第一批貨款過了約定時限，遲遲沒下來。感到不安的大哥，趕去基隆想詢問貿易公司，不料該公司已人去樓空。據說該公司除了做貿易，還經營漁業、船舶、倉儲等業務，為一家多元化經營的公司。

該公司趁戰後混亂時期，利用自有的貨船和漁船，走私食米、砂糖等農產品到日本九州、沖繩等地；與對岸的上海、廈門、廣州等地，則從事砂糖、食鹽等秘密交易。由此獲得龐大的利益，等於是戰後暴發戶。

然而因國共內戰失利，國民黨全面撤到台灣，蔣介石總統復職後，該公司不僅台日的走私貿易被切斷，與大陸的交易也被封鎖，一筆巨額的未收帳款，成為無法兌現的廢紙。加上接二連三的海難事故，損失所有的漁船與貨物，陸上倉儲又遭火災，可說一波未平一波又起。儘管是戰後暴發戶，也經不起接連的災難打擊。為了躲避債權人追討巨額債務，只好趁著夜色偷偷關門逃之夭夭。

最後才獲知貿易公司倒閉的我和大哥，這時所遭受的打擊和損失，實在是筆墨難以形容。

為了準備我的結婚費用，老母存了一些私房錢，連大嫂當作嫁妝帶來的金銀財寶，也通通搜括出來換成現款，連同老母的私房錢一起抵償負債。不過在戰時結婚的哥嫂，因受《國家總動員法》的貴金屬管制規定，並沒多少金銀財寶。十元、一百元不管多少，只要能借得到的都借，並向親友求助。然而現實社會往往是不幫失敗的一方，我們遭到親戚們冷眼看待。

好不容易，一同辛勤工作的員工薪水全部付清，臨時木板房當作土地租金償還，庫存的製品與半成品則以三折計算，用以抵償購料欠款，總算解決負債問題。我們像落敗的狗一樣，拋棄原以為一生只有一次良機的夢想，從冷酷的世間回到溫暖的住家。

後來大哥找到小型貨運公司的卡車司機工作，我就當他的搬運工助手，從平地的小城鎮，把食品、雜貨送往山腰的零售業者；再把山上生產的煤炭、青竹、木炭、柴火運到竹南車站的集貨場。無論往返，都是耗費大量體力的重勞動。原先打算藉機會，向大哥學習汽車駕駛和維修技術，再考取駕照成為司機，所以面對吃力的搬運工作，也咬緊牙根硬撐了下來。

約過了一個月，由於腰部作痛，使我變成上身向前屈，屁股向後凸的姿態走路。老闆娘發現我奇異的姿態時，不知是同情還是貶斥的說：「空中武士變成卡車搬運工，太可憐啦。」雖然口氣婉轉，從那天起，我被辭退艱苦的搬運工作。大哥是出自台北汽車駕駛講習所的一流司機。但戰後講習所沒有了，沒錢謀生的我想當一名司機，唯一的途徑就是從搬運工一路鍛鍊上來。如今搬運工作被辭退了，司機願望隨之化為泡沫。現在看見街上的人，都像看到債主似的；社會對於事業失敗者的冷漠態度，讓我覺得人生有如一座針山，竟有四面楚歌的感受。

第六部

青春革命詩

（歐陽文／繪圖）

時代：激盪世局革命潮

盧兆麟譯

為了逃避中共鬥爭，富有的資產階級將帶來的金銀財寶，放在街頭叫賣；但為數更多的一般百姓，只能裹著毛毯，蹲在亭仔腳的角落棲身，十分可憐。

上次從隱居的深山，下來台北查探社會情勢時，在新公園牛肉攤遇見的曾群芳及顏松樹，每當他們回鄉時，都會來家裡看我；除了勉勵之外，還留下各種書籍。曾君已畢業於省立法商學院，在台北某家一流的電器廠商上班，顏君說是今年六月將從台灣師範學院畢業。

回想起來，一九四六年夏天，我從日本剛回國不久，戰後新設立的台灣師範學院（相當於日本高等師範）在招考新生。我母校同班同學及好友的黃金和，在彰化中學畢業後報考，也邀請我去應考。

我自忖：在戰時的少年飛行兵學校和飛行學校，由於英語是敵國語言，所以取消英語課，只學數學、代數和幾何所用的ABC或$\alpha\beta\theta$等希臘文而已。既然英語和國語（北京語）如同白紙一般完全不懂，對於入學考試就沒有信心了。

大戰末期，日軍預測美軍將發動對台灣的登陸戰，乃動員中等學校以上的學生當學徒兵，建築並守衛沿海的防禦陣地，學校教育幾乎停頓。「這些學徒兵的學科實力，遠不如出身軍事學校的你。」黃君這麼說，鼓勵我去應試。可是我手邊沒有中學畢業證書，一切免談。

戰爭期間，少年飛行兵學校和飛行學校畢業的，都視為舊制中學校畢業的學歷；士官學校（軍校）畢業的，即具有大學畢業資格。如前章所述，我的畢業證書要等二十六年後才寄到我手中；而詳細記載從軍資歷的軍人手冊，則因回到基隆港時，害怕被當作漢奸而丟進海裡。唯有的航空士官學校肄業證明書，又在志願中國空軍時，已送給空軍二十二地區司令部轉交南京的航空委員會。現在我手裡不再存有任何證明文件。

不得已，向竹南鎮公所申請製作由鎮長簽署的日本軍事學校畢業證明書，拿到師範學院報名入學考試，結果不獲學校採納。

戰後混亂時期舉行的大學入學考試，剛成為「國語」的北京語，很多考生不會，那是當然的；但英數理等基礎科目學力偏低的考生，聽說也有不少人僥倖錄取。

時間過得真快，已快三年了。同班同學如黃君、顏君，這個夏季將自師範學院畢業，擔任普受尊敬的中學老師。小學比較膽怯、成績也平平的顏君，果真要擔任中學老師了……一想到這裡，既羨慕又傷感，只能哀嘆自己的際遇不佳。

當時台灣的大學生似乎分成迎合世界潮流的社會主義派，以及誇耀中國五千年歷史文化而孜孜求學的保守派兩種。社會主義派是擁護毛澤東和共產主義的激進革命分子，研讀從馬克思至列寧、毛澤東的革命理論，自稱為進步青年。對沉浸在悠久中國文化並認真讀書的學生，則貶抑為保守、頹廢的反動分子。

在一九八八年當上台灣人第一任總統，後來成為自由民主鬥士，博得國際聲譽的李登輝，當年就讀台灣大學時，也加入進步派的社會主義讀書會，並加入共產黨從事地下活動。

李登輝曾留學日本，在京都帝國大學讀一年級時，以學徒兵入伍，擔任砲兵少尉，戰後復員歸台，入台灣大學就讀。因為出身左翼運動大本山的京都帝大，自尊心很強，不久就與其他同學意氣不能投合，宣告脫黨。後來雖又獲准入黨，但因某些緣故辦理自首。

這是李登輝在台大的學長，也是他的入黨介紹人李薰山所證實的。李薰山是竹北的客家人，出獄後曾在竹南國中教書，我才有機會聆聽這段經過。

我曾以台灣第一號思想犯，入獄三個多月，二二八之後又逃到深山隱遁一年多；曾群芳和顏松樹或許就認定我是一位積極的革命同志，每當來訪，一定給我鼓勵，安慰時運不佳的我。同時遞給我左傾和列入禁書的社會主義書刊，或鋼板油印的小冊、傳單之類，暗地向我灌輸左傾思想。

戰時日本的軍校教育，有形無形都以蘇聯作為假想敵，因此被徹底灌輸敵愾心理的我，自然厭惡共產主義，難以認同社會主義思想。

特別是在戰後，蘇聯軍對於在滿洲及北韓投降的日本軍民，採取非人道、奴役化措施，甚至押送西伯利亞，從事生產或重建工作。獲知這個事實的我，對於史達林、共產黨及社會主義，自然不懷好感。

不過，對於中國共產黨所領導的無產階級勞工及農民革命運動，開始逐漸感到興趣，也是這時候的事。

無論大城市或小鄉村，全島到處湧現從大陸逃難來台的軍民。為了安置他們，學校當然在內，連民間私有的空屋、倉庫，都被軍隊及軍眷強佔。為了逃避中共清算鬥爭，富有的地主、資產階級將帶來的金銀財寶，放在街頭叫賣；但為數更多、沒有金銀財寶的一般百姓，只能裹著毛毯，蹲在亭仔腳的角落裡棲身，令人覺得可憐。

我住的竹南也受到海嘯侵襲一般，學校的禮堂和教室立刻被軍隊佔領，戰前警官用來修練柔道、劍道等武德精神的「武德殿」及周邊警察宿舍，還有車站前的倉庫等等，統統變成臨時兵營及軍眷宿舍。校園、操場、原日本神社附屬土地，也塞滿防空部隊探照燈、雷達及搬運牽引車。

到底是操作尖端武器（以當時水準而言）的防空部隊，官兵的知識水準比過去來台接收的、大多由文盲士兵組成的陸軍部隊，顯然高出好多，軍紀也還可以；只是大多數學童無法上課，軍民衝突有時似乎一觸即發。後來經由協商決定：白天軍隊把教室還給學校，低年級改採二部制上課，夜間再由軍方當做臨時兵營使用。

竹南還算幸運。在其他鄉鎮，軍方堅持以「我們是為保衛台灣而戰」為由，強佔民宅或私人倉庫，引起不少糾紛；在軍方與本省人、外省人的三角關係之間，造成火上澆油的效果。

大約在二二八前後，我曾受西南航空指派，和試飛員許清卿一起出差到原日本海軍航空隊基地的新竹機場。任務是把唯一殘存的九六式陸上攻擊機修復，空運到台北松山機場，再改裝為運輸機使用。

機場周邊的掩體裡面，猶存多架毀於美機轟炸的新銳軍機殘骸，卻沒看到中國空軍進駐的軍機。戰時常在報刊或雜誌的戰記中，看到對中國空軍貧乏落後的譏諷之詞；前輩們所撰的戰爭紀實，也說中國空軍只有落伍的蘇聯伊十五型等雙翼機種，駕駛員都是只會逃跑、沒有戰勝能力的膽小鬼。

事實卻不盡然。撤退來台的空軍，擁有美製P51的新銳戰鬥機，運輸機也有C46或C47等大型機種。日本陸軍未曾有過的四引擎大型機種：B17、B26等重型轟炸機，似乎都是獲得美國轉讓的機種。可見並非所謂的膽小鬼支那軍，而是不可輕視的空軍力量。這是我重新體會到的事實。

國民黨既然擁有如此強大空軍，又號稱擁有六十萬陸軍兵力，為何會敗給完全沒有空軍支援的共產黨？實在令人費解。

就其實，無能腐敗的國民政府，受到全國國民的唾棄；軍隊又失去鬥志不戰而降，豎起叛旗倒向共軍，不到四年時間，中國大陸就完全被赤化。

剩下的是幾乎未曾開發的海南島，以及剛回歸祖國，被稱為不沉戰艦的寶島台灣。然而對祖國已經失望厭惡的台灣人，再經二二八事件，對外省人產生強烈的憎惡感。同樣稱為中國人，彼此的隔閡卻更深了。

到了一九四九年前後，國民政府六十萬大軍，加上據稱二百萬到二百五十萬來自大陸的逃難人民，在島上蠻橫的作為，讓彼此間原有的猜疑對立更形惡化。

一九四九年三月十九日，台灣大學和台灣師範學院兩名學生，晚間看完電影，同乘一部腳踏車回宿舍。途中卻被警察攔阻，以雙載及沒有夜燈為由，帶往警局拘留並且被毆打。

兩校學生獲悉消息，很快動員學舍一百多名學生包圍大安分局，要求道歉及放人，並將出面道歉的警察（冒充分局長）作為人質，軟禁於學生宿舍，迫使警方釋放學生。後來兩校學生又發動示威，遊行到台北市警局，要求局長公開道歉，並組成學生聯盟加強聲勢。

一連串學生運動，激怒曾在大陸被稱為「殺人魔」的陸軍上將陳誠。他剛就任台灣省主席兼警備總司令不久，決定採取強硬手段，派遣一團部隊，在四月六日凌晨牢牢圍住兩校宿舍，逮捕數百名學生，包括學生自治會幹部及學運份子。大部分學生後來被家長領回，部分學生移送法辦，有幾位下落不明。

（李筱峰／提供）

國民黨在國共戰爭慘敗，軍民大撤退，趕搭輪船，向台灣逃難。

事後，該事件餘波盪漾，許多學生繼續被追蹤、逮捕、判刑（後來與我同案的黃正道，就是學生遊行隊伍的糾察隊長）甚至槍決。這就是發生於一九四九年的「四六事件」，開啟白色恐怖時代的序幕。

（李筱峰／提供）

1949.1陳誠接任台灣省主席，隨即以高壓手段推行土地改革（三七五減租），削減鄉紳地主勢力，幫助國民黨在二二八後的台灣鞏固統治基礎。1949.12由吳國楨接任。

革命：左翼男兒的哀歌

盧兆麟譯

張增傳和中尉交情不到兩個月，何以中尉會提供炸藥和技術指導？我斷定這是特務設下的圈套，於是拒絕張君之請，並警告他要小心與中尉交往。

由於戰後混亂，通貨連年膨脹，紙鈔變得一文不值。原本最高面額的一百元大鈔，買東西已派不上用場，台灣銀行只好以粗糙薄紙臨時發行十萬元本票，以因應市場需求；公教人員的薪水，也要拖延四個月或半年才能發放。由於生活艱苦，民心益加不滿，人民都期盼政府進行大幅改革。

一九四九年六月十五日進行幣制改革，舊台幣四萬元兌換新台幣一元，這就是使用至今的新台幣起源。有了新台幣，家庭主婦到市場買菜時，不必提著數萬元到數十萬元的一百元舊鈔，方便不少；然而物價依然高漲，特別是待遇偏低的薪水階級，都沒有餘裕購買皮鞋或剛剛流行的尼龍襯衫，依舊過著困苦的生活。

逃過四六事件災難的曾群芳和顏松樹，每次回鄉時，仍不時鼓勵沮喪的我，同時宣傳社會主義的優點，鼓勵我加入台灣的革命運動。

學生的革命熱情我當然贊同；但對幾乎席捲大陸的共軍，正虎視眈眈叫囂「血洗台灣」及「解放台灣」，台灣赤化已迫近眼前的局勢，我想並不需要我去革命，因此沒有答應參加。

看我無動於衷，他倆就介紹在師範學院英語系肄業的「葉先生」給我認識。葉先生說他也留學日本，就讀東京高等師範學校時，被徵召當學徒兵，終戰時已升任候補軍官。由於我倆都是日本歸來的軍人身分，回憶過去的種種，聊得格外起勁，不覺時間之過去。論日本軍隊年資，我比他資格老，因此儘管他大我四、五歲，還是不斷叫我「前輩、前輩」，讓我不知所措，不過心裡還是覺得爽快。

他認為我畢業正規軍事學校，卻沒被重用，是埋沒台灣稀有人才而感到惋惜；他批評並怒罵國民黨政權，露骨透露出反政府的傾向。他也斥責帝國主義列強及殖民主義，勸我一起為「建立不受列強欺侮的新台灣」奉獻一己之力。比起艱澀的社會主義或共產主義理論，「建立不受列強欺侮的新台灣」才使我深受感動。

正好這時，在竹南車站前的街道上，經營水果店的張增傳，也來勸我參加台灣革命運動。他是我小學同班同學，好像在追隨我似的，隔年春天自高等科畢業後，就志願海軍技工，遠赴日本神奈川縣高座海軍工廠，當製造飛機的少年工。我在日本從軍期間，與他常有書信往來，彼此互相勉勵，藉此療慰思鄉之情。

戰後，他比我早一步回到台灣。當他聽到我被軍部趕出門，在異鄉流離失所，像流浪漢靠臨時粗工過活時，極為氣憤日本軍方不仁不義，也極為同情我的處境。他說：「當時高座工廠還有八千名台灣少年工，過著集體生活，如果你那時來高座跟我們會合，生活一定好過得多。」想到我的不幸遭遇，他竟然流下淚來。為了義憤和同情流淚，真是一位熱血漢子。

他似乎屬於「台灣民主自治同盟」的一員，擔任竹南地區幹部。上級交派他的任務，是和共軍攻台裡應外合，切斷台灣南北交通的作戰計劃。

南北交通要衝的竹南，位居台灣縱貫鐵路山線、海線的分歧點；而縱貫公路的一號線就是沿鐵路而行；行走山區的三號線，也通過離竹南約十餘公里的三灣村。一旦發生緊急事故，只要破壞或切斷架設中港溪的三大鐵橋（山線、海線鐵路、一號公路），南北交通運輸立刻大亂。這些橋樑的破壞作戰將是決定勝負的關鍵。

張增傳不愧是商人，由於健談及人際關係良好，他的店面經常聚集一批青年或學生，熱鬧異常。我是偶而才去找他。但熟悉我經歷和底細的張增傳，突然向我透露鐵橋破壞作戰的計劃，並勸我加入革命運動，擔任該作戰任務的指揮。

但我已答應葉先生，如果為了「建立不受列強欺侮的新台灣」我會考慮參加，那就無法再答應張君的要求了。同時對他過份主觀臆斷而莽撞的破壞計劃感到啞然。

他也考慮把爆破裝置交給青年使用，但這些青年互相不熟又沒有戰鬥經驗，實在是危險萬分的自殺行為。不過他強調，撤退來台、駐紮在竹南舊城武德殿的空軍防空部隊某中尉軍官，答應提供炸藥和裝填技術（註）。

張增傳和該中尉只有不到兩個月的交情。一聽到該中尉會提供炸藥和技術指導，我就斷定這是特務為了領取獎金設下的圈套。顧及自己的安全，我斷然拒絕張君之請，並警告他要小心與該中尉交往。

果然不出我所料，翌年（一九五〇）三月張君被抓走，隔年一月以叛亂罪主犯（案首）的身分，在新店溪畔的馬場町被槍斃。熱血漢子的同班同學張增傳，生命短暫如朝露，斷送令人惋惜的一生。

馬場町是大約四年前，我擔任許清卿的副駕駛，抱著必死決心試飛九七式重轟炸機時起飛的地方，又名南機場或川端機場。

一九五〇年四月底，海南島被共軍攻佔，台灣成為尚未赤化的孤島。由於中共不斷喊出「血洗台灣」口號，島內形勢動盪不安。共軍又向國軍放出「協助社會主義祖國建設」的口號，加強心理統戰，一向在無障礙的台灣海峽上空自由飛翔的空軍飛行員，也經不起在大陸父母妻兒的親情呼喚，紛紛倒戈駕機投奔共軍。

為了防止對政府失去信心的飛行員叛變投敵，松山及新竹、嘉義、屏東等機場，終日都把卡車、空汽油桶、廢棄輪胎堆在跑道上，防止駕機起飛。這是機場附近村落的傳聞。

傳聞說，一旦高官來機場視察，或聯絡業務需要開動飛機，為了移走這些障礙物，必須花幾十分鐘以上的時間。在這種情形下，如果真的發生緊急狀況，台灣空防如何因應？雖然與我無關，仍然令人憂心。當時中共尚無空軍乃是最大的幸運。

註：據國安局檔案《歷年辦理匪案彙編》（李敖出版社）下冊四二頁，此人可能是空軍高射砲照測團通訊員徐宣文。經向作者查證，作者說是照測團無誤，但忘記他的姓名。

（郭錕銘／提供）

張增傳，新竹人。1951.01.22被槍決，年僅23歲。

（取自《大東亞戰爭—台灣青年》）

馬場町。日治時代曾是騎馬練習場。

入黨：革命與工作兩難

盧兆麟譯

在南風吹拂的星空下，我秘密宣誓入黨。由於感到緊張恐怖，即使微微的南風，也覺得冷冽刺骨，身體不停發抖。這是一九四九年初夏的事。

一九四九年五月某天夜晚，我和已在台北上班的曾群芳、即將從師院畢業的顏松樹，三人一起在竹南國小附近的小山崗閒聊，從時局的變遷聊到中共解放台灣。突然話題一轉，他們說，已從葉先生那裡得到確認，同意我入黨加入革命運動，並催促我立刻舉行宣誓儀式。

對方突如其來的提議，讓我驚慌失措不知如何應對。跟葉先生雖然意氣相投，也對他所謂「建立新台灣」感到興趣，可是他對於入黨一事，從未提起。因此我遲遲不肯答應宣誓。

他們說：「所有革命同志都歡迎你加入，也非常期待你今後的表現。」到底有多少同志？又是哪些人？這些都沒交代，便說大家都歡迎我加入，未免讓我疑問叢生。又說：「葉先生可能在週末給你革命運動的具體指示。」既然如此，我想再拖也沒有用，只好答應下來。

當晚在南風吹拂的星空下，我由顏松樹做介紹人，曾群英做監誓人，秘密宣誓入黨。動盪不停的亂世中，在星空下舉行秘密入黨儀式，由於感到緊張恐怖，即使微微的南風，也覺得冷冽刺骨，身體不停地發抖。這是一九四九年初夏的事。

數日後，我依照規定坐在新公園的長椅等葉先生，他帶一位青年來和我認識。「這是台大工學院的邱先生，今後的指示和聯絡，就由他來擔任。」葉先生做個簡單交代就走了。

邱先生向我指示：「請和原日本航空兵有關人員加深交情，尤其盡全力爭取駕駛技術人員。」我想他的意思，顯然是「對共軍解放台灣做好內應工作」。

苦悶的日子持續著。二二八時，鄉土自衛隊不戰而潰，隊員名冊隨蔣渭川失蹤而下落不明，因此我對隊員的姓名、地址都不清楚。不要說籠絡，連聯絡都沒辦法做到。

當時把我拖入航空特敢隊並推舉為副隊長，還說要搭乘我駕駛的紅蜻蜓，同赴救援作戰的熱血好漢張X熙，如今跟同班的黃X成一起投敵，做國民黨的特務軍官。如果冒然引誘他們參加革命運動，那不就是「同惡魔談戀愛的公主」一樣，不單是個人危險，整個組織也會崩潰。在這種顧忌下，絕對要向他們三緘其口。

乍看好像是硬漢的李名賀，二二八時一直在大吹法螺，其實連航空特敢隊都不敢露面參加。膽小又嬌生慣養的公子哥兒，聽到革命就一口回絕了。

曾經在航空士官學校一起接受本土決戰特攻訓練的鄭連德，回台後立志做基督教牧師，在台北的神學院就讀。因為宗教信仰的關係，難以溝通觀點。另一位戰友賴起套（十幾年後見面時，才知道他改名為賴泰安），我照他的通信地址嘉義梅山庄，寄了數封書信，卻一直沒有回音。也許搬到都市，也許在二二八遭遇不測，一直是行蹤不明。

西南航空的許清卿前輩，已經長期中斷了聯繫。偶而上台北拜訪他也不遇，不知他的兄弟是否知道我的過去而有顧忌，一直不肯讓我知道他的住處。

台北工業學校教師兼滑翔機教官的許崙敦前輩，平時沒見過面，現在突然走訪又提到革命運動，只會招致對方懷疑，甚至對我和組織帶來不利。由於許崙敦畢業於台南二中（今台南一中），原想向邱先生建議：請南二中的校友和許崙敦接觸，打聽他的意向再進行。卻因不知邱先生的全名和住址，而無法主動和他聯絡。

我於是求助介紹人顏松樹，說有急事請他轉告邱先生。顏君說：「我也不認識這個人，可能是假名吧。」既然如此，只有被動等待了。當時地下革命組織，為了防止特務滲透破壞，儘量避免橫向聯繫，縱向聯繫是上對下單線領導。因此同學之間，誰是同志誰是敵人都不知道。組織成員一旦有急事，也無法往上報告和聯繫。

時間是接近暑假的七月初，有一天邱先生突然來訪，問我：「想不想去大陸？」他進一步說明：「先去東北的佳木斯受飛行訓練，等中共解放台灣時，做台灣青年的革命先鋒隊。」

據說在佳木斯，戰後投降的日軍駕駛員，有人正使用日本飛機訓練中共飛航幹部。邱先生說：「在台灣解放戰爭中，台灣青年缺席的話，是台灣青年的恥辱。」並認為：「你畢業日本陸軍飛行學校，是台灣青年革命先鋒最適當人選。」他要求兼命令：「無論如何，要早先一步代表台灣青年到佳木斯受訓，為台灣解放戰爭盡力。」

我在日本，雖然受過特攻隊員訓練，飛行技術還不夠成熟。若能在中國東北，由前輩們再度調教，或許可把原先志願中國（國民黨）空軍，反被當作政治犯關進監獄的怨恨及鬱悶，經由台灣解放戰爭的空中攻擊來雪除，也能回應同志的期待。我於是決定佳木斯之行。

很不湊巧的是，邱先生訪我後不久，有一天，竹南國校潘萬枝校長參加新竹縣教育課召開的會議後，回程過訪我家。潘校長是我的恩師與恩人，親自來訪，我感到非常惶恐，奉茶遞菸之後，便恭聽他的訓勉。

他說開完會時，縣府主任督學陳昌瑞突然向他問起：「上次在黑板亂寫的那位學生，現在怎麼樣？」要他轉告我：「活在這個亂世，言語和行動千萬要謹慎。」

陳昌瑞和潘校長是原台北第二師範學校的同班同學，戰爭中被徵召到廣東擔任翻譯官，後來倒戈投效中國軍情報部門，戰後以中校情報官的身分來台接收。我第一次被捕後，潘校長曾請他幫忙；不知是否他出面說情，還是其他人伸出援手，總之我獲得不起訴釋放，他也從軍部退役，回到本業的教育界服務。活在這個亂世，至今仍關心我的平安，令我十分感謝。

也許潘校長認為，我雖然有政治犯前科，但也是值得炫耀的得意門生之一；萬一在這個亂世，又起不正當的念頭，輕率惹起暴動，身為老師也覺得麻煩；不如收為部屬，在他手下做事比較妥當，便問我：「是否願意在母校服務，成為鍛鍊故鄉後輩的體育老師？」

這句話對於無業遊民的我，猶如天上掉下來的大禮，或旱季的甘露；也可喻為沙漠裡的綠洲，或是給溺水者的一根救命稻草。但因為已答應邱先生，決定出國受訓，這時進退兩難，不知如何選擇才好。

選擇出國受訓，投身我專業與志願的航空界，並達成跟同志的約定？還是回饋恩師與故鄉，獻身教育造就英才？我難以取捨。一面不願意成為新社會、新時代的落伍者，一面又不願意成為恩師和故鄉的背叛者；如此矛盾的念頭，在腦子裡不停反覆。

工作：薪水最低的老師

盧兆麟譯

在故鄉當體育老師一舉成名。然而我能出示的最高學歷證明，只有國小初等科的畢業證書；薪資核定下來，只有最低的六十元而已。

時間無情流逝。八月一日，新竹縣教育科送達竹南國小體育教師的聘任書。當時正值暑假，但為了準備竹南區（涵蓋今竹南、頭份、後龍三鎮，及造橋、三灣、南庄三鄉）運動會和縣運動會，校長要我訓練田徑選手，以期贏得勝利。竹南區運會在本校舉行，開幕式的團體操也由本校表演。校長特別指示：「應嚴加訓練，不得懈怠。」

為了避開盛夏日曬，訓練團體操的時間，安排在上午十點以前、下午四點以後。田徑選手由於人數較少，我只利用課餘時間指導，此外完全委託當過選手的同學葉庭芳和前輩林榮貴負責培訓，我就專心做團體操的訓練。

雖然不能正確講國語（當時幾乎所有的台籍老師，都不會正確的國語發音），但受過日本軍校正規教育的我，喊出來的口令響徹操場；蓬勃有勁的指揮，使學生隊伍井然有序，並從基本的行進及徒手體操開始訓練。

當三百名五、六年級男生上身赤膊，開始航空體操訓練時，校長和擔任五、六年級的老師都說：「這種航空操是少年飛行兵在做的，少年飛行兵又是從日本全國挑選的精兵。你教現在的小學生做這種操，等於徒勞無功，怎麼趕得上運動會？」而表示反對。然而不肯認輸的我，面對質疑只有堅忍不拔，還把「矯正體操」編入航空體操裡訓練。

如此盡力果然奏效。運動會開幕式時，三百名男生脫光上身，一律戴白色帽子，穿白色短褲，步調一致，以活潑姿態高唱校歌，繞場一周出現在觀眾面前。我也同樣裸露上身，白帽子、白短褲，站在隊伍前中央，向檢閱官及大會主席行舉手軍禮，然後站上指揮台。

這一行禮，現場數千人的嘈雜聲音突然消失了，好像忘了呼吸一樣靜下來。終戰後將近四年，看到幾乎被人遺忘的日軍舉手敬禮重現眼前，是否驚訝或欽佩？全場的眼光一起被我的舉動吸引住，我確實感覺得出來。

接著，學童們充滿活力的叫喊，一舉手一投足整齊劃一的動作，尤其是「矯正體操」美妙的姿勢，使來自六個鄉鎮的數千名觀眾，不約而同發出讚美的喝采和不停的掌聲。

區運會結束後，新竹縣教育科還寄來邀請函，請我們在楊梅舉行的縣運會再做一次表演。因學校經費短缺，連載送學童的車費都負擔不起，本校的「遠征軍」終究不能成行，是我極度惋惜的一件事。

好幾位女老師放學後，不辭辛苦一再修改，好不容易完成三百頂附有下巴帽帶的運動帽，以及把校歌編成雄壯進行曲的業餘音樂家陳火福前輩，有他們的鼎力協助，才有這麼精采的演出。而且帽子比少年飛行兵學校及預科練習生戴的更威風凜凜；團體操即使不比他們好，也不會差多少。這是我一再要表示感謝的地方。

在故鄉當體育老師果然一舉成名。然而我能出示的最高學歷證明，只有國校初等科的畢業證書（高等科只讀一年，就去考少年飛行兵），薪資核定的結果，只有最低的六十元而已。雖然只獲得最低敘薪而顯得沮喪，但為了不負恩師提拔，仍然為學童體育努力以赴。為了向故鄉父老炫耀我在少年飛行兵學校鍛鍊的實力，在放學後的操場上，舉身一躍，在單槓上表演大車輪、空中迴轉等高難度技巧，以發洩不滿最低敘薪的鬱憤。

知道我實力的是張郭水老師。他在戰後成立不久的竹南初級中學（今竹南國中）任訓導主任，後來榮升被稱為「世界最大小學」的台北老松國小校長。

他邀我擔任竹南初中的體育老師，也希望我鍛鍊及栽培故鄉後進。我婉拒他的邀請，但答應在放學後，免費訓練該校田徑選手，並對「器械操」有興趣的學生給予指導訓練。

我一面熱衷於故鄉後進的栽培工作，一面又為了佳木斯之行而牽腸掛肚，每天過著不安的生活。當時要去佳木斯，必須先到日本，透過親共華僑團體的安排，經天津或青島轉赴佳木斯，在當地以「解放台灣的航空幹部」為目標，從事飛行訓練計劃。然而光是第一關東渡日本，護照申請就沒有通過。

國民黨向國內外宣稱，撤退來台的六十萬大軍都是忠黨愛國的精銳部隊，防衛台灣固若金湯。其實除了一部份由學生組成的青年軍以外，大部分是經過十年以上的抗日戰爭與國共內戰，已筋疲力盡又厭戰的老兵；不然就是大陸撤退時，為了補糧缺湊人數，不分老幼抓來充軍的文盲與貧民。有知識的軍人，對腐敗無能的國民政府感到厭惡；特別是可以自由飛翔的飛行員，一旦飛上天空，就越過台灣海峽投奔中共陣營。

為了整頓軍隊及鞏固政權，國民政府不得不徵用戶籍制度完整、基本教育普及的台灣青年，不久就推行徵兵制。剛好屬於徵兵適齡者的我，當然不可能獲得出國護照（註）。

一九二八至一九二九年出生的適齡役男接受體格檢查。我當然是甲種及格；但因這次徵兵屬試驗性質，只要三千個名額，我沒抽到籤，所以沒有入伍。

大部分少年飛行兵的同屆隊員都是適齡役男，但幾乎都沒有抽中，只有台南的鄭仙溪和嘉義梅山的賴泰安（賴起套）兩人抽中，在高雄鳳山接受第一屆預備下士訓練。賴君後來以具備日本航空隊駕駛經驗為由，要求轉調空軍。

陷入失去大陸的困境，不得不起用台灣青年的國民黨，也只能順從時勢把賴君轉送空軍官校。空軍官校錄用日本陸軍飛行兵出身的台灣青年，以賴泰安為頭一次，也是唯一的一次。

註：一九四九年十月廿八日，公佈《限制役男出境辦法》，一九五〇年一月十一日，國府第一次在台徵兵。

連保：侮辱尊嚴辭教職

盧兆麟譯

他那種想拒絕又不好意思拒絕的恐懼表情，至今仍會浮現腦海。尤其他說「蓋給前科者的保證人印章，如同戴在脖子上的枷鎖」，讓我聽了心如刀割。

雖然我的佳木斯之行，因領不到護照而被迫放棄，組織還是想盡辦法要讓我出境；因此擬定偽照身分證的正式出國，或經由漁船秘密偷渡的兩種途徑。

一九四九年十月一日，中華人民共和國成立，強調解放台灣。翌年三月一日，原先已辭職引退的蔣介石，卻在台北宣佈復職，除了阻止共軍侵犯，同時壓制台灣內部的「叛亂」。

為了協助我出境，據說是革命組織的某同志，藉著在台北市區公所上班之便，負責變造我的戶籍謄本和國民身分證。變造身分證需要假名字和假生日，要我交三張個人照片。我把照片交給邱先生，等待進一步消息。

關於偷渡日本一事，上級要我走訪台灣省建設廳水產科擔任漁撈指導員的曾清根，由於我對台北市生疏，還是請顏松樹帶我去找曾先生。

初次看到長相不怎麼樣的曾清根時，不禁感到有些驚愕。通報姓名後，立刻帶我倆到另一個房間。可能是他已獲得指示吧，單刀直入地說：「才實施戒嚴不久，暫時觀望一陣子再行動吧。」通曉中國人習性的曾清根，安慰我說：「三天後戒嚴令會失靈啦！」不過也以懷疑的口氣問我：「你真的是當過日本少年飛行兵，要去大陸接受飛行訓練的本人嗎？」

兩個多月後，一九五〇年五月上旬，在戶政課為變造身分證出力的張秀伯、蘇芳宗和水產科的曾清根三人，與其他同志一起被捕，以叛亂罪名判處十四至十二年徒刑，翌年五月被流放到火燒島服刑。

無論變造身分證或偷渡出海，只要上級通知一種方案下來，我就必須秘密離開故鄉。如果我突然不見蹤影，一定會給潘校長帶來莫大困擾，同時辜負故鄉父老的期望，被他們指為「恩將仇報」。因此我決定，以不滿意薪資為藉口提出辭呈，以便隨時都能出發履行任務。

撤退來台的大陸軍民，跟我一樣沒有畢業證書或其他證明文件，可是只要找齊三名證人，小學程度的學歷也會變成高中畢業，甚至核定為師範畢業，而成為領高薪的教師。再如有些人誑稱畢業於不知名的大學，只要有人給予偽證，也能以大學畢業的資格當公務員。反正只要後台硬，幹高官不是什麼難事。

可是關於我，完全是另一種對待方式，不要說三名證人，連鎮長署名、蓋上鎮公所公印的日本軍校畢業資格證明書，也不能讓我的學歷獲得承認；甚至退而求其次，連認定與舊制中學畢業同等學歷也不行。對如此不平等待遇強烈憤慨的我，對國民政府益加憎惡。

撤退過來的國民政府，把台灣當作最後一個據點；為了鞏固政權，採取的第一步措施就是發布戒嚴令。接著控制國民思想，到處張貼消滅共匪、反攻大陸、解救同胞等海報傳單，向台灣民眾宣傳：毛澤東領導的共產黨是殺人放火、姦淫掠奪的共黨匪賊；並派特務潛伏在各公私機構，製造恐怖緊張的氣氛，以壓制人民反政府的思想和行動。

對公教人員及薪水階級，則實施「三連座保證制度」，作為對國民黨及國民政府效忠的證明。該制度規定，任何一位公教人員都要有三位同事連保，如果被保人出事，三位保人將連帶受到處罰。我身為台灣第一號思想犯，猶如列入黑名單，沒人敢爽快答允做我的保證人。

我向一年前畢業台中師範並回到母校教書的同班同學葉庭芳，再三磕頭作揖向他恩求，好不容易他才給我蓋保證人印章。他那種想拒絕又不好意思拒絕的恐懼表情，至今仍會浮現在我腦際。尤其他說「蓋給前科者的保證人印章，如同戴在脖子上的枷鎖」，讓我聽了心如刀割非常痛苦。

葉庭芳以外，再也沒有人願意做我第二、三個保證人了。佳木斯密航計劃仍在秘密進行，心想一旦要出發時，就如「鳥高飛而投影，水無波而不渾」，不留下任何污點，決心清清白白離開學校。

三月一日，正式向學校提出辭呈，理由是不想帶給潘校長及同事任何麻煩。巧合的是，當天也是蔣介石發表復職宣言之日，那是一九五〇年春天。

挫折：密航計劃陷膠著

盧兆麟譯

比起從前頂著少年飛行兵的英名出門，或二二八時為了救援嘉義機場而偷偷出門相比，這次出門更為悲壯，心情卻更為淒涼。

辭掉體育教師不久，接獲上級「近日可能有出國眉目」的指示，並且要我「積極拉攏原航空兵身分的同事」，希望能爭取一人，好有個夥伴一起出任務。

這時剛好有位少飛兵同屆的林蘭芳（日名武林芳雄）來找我。他原在南投中寮鄉的深山中，開墾山野的岩石土地以種植香蕉，由於過分的重勞動，又對枯燥無味的開墾工作感到厭煩，想到都市謀職，回途順路來訪我家。

林蘭芳原籍是隔鄰的頭份鎮，跟我同樣是客家人第十七屆甲種少年飛行兵。我們在大津陸軍少年飛行兵學校、熊谷陸軍飛行學校一路同校，後來又一起分發到立川基地，是最好的戰友。後來我考上航空士官學校研究演習中隊，就跟他分別了。

據說終戰前，他都在栃木縣那須野的特攻訓練基地「原町航空隊」，接受機上射擊手訓練。終戰後，依靠神奈川高座海軍工廠的少年工團隊，才能回到台灣。跟我一樣，都是無依無靠的戰敗國孤兒。再見到他，是回台後到警備總部和空軍司令部志願中國空軍時，已經是闊別三年了。

現在的他，皮膚曬得黝黑發光，很容易被看成原住民；但因辛苦開墾，栽培看不出前景的香蕉，眼神因疲乏不堪而顯得渾濁，實在是一副不忍卒睹的可憐相。

他在我家住了一夜。整晚，我倆都在回憶過去和展望未來談個通宵。但我倆都不善謀生，前途與其被動等待，不如向他試探一下是否願意賭注佳木斯之行。

我說：「國民黨的軍隊不敢採用台灣青年，怕他們曾經接受日本軍國主義教育和特攻精神，但革命組織卻歡迎我們參加。如果我們成為時代的落伍者，將來恐怕沒有立錐之地了。應該為建立新民主主義的台灣貢獻棉薄之力。」

在山野辛勞開墾，栽培沒有前景的香蕉，雖然令人厭煩；但一旦要離開故鄉，前往遙遠未知的大陸，任誰都會猶豫畏懼。

三年前為復興祖國航空而燃燒的熱血，如今化為烏有了。「你是在航空士官學校受過訓的特攻隊要員，經過短期訓練可以立即作戰；而我已改調機上射擊手，現在派不上用場了。」林蘭芳說：「可能還會見面，讓我考慮看看吧。」說完告別而去。

又過了大約一個月，邱先生來我家，說偷渡船已有眉目，叫我立刻跟曾清根聯繫。同時交給我六百元作為旅費補貼；這在當時是一筆鉅款，相當於體育教師十個月薪水。

他說，不足部分要我自己籌措。其實旅費應該相當充裕，因為偷渡船的費用由組織支付；到日本後，去中國東北的旅程和旅費，左傾的華僑團體會負責安排。最後他叮囑：到達日本後的聯絡地址，等出發時再由他或曾清根告訴我。

大約兩天後的四月下旬，我肩上扛著帆布袋，裡面裝簡單的換洗衣服，離家前往車站。跟父母說是要到台北同學家找工作，而不能據實以告，珍重道別。那種內心的辛酸、悲壯和痛苦，是無法向別人說的。

也許不可能再踏入家門，也無法再和父母兄姊見面……比起從前頂著少年飛行兵的英名出門，或二二八時為了救援嘉義機場而偷偷出門相比，這次出門更為悲壯，心情卻更為淒涼。打從開始懂事的小學二、三年起，至今十餘年間，不僅未曾孝順父母，反而一直讓他們憂心煩惱。如此不孝，自己也感到哀傷。

在慢行列車上，不覺得眼淚從臉頰流下來，怕被別人發覺，又偷偷地擦掉。好幾次都想中途下車，放棄佳木斯之行而折回家中。

單獨跑到生活習慣完全不同，距離又遙遠的中國東北，我已失去了信心。所以到達台北車站，走上天橋時，雙腳竟發抖起來。我對自己的去向感到茫然迷惑，很想找個可靠的人來指點及解救我。

走訪在長安東路借用民房辦公的水產科，有位陌生的青年突然問我：「您是竹南的黃華昌先生嗎？」我聽了大吃一驚，以為偷渡計劃已經走漏風聲，全身感到一陣緊張和顫慄。奇怪，到底是誰？由於沒見過的面孔，才慌了手腳吧？他自稱「我姓方，是黃先生慢兩屆的學弟」，是不是情報機關的特務？

時空再度回到終戰前：有一天，一架雙翼螺旋槳飛機以超低空飛來竹南，在車站前廣場和我的母校上空，表演俯衝急降和翻筋斗等特技後離去。鄉親完全相信這是我的「鄉土訪問飛行」。這位後輩的方先生，也許是當天目擊者之一，無法忘掉當時的感動，才又敬仰又稱讚地講個不停：「黃先生那次翻筋斗實在是奇妙喔！」這麼一解釋，我才慢慢放下了心。

我告知來意。他回說：「曾先生很快會回來。」等待的空檔，他又追根究柢，不斷問我和曾清根的關係，使我又開始懷疑他是不是特務。正起疑時，他又說：「曾先生是竹北人，跟您同樣是新竹老鄉。您如果對漁業有興趣，他一定會給您指導和支援。」像這樣，不管我的反應如何，他總自以為是的喋喋不休。

不過，他說：「與其捕魚，不如在空中翻筋斗或俯衝下滑，給那些傢伙看看台灣青年的幹勁吧。」可見也是在二二八事件前後，對外省人感到厭惡的台灣青年吧。

既然來到這裡，就不能讓後輩看扁台灣青年的幹勁。原來從台北車站出來時，對佳木斯之行顯得茫然無助的心情，似乎改變過來，出發的意志反而逐漸轉強了。

雖然不經心聽著方先生喋喋不休談話，同時也在留意門前周邊的變化。一位過路的青年探頭進來看一看，看樣子好像特務，我不由得打了寒顫。大約等了一個小時，但感覺有三、四個小時之久，好不容易曾清根回到辦公室。

我立刻被帶到裡面的房間，兩人開始密談。他說現在漁民出船捕魚，必須接受軍方和警察嚴格盤檢才准出港；尤其在戒嚴令下，軍方宣稱：如果漁船提供物資給共軍，即以「資匪罪」槍斃；影響所及，也沒人敢從事高危險的偷渡生意。不過他說，再等一等，一旦取得聯絡，可能在夜間出港。所以叫我住在台北市區為宜。

我在後車站找兩、三家比小客棧稍微好一些的三流旅館，輪流住了三晚。白天每次去水產科找曾清根，不是外出不在，就是一看到我，便以畏怯的表情說「稍待些吧」。直到第四天，他才說：「情勢不妙，可能會拖一些日子，請你回家等消息。」我聽了，原先堅定的壯志似乎要崩潰了。

回家後，每天都過著惶惶不安的日子。加以企圖破壞鐵橋的熱血漢子張增傳和其他數人，又剛剛被捕，整個竹南鎮籠罩在異常緊張的氣氛中。

因等不到偷渡船而焦慮不安的心情，可能已被父親和大哥察覺出來，勸我：「如果你跟張增傳有什麼牽連，何不到關西表兄的山裡躲藏一下？」雖然跟張增傳沒有關係，但因政治犯前科的身份，隱遁是最好的安全措施。只是為了等偷渡船的通知，既不便說明，又不能躲起來不管，真是進退兩難。

第七部

白色恐怖痛史

（歐陽文／繪圖）

命運：乾坤一擲的賭注

陳英泰譯

國民黨宣稱共匪是「殺人放火、姦淫擄掠」，但看這幾十名幹部的身分，卻是公務員、學生和台大醫生，怎麼看也不像燒殺姦奪的匪徒。

為了準備渡海費用，平時每天的報紙都捨不得買；五月十四日突然心血來潮，不經意在火車站買一份早報，坐在公園板凳看。第一版頭條新聞赫然是「台灣省保安司令部捕獲共匪地下組織『台灣省工作委員會』幹部數十名」並列出數十名幹部的名字。這一看，不由得緊張起來。

「共匪」一詞是被共產黨打敗的國民黨政府，對於他敵手的蔑語。國民黨宣稱共匪是「殺人放火、姦淫擄掠的共黨匪賊」，但看這幾十名幹部的身分，卻是公務員、學生等等，還有幾名台大附屬醫院的主任與醫生，怎麼看也不像燒殺姦奪的匪徒。

這所謂「地下組織」，莫非就是我參加的「革命團體」？仔細一想：我所認識革命團體的人只有五人：入黨介紹人的小學同學顏松樹、入黨監誓人的曾群芳、佳木斯之行的提議人葉先生、為我的密航做種種企劃與支援的邱先生、水產科漁撈指導員的曾清根。

顏松樹在竹南中學教書，曾群英在台北某企業任職，我和他們是彼此知道底細的故交。至於曾清根，我常去辦公室找他，而且交往多日，相信他用的是本名。師範學院英語系的「葉先生」和台大工學院的「邱先生」，則只知其姓不知其名，也不知他們的詳細背景，故未免懷疑他們的身分而有些不安。

我對社會主義、共產主義、中國共產黨本無好感，也沒有徹底認識，只一意想對抗無能腐敗的國民黨政權，與蔑視台灣人的傲慢的外省人，又想報復過去累積的種種怨恨，才不深加考慮，接受人家勸誘；結果連革命團體（或地下組織）的名稱和系統都不知道，就輕率地加入了。我因此極為後悔。

那天晚上，我去找入黨介紹人顏松樹，他還沒回家；等了片刻，他才紅著臉回來，料是下課後和同事喝酒去了。我把早上的報紙拿給他看，問他認不認識這些幹部的名字，他說「一個也不認識」；又問他，我們的革命組織是什麼名稱系統？他說是一群台大和師範學生組成的團體，名稱系統他也不知道。

我又追問葉先生、邱先生的本名和背景。不知是否因為喝酒的關係，他舌頭變為遲鈍而有些口吃：「我…我頭一次聽到這個佳木斯密航計劃。」我苦於判斷他真的不知道還是裝傻，但至少他應該告訴我葉、邱的本名，誰知他回答說：「平常他們為了安全，總對不認識的人用假名；所以除非面對面，不然不知道誰是誰。」

過了一天，我再去他家想搞清楚這回事，仍和昨天一樣不得要領。他安慰我：「我猜是情報機關的威嚇宣傳，和我們的革命組織沒有關連，請放心。」但我領教過國民黨嚴密的情報網和嚴刑拷問，接下來每天都不能安心過日子；思索著是否照大哥所說，若覺得情勢危險，儘早逃到關西的深山小屋隱遁；或者留在家，等待曾清根不知何時下來的渡航指示。我如此徬徨苦惱，費盡疑猜。

我無法確認新聞報導的真偽。若是只圖自身安全，想來乖乖藏在深山小屋最是安全；但萬一曾清根聯絡我不上，以致錯過密航，計劃敗北，必定被革命同志斥為懦弱與背叛。身為一個男子漢，又被視為英雄的少年飛行兵出身者，不能在如此激盪的世局中被貶為玩世者。於是我陷於把自己的將來做乾坤一擲賭注的困境，終於決定：只要沒接到取消佳木斯之行的指示，就在家繼續等候偷渡船的通知。

進入六月，暑氣日日加劇，每天心情都不安定。等不及曾清根的聯絡，為了想確認消息，直接上台北去找他。這次沒見到坐在最靠近門口的辦公桌，總是親切招呼我的健談的方先生。我問一位年輕的女職員，她說曾清根好像生病，大約兩個禮拜前就沒來上班，方先生替他到蘇澳出差。女職員說「曾先生好像生病」的曖昧回答，我聽來有些耿耿於懷；但轉念一想，如果兩個禮拜前就沒上班，當然無法做密航船的聯絡。這樣自我安慰，就踏上歸途。

一回到家，整條街都像被陰影籠罩似的，瀰漫陰鬱緊張的氣氛。聽說昨晚顏松樹被特務逮捕，但半夜從竹南警察分局逃獄失蹤。原來值班的原住民老看守，不忍心讓平常受人尊敬的教師，照犯人一樣關在拘留所，而讓他在值班室睡覺，他卻乘隙脫逃。老看守於是被追究責任，換成他被拘留起來。分局警察和特務總動員展開追捕，仍找不到他的行蹤。警方認為政治犯逃獄事態重大，刑事組也全面調查顏君的親友，甚至竹南中學校長、主任、同事等等都被問到，但杳無線索。

我和顏君雖是六年都在一起的小學同學，但性情不怎麼契合，畢業後就未曾密切來往。他知道我有熱愛祖國的心，卻坐國民黨政權的牢，對政府很不滿，所以介紹我入黨。其後我的接觸人輾轉換成葉先生、邱先生與曾先生，與顏君幾乎不再接觸，即使在學校或街上遇到，也裝作互不相識。如果警方知道我和顏君的關係，無疑會找上我，從我這裡打聽他的行方。但出乎我意料，我安然無事，繼續穩定過日。

顏君從竹南分局巧妙脫逃，但為何沒到離分局只有三百公尺的我家通報，叫我謹防危險？我真無法理解。我反覆做種種假定與猜測：顏君被捕若和革命組織有關係，我必定也會同時被捕；但這幾天來都沒任何動靜，只好把這事歸因於和去年四六事件有關。無論如何，儘管他逃獄失蹤，我仍可放心在家，等待密航指示。我不再自覺緊張。

不過回想起來，五月十三日報紙全版新聞「破獲台灣省工作委員會」不一定是虛構的威嚇宣傳。雖然幹部名字儘是我不認識的，但像台人醫師、公賣局技師等高級智識分子也名列其中，怎麼看也不像是杜撰捏造。而且我到台北找曾清根時，女職員說他「可能生病，兩週前就缺勤」，既然說「可能」，就是不明白他缺勤的原因；何況所謂的「兩週前」，就是在五月十三日左右。

把這些加以綜合推理，我覺得我的處境越加危險。顏君脫逃行方不明，曾清根缺勤兩個禮拜，葉先生與邱先生也久久沒有聯絡…假使他們都是在五月被捕，至今已過三個禮拜以上，在特務機關的天羅地網下，我成為漏網之魚的可能性不大。為了萬一起見，我應該到關西山上躲一陣子再說。

被捕：革命組織總崩潰

陳英泰譯

我對自己的愚昧感到悲哀，也對革命組織如此脆弱感到悲憤。由高級智識分子組成的組織，竟脆弱到從上層開始崩盤，像骨牌一樣紛紛倒下去……

六月九日早上，我決定向關西出發，先向表兄打聲招呼，得到他的允許，就住到曾經待過一年的深山小屋。

當我準備好，走出家門時，兩名刑事已經在門前等我。一個是我認識的刑事組長陳水田，一個是客家人，綽號「黑面」的楊刑事。兩人早從殖民時代，就在竹南警察署服務，都是不排除使用非人道手段拷問嫌犯，惡名昭彰的老練刑事。我四年前以台灣第一號思想犯被捕，抓我的正是這兩人。如今他們已過了壯年，體力露出些微老態。

我保有一百公尺十三秒的紀錄，和受過少年飛行兵訓練的機敏動作，自信可輕易打敗這兩名稍顯老態的刑事。何況我離竹南車站不足一百公尺，車站正值通勤時間，人潮擁擠；我若一口氣跑進車站，一定擠進人群，刑事再怎麼老練，也敵不過我這個特攻隊員吧。

只見陳水田組長拿出一張紙條，上面寫四、五個名字，用福佬話問我：「你認識這些人麼？」「趁現在！」我想不能失去這個機會，搶了紙條立刻往車站跑。孰料才跑三、四步，就被藏在亭仔腳一支柱子背後，穿中山裝的特務逮個正著，接著就被帶到竹南分局。

在刑事組，又問我紙條上的名字，我都說不認識。我想或許有葉先生、邱先生的本名在紙條上，但我只知道他們的姓，也無從判斷誰是誰。覺得奇怪的是，紙條上面沒有顏松樹，也沒有我的入黨監誓人曾群芳，他們也沒問我顏松樹的事。

被蒙在鼓裡的我，為保持日本陸軍少年飛行兵的尊嚴，遵守軍人信條的道義，更為履行對革命組織的承諾，既然身為「台灣解放先鋒隊」的一員計劃前往佳木斯，也就提心吊膽，等待或許今日、明日要出發的密航船。回想起來，對於自己的傻真覺得好笑：渾然不知道革命組織已被破壞殆盡，幹部紛紛被捕，還一直相信上級，認為只要沒接到取消通知，就在家裡繼續等下去……

我不僅對自己的愚昧感到悲哀，也對革命組織如此脆弱感到悲憤。由高級智識分子組成的組織，竟脆弱到從上層開始崩盤，像骨牌一樣紛紛倒下去！我真禁不住悔恨與憤慨。

一年後，顏松樹向保安司令部自首，免刑並且復職，先後任教竹南中學與南庄中學，退休後還定居在我家附近。但是否他不堪回首，從不對我說明逃獄真相、逃亡生活、自首後如何交代，以及社會對他的看法。聽說曾群芳也跑路一段時間才自首，我也未曾聽他講起，這一段從跑路到自首的故事始末。

也是後來才知道，「缺勤兩週」的曾清根，果然在五月十二日被捕；師院英語系的「葉先生」本名陳水木，台大工學院的「邱先生」本名楊廷椅，兩人都在五月下旬，以學運領導幹部的身分被捕；十一月底，以「匪黨組織」的首謀罪名槍決（楊廷椅的哥哥楊廷謙，也涉「台灣青年會案」，被判六年徒刑）。

我被捕後，我家遭受徹底搜查與蹂躪，沒發現任何左傾書籍或組織的證據。四年前那次「抄家」，把我飛行兵時代的從軍照和復員證明書搜走，這次又把所剩無幾的紀念照全沒收。

在竹南分局拘留三天，只在被捕當天偵訊我一次而已。我不禁懷疑：這次抓我究竟何故？是二二八事件肅清的延長，還是四年前我被誣指從事「日本軍國主義復辟運動」而入獄的餘波未消？

我沒有被問到關於革命組織的一切細節，我猜想革命組織也許未盡破獲；又據以推測，台灣解放先鋒隊與佳木斯密航計劃，應該都沒暴露，於是心裡比較安穩些，緊張也鬆弛些。但接連兩天都把我放著不問，仍令我不安。我就向同是客家人的新埔同鄉（光復前我家本籍在新埔）、又與大哥交情不錯的馮刑事，用日語問他我被捕的原因；他安慰我，說這是「照上面的命令行事」，但逮捕理由一概不知道。

第三天，他把我雙手上銬，帶到竹南車站坐火車，一路押送我到新竹縣警察局。當時桃園是新竹縣政府所在地，新竹縣警察總局就設在桃園。四年前我以政治犯被捕時，被關進警局一間由教室改建的拘留所，如今又重回舊籠。經過四年，人事早已更迭，沒有人知道這段過往的事。

大哥把換洗衣服和食品送來給我，這是被允許的，但不許面會。我在這裡被拘留約一週，但好像被遺忘似的，連一次訊問也沒有。我猜逮捕令可能來自相當高層，或是這次「抄家」還沒有搜出證據，以致還無法指控我是「軍國主義復辟運動的聯絡員」或「地下組織的共黨匪徒」。果真如此，我就裝傻到底，堅持到最後一刻。雖然這樣下定決心，不安仍日盛一日。

被捕後大約十天左右，刑事組又把我上手銬，從新竹縣警局徒步走到桃園車站，坐上火車，一路押送台北。等車的人、車上的人都以恐懼的眼光看我，但其中沒有一個我認識的。我怕他們誤以為我是竊盜犯、強盜犯，甚至國民黨宣稱的那種姦淫掠奪、殺人放火的共黨匪徒，而使愛國不落人後的我，反而無臉見人，於是刻意從肩上揹的「雜囊」袋中，取出戰鬥帽帶在頭上，大方假裝為潛伏台灣、還沒被遣送回國的日本軍人。

這雜囊袋是戰後復員時，從日本帶回來的日本陸軍正式裝備。裡面可裝內衣褲與盥洗用具；戰鬥帽則是在航空士官學校處理善後時，不知誰丟在東雲亭的軍官用便帽，我把它帶回來，當作有紀念價值的帽子。其後在輾轉移監中遺失了，覺得很遺憾。

刑警總隊：落難的愛國之花

陳英泰譯

夏天牢房蒸熱，糞尿醱酵發出奇臭。不僅新來的人吃不消，連在牢房外走動、監視的看守，也必須戴口罩執勤。

到了台北車站。一下車，押送的警官就問我：「你有錢麼？」把我推進人力三輪車。我看透他連押送三輪車的車資都想中飽的居心，就裝傻說：「我沒有錢。」途中仔細看街道，看究竟要到哪裡。結果來到寧夏路的刑警總隊，這是四年前我被捕，關約一個禮拜，遭受拷問的地方，那是磨滅不掉的惡夢。這次沒經過偵訊，立即關進裡面的拘留所。

拘留所不愧是戰前建造的「北署」，每間牢房約五坪大，倒梯字型；幾間連在一起，成為半圓弧形（扇形）格局。通風好，透過木柵可清晰看到對面牢房人的臉，還可瞞過看守的監視互相通話。牢房外面，約在半圓弧的圓心位置，設有洗臉台。盛夏季節，牢房熱如蒸籠，最大享受就是到洗臉台做冷水浴；那裡有六個水龍頭，每次六個人去，每人只洗五分鐘。大家在眾目睽睽之下暴露下體，與其說洗澡，不如說是沖水降溫，但已經快適之至，是很大的享受了。

打從一開始，牢房生活的慣例，就是不管學歷高低、地位貴賤、財產有無，新來的人都要睡在便所旁邊。所謂「便所」，在新竹縣警察局或竹南分局，是在牢房最角落挖一個長方形的洞，下放木桶，大小便都在其中；不用時蓋上蓋子，要倒屎尿時方便處理。夏天牢房蒸熱，糞尿醱酵發出奇臭，不僅便所邊新來的人吃不消，連在牢房外走動、監視的看守也吃不消，必須戴口罩執勤。

刑警總隊的牢房就進步多了，設有台北市一般家庭也罕見的沖水式「便所」，也就是蹲式便器。雖然糞便排流順暢，但我們被特別吩咐：大便時，一定要反方向蹲，讓大便直接掉進洞口。因為牢房外的洗臉台是沖澡用的；犯人洗臉、刷牙、漱口，都要從便器的給水口，用口杯接水來用。對這種極不衛生、極不人道的待遇，失去自由的我們能向誰控訴？只能自嘆不如牛馬的命運。

二號牢房有一位黑道老大，姓許，大約三十來歲，胸部刺龍，背部刺女，臂腕刺兔，全身刺得漂漂亮亮。他好像最早坐牢的，看到才二十出頭的我，以一副訊問菜鳥的姿態，問我姓名和涉案背景。

我想如果示弱，說些可憐的話，可能被他欺負，於是擺出高姿態，稍微誇張地說：「我是日本陸軍少年飛行兵出身，當過特攻隊。若不是剛好終戰，差一點就突擊身亡，可說是一名特攻未酬者。四年前我也在這裡，受過刑警總隊的『照顧』，是第二度政治犯。」

本來只想壓住他的氣燄，講一些逞強的話。沒想到「特攻未酬者」與「二度政治犯」奏效，老大完全改了口氣，向同房難友親切介紹我；看到我用齒粉刷牙，立即拿一支新的軟管牙膏給我，那是窮慣了的我買不起的東西。在牢裡使用我從沒用過的牙膏，其甜而爽快的香味，與那位老大的漂亮刺青，至今仍印在我的腦裡忘不掉。

同房的難友秘密告訴我，許老大屬於在萬華一帶頗有勢力的「黑道十二支」排名第四的「卯組」，左腕刺兔就是卯組老大的標記。他不愧是老大，每天都有小嘍囉們送豐富的貢品進來。與外界隔絕、被禁止通信和接見的我，托他的福，每頓飯都是盛宴；尤其吐司麵包沾美國鷲印煉乳，對我來說，簡直是獄中生活的奢侈品。

過了兩天，體型魁梧的顏世鴻進來了。他在準備期末考時莫名其妙被捕，覺得很懊惱。我安慰他：「我和你一樣，莫名其妙被關進來。」他一聽，覺得我是同志的緣故吧，心情才回復平靜。他比我大一歲，終戰前由台南二中（今台南一中）考進台大豫科，被捕時是台大醫學院四年級學生。他父親後來當台南市議員。

過一天黃賢X（忘了他全名）也被關進來。他住桃園大園鄉，當過陸軍志願兵第一期生。是否因為同是陸軍出身之故，我有一種在異鄉遇到知己的親密感，聊起從軍回憶十分起勁，甚至暫時忘記身在囹圄。

我們都是不知明天命運的被捕之身，為轉移心理的焦躁，開始比賽唱自己得意的歌。暴力團卯組的許老大率先唱台灣流行歌《三線路》。因是人人皆知的戰前名曲，大家跟著大合唱，引起看守不高興。醫學生顏世鴻張開喉嚨，以粗大的聲音用原文唱義大利民謠《聖塔露西亞Santa Lucia》。歌聲雖令人不敢恭維，但佩服他不愧是高級智識分子，能用原文演唱。

其他人主要唱日語的流行歌和軍歌。我把戰時大流行、誰都會唱的《愛國之花》修改歌詞，即興唱道：

紅色的熱血多高貴，情願作為擔憂祖國之盾。
為國家奉獻的我朋友，不要挫折，加油！
正似年輕櫻花，盛放在故鄉吧，櫻花們！

連不大懂日語的許老大，也用鼻音「哼哼」地和著旋律。顏君和黃君則無限感慨地聆聽。之後，大家雖沒有介紹自己的身世，但都知道彼此是志同道合的革命青年，繼續唱這首改版的歌，以發洩內心的鬱憤與苦悶。

兩三天後，對面牢房的人洗澡時，有個人趁看守不注意，偷空溜過來，接近我的牢房小聲問：「有一位黃華昌麼？」他是我的小學同學葉雪淳。我們在小學六年期間一起唸書，一起競爭，搶當級長或副級長。之後他讀新竹中學，戰後考上台大理學院地質系。中學畢業後，上台北依父親住，此後我們就斷了聯絡。孰料就在獄中不經意與他重逢，又萬萬沒想到他也是同志，真是令人驚愕又感慨萬千。據說他聽到《愛國之花》的歌聲，知道我在哪個牢房，就設法找我。我們無法多聊，只得互相鼓勵「奮鬥到最後吧」而分手。

九月中旬，我和顏世鴻、葉雪淳，與其他涉及學生運動的教職員、大學生，一起被依叛亂罪起訴。顏君判十二年，葉君判十五年，我判十年。至於黃賢X君，據說約在十月，因牽連其他地下組織的案子，以叛亂罪被處死刑。

（顏世鴻／提供）

顏世鴻。1955年攝於火燒島，29歲。背景為流鰻溝。

（取自竹南國小《百年校慶特刊》）

民國卅一年光復前第卅九屆

葉氏珠 彭古秋妹 姚氏秀琴 黃氏碧鑾 連錦圭 蔡金木 柯水 王慶茂 陳標印 鄭昭勳 呂文聯 林錦輝 呂建祥 黃陳鶯鶯 林氏綉英 平島辰子 李氏錦沿 方氏碧蕭 張氏靜子 葉氏金愛 吳金龍 楊新丁 宋色城 陳秋林 呂杞德 洪國川 黃壽 連萬春 林清山 許孟坤 洪福叩

蕭氏錢 方氏婉 陳氏秀雲 林林溪 蔡清水 林清木 洪鈺輝 連清榮 連金水 林金木 陳萬益 張火金 范德全 林氏月雀 林氏燕 林氏仙蘭 黃氏鳳妹 周氏尾 陳氏井 張火 余石壽 張朝宗 林秋宗 張秋金 張增傳 黃清錦 林進源 顏海生 林清 許金燦 陳萬順

林氏祝 陳氏阿治 黃氏綉雲 陳天明 林火爐 梁井秀明 鄭石枝 陳萬順 謝源松 林萬枝 陳登清 蕭萬 郭欽 許氏蓮 葉氏基 王氏鳳嬌 蔡氏秀璧 陳氏荷蓮 蔡氏火妹 許朝烟 林清貴 顏旺明 吳慶源 陳金旺 周吉坤 歐竹旺 林式金 連萬枝 林金城 鍾火炎 林萬順

葉氏乃 南方惠美 許氏實玉 林秀茂 林大概 許是冉 王登貴 陳滿秋 許福來 蕭阿獻 陳錦成 洪鈺榮 顏氏彩蓮 連陳氏激 黃氏憲惠 莊氏杏蘭 元方富美 黃氏彩雲 林謝金治 張錦坤 林火樹 李平 黃金水 陳萬來 林來成 林金秋 顏松樹 姚坤煙 陳榮春 連火爐

顏慶順 范德昌 郭國珍 劉錦祥 顏火 黃金和 陳榮和 葉雪淳 范光溪 蕭鏡土 王金華 林火旺 陳金萬 林血住 戴銀豹 陳福海 葉清祥 陳森南 陳清福 陳金木 余水金 郭日昌 許雨柏 陳松根 葉傳宗 木許正太 陳登元 林萬貴 陳明池 陳新傳 陳尾結 魏城

陳明通 黃華昌 方玉印 葉庭芳 蕭進旺 方維章 方德和 鹽田得夫 翁石吉 王木新 張清溪 洪實堂 王阿祿 顏滿洲 鄭煙龍 林玉清 張阿乞 林龍 林火成 林晴旺 高山武典 高元和 張鍠鉎 洪火木 陳丁財 翁榮達 蕭木山 林水森 黃金環 陳國裕 葉金和 蔡鏡鑫

鍾興旺 方坤鏡 葉松成 陳川 王金發 陳炳煌 方添樹 詹兆麟 林棋彬 黃阿土 林財子 林玉明 紀水金 謝建發 鍾萬和 林生 林天來 林添丁 陳金桂 郭坤木 鄭秋聲 謝雕和 鄭榮珍 吳福傳 許萬發 唐添喜 楊建治 林木樹 黃清圳 陳漢玉 林添 顏萬傳

蕭鏡澄 王銀河 陳錦煌 葉秋鐘 姚雲榮 羅登元 張英昭 周泉水 陳欽 陳萬順 郭來成 陳金登 杜分 張財源 陳爐 林俊 洪孟祿 顏蘇欽 陳清文 黃金龍 陳華 連邦柱 李科義 許海生 葉秋南 連清三 謝文良 張萬順 劉清暉 王勤生 黃盛宏 陳進發

1942年竹南國小畢業生名冊。該屆有多人是白色恐怖受難者：張增傳（死刑，第2欄）、顏松樹（自新，4欄）、葉雪淳（15年，5欄）、黃華昌（10年，6欄）、葉秋鐘（死刑，8欄）、吳家祥、郭玉崑（都13年，版面有限，此圖未及列入）。

南所：活人地獄受酷刑

陳英泰譯

難友許振庠靠近我說：「台灣人因日本精神太強，總要逞強，所以老是吃虧。你應該大聲大嚷大叫，讓全監獄都聽得到，用刑的人就會手軟。」

大概是六月廿七、廿八日左右，我被單獨叫出牢房，上手銬，坐上軍用吉普車。頃刻別的牢房也帶來一個青年，大約和我同年齡，被塞到我的鄰座。我們用彼此可聽到的日語小聲自我介紹。押送的特務一看情形，吆喝制止：「不要用日語交談！」我後來知道他是王乃信，鹿港人，也是我的「同案」。

因我們倆都不是台北市民，所以沒被蒙眼睛，只被命令低下頭。可能為了不讓我們知道地點，車子故意兜圈子，才在一處隱密的特務機關下車，記得周遭是相當高級的住宅區。後來才知道那個機關是國防部保密局（註）。台灣人不太熟悉保密局，但在大陸人眼中，卻是殺人魔的機關，對付一切從思想言論到組織行動反對國民黨的人。它從戰時活躍到戰後，並從大陸跋扈到台灣。

當與王君分手時，我為了鼓勵他，說一聲「加油！」保密局的看守見狀，可能是聽我們講日語至感憤恨吧，忽然一出手，往我胸部與下巴揍三四個鐵拳，好像要把戰時被日軍欺負的怨恨向我「回報」似的。接著把我手銬拿掉，關進最靠近辦公室與看守房的第一號牢房。

我提著雜囊袋，忍著胸部與下巴的疼痛，向房裡的難友一鞠躬。按照慣例，就坐在便所旁邊。房間寬約兩公尺，長約六公尺，面積不足四疊半，連我在內，竟擠了十三個人，活似蒸籠般悶熱。全員都只穿內褲一條，赤裸上半身。

保密局的牢房和刑警總隊拘留所的不同。它不是木柱的牢籠，而是密閉式的牢房。除了門，還有一個從外面向內窺視的洞口，和一個送東西進來的洞口；天井有三公尺高，有兩個換氣窗，此外全是牢牢的壁面。地板上開個孔，就當作便所。在如此狹窄的空間，體驗盛夏蒸籠般的悶熱，加上十三個大男人散發的體熱，混雜使人窒息的脂汗味、屎尿發酵的臭薰味，令人猶如置身活人地獄，連呼吸也有困難的感覺。

為了討好比我早下地獄的前輩們，我拿出離開刑警總隊時，許老大給我的煉乳與麵包，一片片分給他們共享。分到中間時，一名青年對我使眼色，並暗示我說：「任何事都要裝不知道，不要講。」並說「謝謝」而低了頭。仔細一看，原來是師院英語系的葉先生。我把幾乎要叫出來的「啊，葉先生！」硬吞進喉嚨裡。看他的眼色，應該是暗示我：牢房有特務潛伏，假裝革命同志，要我當心。

當晚八點左右，我被叫出去偵訊。為了疲勞偵訊、威嚇偵訊的需要，偵訊室有燈光、木棒、藥罐、長凳等工具，好像為了下馬威而排列著。和這些恐怖東西相較，殺人魔的爪牙相當客氣的問我姓名、住址等背景資料。我雖照實回答，但學歷、經歷和現職等，都三思再三思才告訴他。

在有徹頭徹尾排斥日本軍國主義情結的他們面前，我不能說自己畢業於正規日本軍校；尤其他們撤退到山城重慶期間，清晨破曉時分，常受日軍空襲威脅，至今餘悸尚存。若我說出畢業於大津、熊谷飛校、戰爭末期又在豐岡受過特攻隊訓練，更可能被他們逮住機會，報復往日怨恨，那我必定吃很大的虧。所以只告訴他「我受過小學教育而已」。

二二八時，我秘密參加鄉土自衛隊的嘉義救援作戰，以航空特敢隊副隊長身分，擔任指揮與聯絡工作。為避免他們猜疑，帶給同志任何不利影響，我也隱瞞西南航空副駕駛的經歷。

我背棄恩師好意，違背父老期許，辭掉母校竹南國小的體育教師，為的是加入台灣解放先鋒隊，密航佳木斯接受飛行訓練。因此連體育教師的經歷也要歸零。

其實我剛辭掉體育教師，被捕時是「無職」身分。史達林說「我的職業是革命」，我若因沒有職業，而被斷定「以革命為職業」的話，即使一百個命也不夠死。所以只說我和大哥慘澹經營桂竹加工廠，向日本出口竹製品，現在已垮了，我是大哥的職工云云。因此後來我判決書的職業欄，就記載我是「竹匠」。

主審外表看來溫厚，仍可看出其兇惡陰險的本性。他開始偵訊：「你是地下組織的共產黨員吧……」

我假裝聽不懂普通話，裝傻地問：「什麼？」

後面突然有人大喝一聲：「不要裝傻，你這傢伙！」

立刻我像被落雷打中似的，背部與頭部猛挨打擊。原來他們偵訊人犯時，後面就站一個人伺機動手；他用毛瑟槍的槍把打我，與其說痛，不如說是痛到麻痺。

我若承認是共產黨員，進而暴露要到佳木斯當台灣解放先鋒隊的秘密，將被認為和打倒政府的武裝鬥爭有直接關係，那就萬事皆休了。

我下定決心：在刑求逼供中，即使身體流多少血、承受多大痛苦，也要否認到底。因為知道我入黨的，應該只有介紹人顏松樹和監誓人曾群芳。顏君六月初被逮捕，當夜逃獄，至今行方不明；曾君則一直沒有再相遇。我被捕至今，未曾被問起他們和我的關係。我想我若毫不顧忌否認和他們的關係，也不會有人識破。

主審在白紙上，用大字寫五六個名字，拿到我面前問：「有認識的麼？」我忍著背部的痛楚仔細一看，上面都沒有顏君與曾君的名字，連密航企劃者邱先生的姓也沒有；知道內情的葉先生現在又和我同房。訊息很明顯：他們不知道我和他們之間的關係，我大大放了心。於是回答：「我全不認識。」

「不要裝傻！」我連續挨了幾下槍托或槍身的重擊。

「你擔任什麼地下工作?」「你吸收誰?手下幾個人?」

我被繼續拷問，但我繼續否認一切。為了逼供，他們把我按在長椅上，用毛巾蓋我的臉，再用水灌毛巾。這種「灌水刑」使我呼吸困難，幾次陷入意識不明的狀態。當我回到牢房門口，已是不知幾點鐘的深夜。

葉先生和新聞記者吳思漢趕快把我抱進來，用毛巾擦我的身體，按摩我的胸背，無微不至地照顧我。天一亮，同房難友許振庠靠近我，用大家都聽得到的聲音說：「台灣人因日本精神太強，總要逞強，所以老是吃虧。你應該大聲大嚷大叫，讓全監獄都聽得到，用刑的人就會手軟。這樣上司不會怪他怠慢職務，他也可以保住威風，用刑時才會從輕發落。」這位臉頰上有刀疤的前新竹市警察局長強調：「刑求時哀嚎是最上策。」這話我覺得很有道理，把它銘記在心。

隔一天晚上，我又被叫出去，同樣被刑求逼供。不堪酷刑時，就照許振庠的建議大聲哀嚎，並繼續否認到底。我哀聲要求：「請叫說我是共產黨的人出來和我對質!」也很想知道是誰把我供出來，而做此孤注一擲的豪賭。我推斷：葉先生說出我的可能性不大。邱先生是密航企劃者，而密航一事我完全沒被問到，應也不是供出我的人。若不是顏松樹還在跑路，沒被抓到，其實我不敢做此豪賭。

其後我沒再被偵訊。經過大約一個禮拜，又叫我出去，命令我在他們事先亂寫的口供上，不讓我讀內容就強要我簽名、按拇印。如此一來，我只能看破人生，做必死的心理準備。

註：保密局的前身是「軍事委員會調查統計局」，成立於一九三七年；一九四六年改為國防部保密局，一九五五、八五年先後改為國防部情報局、國防部軍事情報局。

（黃秋爽／提供）

黃天全家福。1950.4.24，一家六口被抓，變成全家禍。

（郭錕銘／提供）

陳水木，高雄市人。1950.11.29被槍決，年僅26歲。

（黃秋爽／提供）

黃天，彰化人，曾留學日本，後任台灣農民組合中央委員。1950.12.19被槍決，時年43歲。

幻響：折磨衰弱的神經

陳英泰譯

水槽只有一個水龍頭，瀕死的餓鬼們必須爭先恐後搶水。我戴上腳鐐後，只能像拖犁的水牛，用悲慘的慢動作走路；不消說，最後連一滴水都得不到。

那時每日中午，有像是戰車輾輪行走的聲音，聲音大到彷彿要刺裂耳膜似的。和外界隔離的我們，集中精神推想：是否共軍已經開始攻台？國民黨軍是否已經準備應戰？我們如此片面猜想，陷於緊張的氣氛。許振庠局長是廣東汕頭人，在大陸各地當高級警官、警察局長，長年累積許多經驗，十分老練。他深知國民黨政權黑幕：國共內戰到了尾聲，他們每次戰敗撤退，一定把當地落入國民黨黑牢的政治犯全面虐殺，那是其例行手段。因此他向我們忠告：「一旦有事，各自保重。」如此一聽，我們越加緊張。

喜歡照顧別人的吳思漢出身台南白河，畢業於台南二中（現台南一中），做過《台灣新生報》記者。他的民族意識極強，讀京都帝大醫學部一年級時，為逃避「學徒出陣」徵兵，毅然拋棄學業，離開日本，經朝鮮到大陸，想加入祖國抗戰行列。他甚至把雙親所取的親日本名「吳調和」，改為以漢民族為傲的「吳思漢」。在天津（或青島）經營貿易公司的父親旅費資助下，他從日軍佔領的北京一路南下，沿途還要避開日軍與汪精衛軍的盤檢，逃避八路軍或游擊隊的追擊。

諷刺的是，他抵達重慶那天，剛好是中國八年苦戰獲得勝利的八月十五日。他燃燒熱血，千里迢迢一路跋涉荊棘到祖國，抗日戰爭卻已結束。大志不成，轉回故鄉台灣，又寫了〈迢迢三千里訪問祖國〉一文，在《台灣新生報》連載，台灣讀者對這位愛國青年有更多的同情與感動。

他可以像京都帝大同學的李登輝一樣，戰後入台灣大學就讀；也可以唸完人人羨慕的醫學院後再當醫師，集榮耀於一身。但他一則因為興趣，二則才華被肯定，做了新聞記者。眼看腐敗無能的國民黨政權惡政惡為，對它不再懷有幻想；二二八之後加入革命組織，當上「台北市工作委員會」的領導幹部而極為活躍。

鼓勵我當台灣解放先鋒隊，而現在湊巧和我同房的葉先生，是高雄市望族出身，本名陳水木。他向我辯明：牽連出我的不是他。我安慰他：「我很達觀，現在誰都不怪，怪誰都無濟於事。我下定決心，要和你一起奮鬥到最後。」如此互相勉勵。

同房難友還有：出身屏東恆春，畢業於日本長野縣松本高等學校，戰後在基隆高校當數學教師的鄭溪北；出身台南，師範學院第一屆畢業生，在中學教歷史的林慧哲等。國防部參謀次長、日本陸軍大學出身的吳石中將也待過這間一號房，但在我來之前換到二號房。後來也被槍斃。

戰車輾走的聲音每天震耳欲裂，使我們非常煩惱，精神混亂到無法分辨幻想與現實的程度。我們正面臨共軍進攻與國民黨政權崩壞的關鍵時刻吧。吳思漢主張，為了活下去，必須逃出這座人間地獄，有辦法的話，再回來救大家。他和葉先生（陳水木）與我密商逃獄計劃：萬一形勢緊急，應趁紛亂的關鍵時刻，用疊羅漢跨越保密局四公尺高牆逃出去。為了初步準備，我們開始撕破毛毯拈成繩子。

為了訓練體力，體格魁梧有力的吳思漢在下面，陳水木在中間，體重最輕、動作最敏捷的我在上面，開始練習金字塔式的疊羅漢。吳思漢首先彎膝而蹲，陳水木蹲在他肩上，我再蹲在陳肩上。吳思漢不愧是京都帝大馬術部主將，一口氣就把我們兩個扛上來，輕易地站起身；但因為牢房天井太低，我和陳水木不便站立。但我們認為，到了關鍵時刻，這種疊羅漢脫逃計劃很有可能成功。

為了紓解緊張、排解無聊，我們很有耐心練習疊羅漢。但四五天或一個禮拜後，不知同房誰人去密告，我們一個個被叫去偵訊室，被警告不得逃獄，還戴上鐵製的腳鐐。

這間保密局的拘留所（南所），原為台灣軍司令部的軍官監獄（註）。牢房是用很好的木板做的，卻沒有給水設備，每個房間一天一次輪流放封，在十五分鐘內洗臉、洗澡和散步。水槽只有一個水龍頭，瀕死的餓鬼們必須爭先恐後搶用水龍頭滴下來的水；稍微一遲，不要說沖水洗澡，連取一杯水洗臉漱口都別想。我戴上腳鐐後，只能像拖犁的水牛，用悲慘的慢動作走路；不消說，最後連一滴水都得不到。

戴上腳鐐時，吳思漢和我都只穿一條短褲，只有陳水木穿長褲。幸好老練的許振庠教我們，如何在戴腳鐐的情形之下換褲子。當時穿短褲還覺得太熱，陳水木再怎麼煞費心力，也脫不掉長褲；最後只能看破，把長褲撕掉，只穿短褲解熱。

終於，不知誰從哪裡聽來的消息：六月二十五日，朝鮮戰爭爆發，聯合國派兵參戰；美國為了確保台灣海峽安全，也派遣第七艦隊協防台灣。於是我才恍然大悟，那牽動我們衰弱神經的轟隆隆聲音，並不是戰車的輾輪，而是進駐台灣的美軍噴射戰鬥機的爆音。

我們對於朝鮮戰爭爆發、聯合國出兵感到驚嘆與悲憤，特別對第七艦隊介入台灣海峽感到強烈不安。獄中的我們，雖然有可能在共軍攻台、國民黨政權崩壞之際慘遭虐殺；但若因美國介入，海空軍力較弱的中共，放棄解放台灣的話，我們就不能寄望關鍵時刻的逃獄計劃，而這是我們存活下去的一縷希望。

約經過一個禮拜，我單獨被帶出保密局，塞進門前等候的吉普車。昨晚不知什麼預兆，許振庠突然對我說：「你如果能活下去，有一天出獄回家，請替我照顧住在新竹市警察局宿舍我的家人。」他用腔調濃烈的客家話顫抖地說，並向我磕頭。我為了安慰他，也說：「我若被槍斃，我的家在竹南車站前，我的家人也拜託你了。」

第二天，我果然被叫出去。回想昨晚和許振庠互託後事的一番話，竟然一語成讖。「今天就要結束短暫、沒有任何成就的一生吧⋯⋯」我理都不理押送員的叮嚀，只顧低頭回顧過去，覺得非常不甘。駛了約二十分鐘，沒去馬場町，而是開到大橋國民學校後面的保密局北所。在那裡，我的腳鐐也解開了。

但許振庠彷彿預知他的命運。大約一個月後，新竹市警察局長許振庠、台中縣警察局長何顯、台灣省警察學校教官吳彬泉，以及教師林英傑、王宇光等五人，以叛亂罪名在新店溪畔的馬場町被槍決。

吳思漢以「台北市工作委員會」領導幹部的身分，陳水木以「學生工作委員會」領導幹部的身分，則相繼於十一月廿八、廿九兩天殞於馬場町。兩人都是僅僅二十七歲上下的青年。燃燒強烈的民族精神和祖國愛，前途輝煌的京都帝大醫學部學生吳思漢，畢業前不辭萬難，「尋找祖國三千里」，卻因戰爭結束壯志未酬，回到台灣目睹政府無能腐敗，加入革命組織被捕槍決。這位愛國志士，竟被控以叛亂，經「祖國」魔手成為馬場町的一滴露水，真使人不甘心。陳水木也和許多台灣青年一樣，以不甘心的鬱憤，咬牙切齒赴刑場吧。真是台灣青年悲哀的年代！

註：台灣軍司令部位於今博愛特區，原址即後來的保安司令部和警備總部。但關犯案軍官的監獄，在延平南路的保密局南所。

北所：黃天一家的悲劇

陳英泰譯

黃天總是被酷刑得相當厲害。他的家人常目睹他氣息奄奄的被拖回來，鮮血從臉上滲下來，全身濕得像落湯雞，瀕臨半生半死狀態。那真是情何以堪。

國防部保密局的「北所」，戰前原是台灣有數的機械製造廠「高砂鐵工廠」（高砂製鐵所）。經營者是辜顏碧霞，丈夫辜岳甫早逝。辜岳甫的父親是辜顯榮，戰前被昭和天皇任命為貴族院第一位台灣議員。他的事蹟不怎麼受台灣人尊敬，但他的媳婦經營的高砂鐵工廠，則是台灣屈指可數的大鐵工廠。

國民黨政權把像辜家這樣的台灣大財閥視為眼中釘，給它出種種難題，要把它納入掌握。一九五〇年，國民黨以「資匪」的罪名，將辜顏碧霞逮捕，並把高砂鐵工廠沒收，改成關人的監獄；可憐的是，辜顏碧霞就關在這所監獄裡面。

光復以來，受過日本統治和現代教育的台灣人，不僅對祖國的國民黨政權不懷好感，而且憎惡排斥。到了一九五〇年，隨著革命組織總崩潰，國民黨政權施行「寧可錯殺一百，不可漏掉一個」的殘忍政策，以巨額賞金和破格升官為獎勵，大肆肅清政治異己。

於是為了貪圖賞金與升官，胡亂檢舉與不法逮捕層出不窮，也使收容政治犯的拘留所大爆滿，被捕者大多是冤枉無辜的人。不僅地方警局、派出所和台北市的刑警總隊拘留所人滿為患，甚至連佛寺（東本願寺）也改裝成恐怖基地「保安司令部保安處」。在保密局方面，「南所」是原台灣軍司令部的軍官監獄，「北所」是被沒收的辜家高砂鐵工廠，都變成關政治犯的所在。

高砂鐵工廠據說有數千坪或數萬坪大，其中一角改裝成約二十間牢房的拘留所。每間牢房橫約四公尺，深約八公尺，牆壁隔以木板，看不到鄰房的人；前面以粗大的木頭角材做柵欄，通風良好。每房關二十三、四人，比較不擁擠；睡覺時不必再像南所那樣，像沙丁魚一般側身擠睡或彎膝蹲睡，也不須輪流搧風，還有豐富的水可使用，簡直是獄中的天國。

我待在北所約一個月，沒被偵訊過。在牢房一下子迎接新客，一下子送走舊客的我，便成為同房的老鳥了。

我在北所沒碰到一個熟人。但看到黃天一家三代七人都被關進牢裡的情形，覺得特別悲慘與印象深刻。黃天一家被抓的，包括黃天夫婦、高校生的次女與三女、初中生的長男、國小生的幼女、兩歲大的外孫。其他六人在一夜之間同時被抓，幾天後黃天才被捕。

黃天總是被酷刑得相當厲害，常被看守拖回牢房，鮮血從臉上滲下來，全身濕得像落湯雞，瀕臨半生半死的狀態。他的家人常目睹他氣息奄奄的被拖回來，那真是情何以堪。一想到這裡，我真不勝同情與憤慨。

才兩歲的外孫不知道祖父的慘狀。他和奶奶同房，在拘留所內踉蹌走路，是唯一的自由人；走到哪裡都是各牢房的寵兒，討每個人歡喜，有時還幫難友送串供的小抄，可惜也陷於營養不良和瀕死狀態。所幸被關四、五個月後，和祖母一起獲釋。但黃天於十月被判死刑，於十二月中旬被槍決，化為馬場町的露水。

他的女兒，高校生的姊妹以「明知匪諜未向政府告密」為由被判一年徒刑。他的長男和幼女也被關了四、五個月才釋放。他的家人出獄時，他們在台北市繁華街上的住所早被特務侵佔，家人雖生還，卻已無家可歸，境遇十分悲慘。

大約一九五〇年八月中旬吧，包括我一行三、四十人，分乘兩輛載運犯人的軍用卡車，從北所移送台灣省保安司令部軍法處，這是由日本軍需部陸軍倉庫改裝而成，位於青島東路，現址為來來大飯店。同行的，有和我一起關在刑警總隊的顏世鴻、葉雪淳、王乃信，在南所和我同房的陳水木。曾幾何時，我被捕後一直下落成謎的「邱先生」也現身了，和我們同行，這時我才知道他的本名是楊廷椅。不知他是否熬過殘忍苛酷的刑求？

我很想從楊廷椅口中，探聽他有無供出佳木斯密航計劃？如果有，供出多少？但在押送員嚴密警備下，每兩人同銬一只手銬，身體又不能移動，始終沒有機會接近他說話。看樣子，我決心在軍法庭上，即使到了審判最後關頭，誓死也要把此事否認到底。

軍法處：冤獄工廠鬼門關

陳英泰譯

鍾浩東被叫出去時，難友唱《幌馬車之歌》為他送別。歌聲一傳十、十傳百，一房傳過一房，終於匯成數百人的大合唱。那是多麼悲壯哀怨的交響樂。

不愧是佔地廣闊的原陸軍倉庫，軍法處看守所設有三十二間牢房，大小和高砂鐵工廠的牢房差不多，卻擠了三十多人。人體的熱氣加上混濁的空氣，猶如置身蒸籠裡，呼吸都覺得困難。難友把毛毯吊在房中央，兩邊綁繩子，輪流輪班拉，好讓窒悶的空氣有些流動。

到了看守所，我們手銬被打開，各人分配到各房，我被放進十三號房。此時立即有人靠過來，好像要安慰照顧我似的，把我引到馬桶（便所）旁說話。他自稱傅賴會，客家人，出生於新竹關西，畢業於台北工業學校採礦科。他父親當過台灣最早的軍夫，派赴中國戰場，所以他家是「榮譽之家」，獲得不少「特別恩典」，但他卻參加抗日運動而被捕，終戰才得以獲釋。戰後，眼看國民黨政權腐敗，又致力革命運動而入獄。他雖是客家人，和我只用日本話交談。他被歸為「台北市工作委員會案」，於九月被處十二年徒刑。

在沒有預期的時間，能和沒有預期的人同房，真像上天的幸運安排。先是在南所恰巧和陳水木同房，他告誡我：「任何事都要裝不知道，不要講。」並說他沒有供出我，讓我放了心。現在到了軍法處，又恰巧和曾清根同房。他看我進來，趁機接近我，以只有兩人聽得到的小聲，透露他被偵訊的內容經過。並且說，佳木斯密航一事不曾被詰問，故要我「收緊口風」。陳水木和他，先後對我做類似的說明，讓我在軍法處多少能保持鎮靜，不致慌亂。

我和曾清根同房關了兩個月，共渡苦難的生活。在他的眼裡，必定認為我是紅顏美少年吧。回想當初照楊廷椅指示，去水產科與曾清根初見面時，他還問我：「你真的是少年飛行兵出身麼？」在戒嚴令下，佳木斯密航計劃若被查獲，將是很嚴重的事。他坦白告訴我：當初他抱著「決不能讓這位稀有的少年飛行兵美少年白白犧牲」的決心，沒有很積極推行密航計劃；否則現在我可能在對岸的天空翱翔，而不是在這裡吃冷飯。他為此向我致歉。其實命運相隔如一張紙，是吉是凶很難說。後來曾清根與傅賴會都逃過一死，都判十二年徒刑。

一位我不認識的人，突然叫我「黃先生」讓我吃了一驚。身在軍法處，猶如生死邊界，神經繃得很緊張，冷不妨被人叫名字，滋味真不好受。因知道我過去的人多一個，我的危險就增加一分；生怕他們在刑求之下，被逼出對我不利的供詞，我就可能更接近死亡。

當我詫異究竟是誰時，對方自我介紹。他是林金成，我的同鄉，竹南國校的後輩。他知道我出身少年飛行兵，終戰前飛翔過故鄉天空，在竹南享有名氣，但我不曾和他見過面。

他是家中次男，他家在竹南經營一家大製材廠「成利木材行」。三月初，五名通學新竹的高校生被捕，他是其中之一。他們家都具有相當經濟基礎，特務為了賞金與升官，就設計將他們入獄。正好竹南發生張增傳被捕事件，張被認為是「台灣民主自治同盟」竹南地區領導幹部；這五名被冤枉逮捕的高校生，就被誣為該同盟的成員，成為特務不擇手段的犧牲品。

戰前，日本為了加強政策宣傳，徹底推行「皇民化運動」，強求每個家庭具備收音機；戰爭末期，收音機淪為傳達大本營戰果與發布空襲警報的工具；戰後因台灣無法製造真空管，收音機大都變成廢品，在架上閒擱或丟進倉庫。我家牆上有一個架子，戰時被迫供放「天照大神」牌位；戰後「天照大神」收起來，就擺一台不能發聲的收音機。

當時一般家庭頂多持有長波收音機，只能收聽國內廣播；但不愧為竹南最大木材商的林家，卻擁有高級的長短波收音機，被特務發現，認為是可斂財的對象。不僅藉機搜其家宅，把收音機沒收，還指控他們利用短波收聽大陸廣播。

俗語說「有錢能使鬼推磨」；國民黨的特務更信奉「金錢多寡能決定生死」，辦案隨人而異。他們把人入罪，一面可拿巨額的「破獲匪諜」獎金，一面還可向受難者家屬強索賄賂。四名高校生的家屬沒有賄賂特務，林家賄賂了特務，卻漏了軍法官。沒收到錢的軍法官說：「我相信這些高校生的清白，但林家用巨額金錢收買治安機關之行為動機可疑，其中必有內情。」而在一九五〇年十一月初，把高校一年級的林金成，從無罪改判為無期徒刑。

在這場荒謬的案件中，熱血漢子張增傳被當作「案首」處以死刑，其餘四名高校生吳家田、吳尊盛，方楹棟、張英哲（前老松國小校長張郭水的么弟）判無罪，但交付感訓一年到三年，還要發誓「絕對不把獄中實情向外洩露」才得以出獄（註）。

我被移送軍法處幾天後，難友陸續受審。有時每次一個人，有時同時幾個人，站在法庭上，由檢察官或審判官或不知身份的軍人審問。說是審問，不如說是確認口供；這是在保密局刑求下，不管三七二十一，強逼我們按指紋所得的口供。庭上沒有辯護律師也沒有翻譯官，唯有一位身兼檢察與審判的法官，以及一位書記官，在不給被告看或聽起訴內容的情形下，逕予宣判。這就是戒嚴初期的軍事審判，不知有多少青年在這種不法審判下斷送生命。

奇怪的是，只有我被遺忘似的，不曾叫去審問。猜想是他們不把我這默默無名的鄉下小竹廠工人放在眼中，我如此自嘲著。但胡亂想像會犯大忌。重要的是特務呈送的口供內容，會成為判決依據；我們雖不明白其內容，但上面有我們被強迫捺的指印。生死與其說是軍法官定奪，不如說是操在特務手中。

有過這種例子：一位兵士和我一樣，沒有出庭受審，卻被槍斃了。另外像林金成，他沒有後續審問，就由無罪改判無期。可見認為沒有出庭受審，表示案情不嚴重，這種想法是錯的。情勢並不容許我樂觀。

進入九月，軍法處的生意越加活絡，看守所大爆滿，沙丁魚般更加擁擠，判決速度更為加快。幾乎每天清早，都有幾個人從牢房拉出去，送馬場町槍決。天未亮，看守推開笨重的鐵門，開門聲將大家從睡夢中吵醒，個個屏息吞聲，目不轉睛，盯著看守和跟在其後、拿著自動步槍的押兵。「今天是誰？」「不會是我吧…」每個人都如此提心吊膽著。每天清晨的開門聲和巨大的恐怖感，把我們的神經一天一天削尖，變得更加纖細脆弱。

被拉出的人就是唯一死刑。他們頓然變成堂皇的英雄，走出牢房時，有人喊「共產黨萬歲」、「社會主義萬歲」，也有人幾乎要撕裂喉嚨的喊「台灣萬歲」。我們只能很遺憾不甘心，感慨萬千的壓住內心的悲痛，目送他們最後的身影。

是十月初吧，有一天，軍法處牢房傳來懷念的旋律與歌聲，那是《幌馬車之歌》，正是基隆中學校長鍾浩東被叫出去的時候。日本留學的鍾校長曾拜託同房難友：當他要赴不歸之旅時，請一起唱他喜愛的《幌馬車之歌》為他送別。這是他學生時代以來就愛唱的歌曲。歌聲一傳十、十傳百，一房傳過一房，終於匯成數百人的大合唱。當他經過我們十三號房時，一面搖手一面說：「台灣的黎明就在眼前，大家請加油！」泰然自若的走出去。我們忍住悲痛，含淚合唱，內心極為不忍。那是多麼悲壯而哀怨的交響樂。

出乎意料的，有必死心理準備的我，被處十年徒刑；絕對自信會判無罪的林金成，卻處無期徒刑。當我獲悉林君的判決，想給他安慰時，卻已無法傳達了；因為我已在十月下旬，從青島東路的軍法處看守所，移送到位於新店，由戲院改裝而成的分所，關在十號房。

註：根據國安局檔案《歷年辦理匪案彙編》（李敖出版社）下冊四八至五三頁，吳家田、吳尊盛，

方楹棟、張振文四人交付感訓一年，張英哲以罪嫌不足判無罪。與上說有出入。

（王春長／提供）

1948.6.28基隆中學高中第一屆畢業照。前排左起：鄭溪北、李旺輝、方弢、鍾浩東校長、（姓名不詳）、張國雄、（姓名不詳）、藍明谷。中排右二為王春長。

主文

曾文章張增傳黃蘭芳共同意[illegible]非法之方法變

着手實行各處死刑各褫奪公權終身其財產除

生活費外全部沒收

林金成參加叛亂組織處無期徒刑褫奪公權終

陳慈雄郭玉崑吳家祥黃元雙黃榮進張德甫陳

黃元盛林萬來徐木生湯天忠王清金黃天貴黃

黃榮貴江清貴參加叛亂組織各處有期徒刑十

陳扮妹黎阿良明知匪諜而不告密檢舉各處有

權二年

陳木金孫欽劉賴順鍾阿火鍾阿波劉增昌黃心

福盛張英哲劉金宏均無罪

手榴彈一枚短波收音機一架沒收

事實

曾文章於三十八年二月間結織匪張南輝受其

參加匪台灣民主自治同盟吸收張增傳陳慈雄

曾文章、張增傳案判決書。本頁倒數第4行載明「短波收音機一架沒收」。

新店看守所：等待死亡唯唱歌

陳英泰譯

我一唱再唱，成為「獄中歌星」。看到大家士氣受到鼓舞，我也暫時淡忘等待死亡判決的恐怖感。這首歌就是後來大家耳熟能詳的世界名曲《梭羅河畔的月光》。

新店看守所鄰近碧潭，位於看得見堤防的新店溪畔。想是灌溉用水流過附近吧，可聽到清脆的潺潺水聲。堤防上一定有許多男女，手牽手，一面欣賞倒映碧潭的山色，一面卿卿我我談情說愛⋯⋯我總是不禁浮現如此羅曼蒂克的幻想。

大家都說移到新店看守所的人，都不會處死刑或無期徒刑，只處十五年以下的徒刑；但也有不知什麼差錯，來到這裡又送回去處死的。因此我每天還是過著不能放心的日子。

我被捕後，一直到關在新竹縣警察局時，家裡還可送東西進來；但到了台北的刑警總隊之後，一切對外交通都被斷絕。所以家人不知道我在何處，我成為行方不明的人。一九五〇年八月後，保安司令部每天都把槍決「匪諜」的公告，貼在台北火車站的公佈欄以警嚇台灣人民。有政治犯的家庭擔心子女平安，常懷著恐怖的心情偷偷去看公告。在台北機務段當火車駕駛的二哥，據說每次一貼公告，就偷偷去看。

十月末，也就是被捕後四個月，我被允許通信，立即向家人報平安。二哥聞訊趕到新店，想和我面會。但那天不是指定的面會日，不許接見，只可把東西送進來。二哥不愧是骨肉至親，可能認為我餘生無幾吧，為了能隨時見到我，竟辭退縱貫線快車的駕駛而志願當新店線的駕駛（後來新店線停止營運，鐵道不復可見）。

身繫囹圄，是生是死都不知道，每天過著沒有明天、沒有安定感的憂鬱日子。同房有畢業於東京體育專門學校，戰後任高雄中學（註）體育主任的林正忠，每天都對消沉而心扉不開的我說：「你不像是和死亡擦身而過的特攻隊員……」「即使要槍斃，也請給我看日本陸軍少年飛行兵堂皇的英姿！」似在貶我又似在鼓勵。我聽了，心裡有一抹痛楚。沒有接到判決書，生死皆是未定數，我無法沉著與安心。

「同樣會在刑場被槍殺，還是把每天快樂的過吧！」高雄出身的洪天復也如此鼓勵我。戰時他以軍屬的身分，被徵調爪哇服役。富於音樂素養的他，從當地抄取一首民謠的原文詞曲；戰後回台，卻沒有機會唱。做夢也沒有料到，被捕後才有機會唱這首歌。他以感慨萬千的心情教我唱；是旋律適合我吧，我立即學會了原文歌。不久鄰房的難友也請我唱，我就一唱再唱，成為「獄中歌星」。看到大家士氣受到鼓舞，我也暫時淡忘等待死亡判決的恐怖感。這首歌就是後來大家耳熟能詳的世界名曲《梭羅河畔的月光》。

應是十一月最後一天，看守抱著一大束判決書，到每間牢房前叫名。他到十號房前叫我名字，然後從籠柱（木柱）的間隙把判決書丟進來。我打開判決書急速尋找，看到自己名列有期徒刑十年的一欄；雖尚未詳讀內容，已經知道倖免死刑。同房難友群湧而上，為我慶賀高興，溫暖的友情瀰漫整個房間：「喔，黃先生也是學生運動的案件啊……」「好！好！」大家也為我能保住一命而感到放心。

我雖然參加革命組織，但不知屬於那個系統。因我以台灣解放先鋒隊的一員要去佳木斯受訓，本以為屬於「武裝組織」的案件；看了判決書，才知道被列入「學生工作委員會案」。「學生工作委員會案」共有四十五人被捕，以李水井、楊廷椅、陳水木為案首，十一人被槍斃。這十一人不是台大與師範在學生，就是畢業生和教師。卅三人判五到十五年徒刑，一人無罪釋放，也是學生與教師佔大部分。以當局的眼光來看，或許認為十年只是起碼的輕罪；但在俗稱「人生五十」的那個年代，十年對我們來說太寶貴了，是不能補救的青春歲月。

判決書用鋼板油印，墨水總糊在一起很難讀。判決日期寫民國三十九年（一九五〇）九月十六日，但國防部批准日期大概是十一月廿八日或廿九日。由於通知死者家屬領回遺體是十一月廿九日，可見執行槍決是十一月廿九日一早，天未亮時分。嗚呼真不甘心！

就這樣，我完全沒經過軍事法庭的開庭，就在戒嚴時期依「叛亂罪」名，草率處以十年重刑。沒被處死刑或無期徒刑，還算幸運的呢。

我深信我能留住一命，是因為陳水木、楊廷椅與曾清根三人，沒有一言供出台灣解放先鋒

（陳孟和／繪製）

圍以高牆和鐵蒺藜的軍法處看守所外觀。

隊的事。我也確信，堅持說自己是文盲、鄉下人、小竹廠工人，並熬過殘酷刑求，拼死否認加入共產黨，這些策略確實奏效。被槍斃的許振庠局長，那句「刑求時哀嚎是最上策」的箴言也適時救了我，我深深地感謝他。

註：據高雄案判決書（台灣省保安司令部（39）安潔字第2948號），林正忠被捕時的職業是高雄商業學校教員。但作者有求證過，難友吳水燈也證實，確定林正忠被捕前曾任雄中教員。

軍人監獄：軍犯修理政治犯

陳英泰譯

政治犯在軍人監獄，和犯罪的官兵同房。這些官兵為了討好監方，千方百計打政治犯的小報告。內容捕風捉影，毫無根據，政治犯為此吃足了苦頭。

我們接到判決書約一個禮拜後，被送到青島東路軍法處隔壁的國防部軍人監獄服刑。那是二層建築的監獄，由原日本陸軍倉庫改建而成。我關進位在二樓、可容二十多人的大房間。這裡可面會和送東西，二哥就帶些食品、衣服與過冬用的毛毯，趕來和我面會。

毛毯是日本帶回的陸軍軍用毛毯，是我備嚐心酸，好不容易才從日本帶回來的紀念物。當初日本戰敗，我被航空士官學校逐出來，無依無靠，軍方特別開恩給我們幾條毛毯。但大家為了活命，不得不一條條變賣換取糧食。我特別留下兩條帶回家鄉，以向父母謝罪並表示孝敬之意。

歸國後，我兩次以政治犯身分被捕。雙親受我牽累，必定覺得在社會上、在別人面前不如人。故至少為了表示我最深的溫情，和這個不孝子的一點心意，我無法收下毛毯，就把它還給二哥。

軍人監獄本是關現役軍人犯的地方；但在戒嚴令下，非軍人的政治犯也關進來，和犯了貪污、收賄、竊盜、強姦、逃脫罪的軍犯同房。這些惡質軍人因家庭背景和所受教育的差異，分成不同團體；但為了討好監方，取得好處，千方百計打政治犯的小報告。內容捕風捉影，毫無根據。政治犯為此吃足了苦頭。

「不要太理他們。」一位先來的難友提醒我們。他是陸軍上校陳行中，三十八歲，講話帶有湖南腔。他在對日抗戰時，當過青年軍少校，曾在印緬邊界的印普哈（Imphal）戰役（一九四四年三月至六月）中痛擊日軍⋯他如此誇耀著。如果他知道我是日本陸軍航空隊出身，恐怕彼此會非常尷尬。所以我都說我是文盲，在鄉下的小竹器工廠做工。

陳行中戰後又赴中國東北，和共軍交戰，戰敗負傷被捕。其後成功脫逃，追上所屬軍隊來到台灣，然後去找過去直屬上司的陸軍總司令孫立人上將，卻以謀叛策反的罪名被當局逮捕，判十年徒刑。一九五一年五月大移監，他和我一起送到火燒島的洗腦集中營「新生訓導處」。但他比較傲氣，看不起比自己程度低的官長們，以不信、不滿、不合作的態度對待之。因此不到一年，又被送回台灣，後來被判死刑。真可惜，他可能是未來的將軍人才，卻如此被消滅掉。

驚濤駭浪的一九五〇年終於過去。緊接著是獄中度過的第一個舊曆年，一家團圓變成不可能的美夢。一想到我常在家中缺席，帶給家人煩惱，還讓他們被人指指點點，過著抬不起頭的苦日子，我就無限愧疚。

新年一到，難友的家屬都送來肉類、水果、糖果等豐富美餚，使我們享受難得的大餐。我們也邀請軍犯們一起享用，他們都是外省兵，有家歸不得。一向陰險而兇暴的他們，平常對我們採取「敬而遠之」的隔離戰術，現在頓然一變，好像捲起尾巴順從的家犬。這裡雖然禁菸禁酒，過年嘛，他們也拿出香菸招待我們。

好久沒抽的香菸，使我頭暈而呆呆然躺在地板上。經過他們的轉手，每包定價五角五的二十支裝香菸，我們可以用五元向看守買到；定價九角的「樂園」牌香菸附一盒火柴，可以用十元買到。都是十倍的黑市價格。

不過買菸也有問題。今天我們向這個看守買菸，過一天換班的看守就來查房，把我們的菸沒收，簡直是拿我們的錢來補助他們抽菸。難怪我們入監時的身體檢查只是一個形式，他們會睜一隻眼閉一隻眼，讓不許過關的現金過關，以便中飽私囊。像身體檢查前，我在襪子裡偷藏一些錢，打算做「走私資金」；結果因為買菸，我被掠奪了二三十元。我耽溺於味道奢侈的香菸，一時忘卻了不自由，一時得到了快樂，也算是消解苦悶吧。

第八部
綠島集中營

（陳孟和／攝影）

新生接受「校閱」一景。

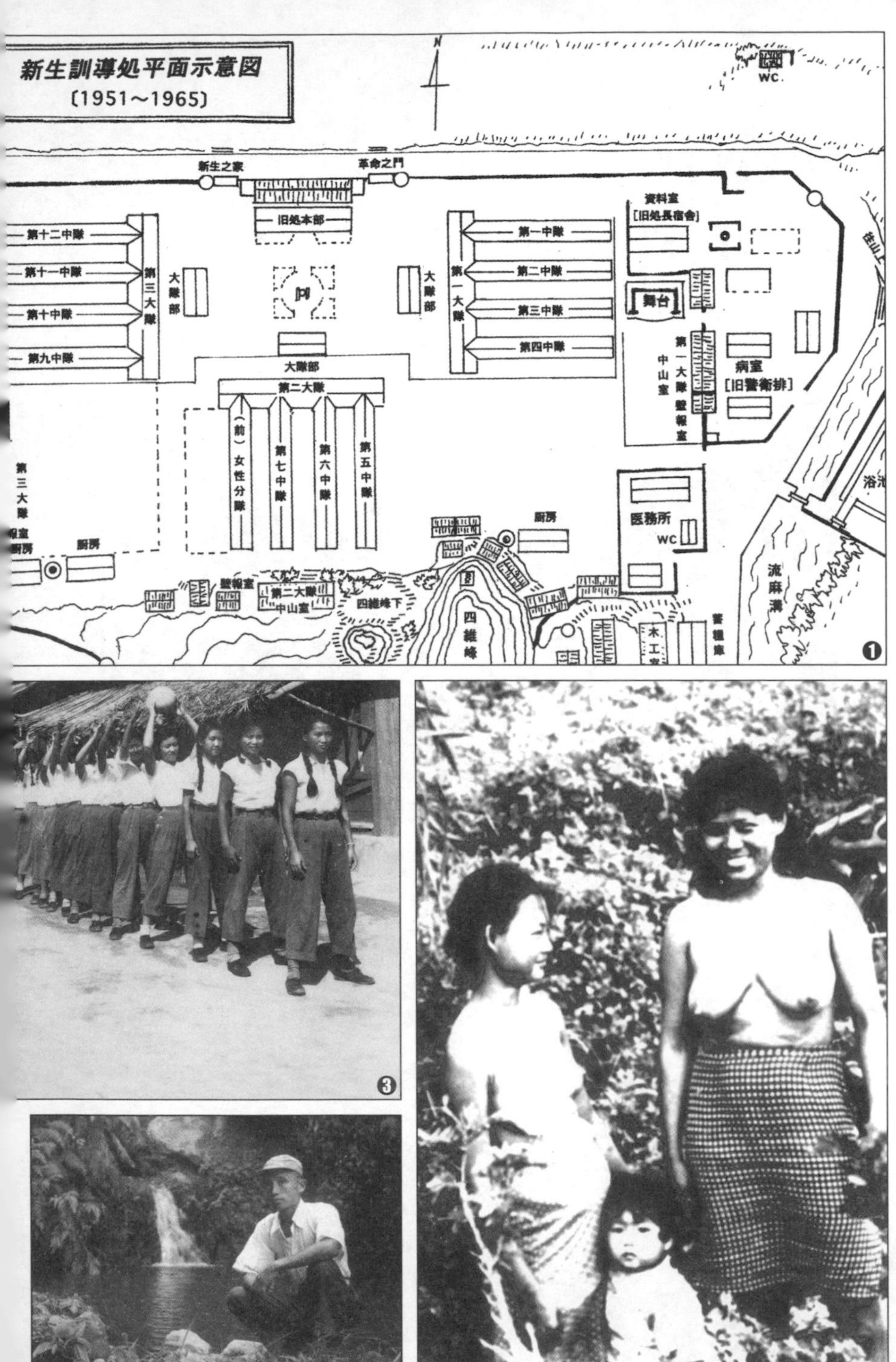
新生訓導処平面示意図
〔1951～1965〕
N
WC.
新生之家
革命之門
旧処本部
資料室
[旧処長宿舍]
第十二中隊
第十一中隊
第十中隊
第九中隊
第三大隊
大隊部
第一中隊
第二中隊
第三中隊
第四中隊
第一大隊
大隊部
舞台
第一大隊警報室
中山室
病室
[旧警衛排]
大隊部
第二大隊
(前)女性分隊
第七中隊
第六中隊
第五中隊
第三大隊
報室
廚房
廚房
廚房
医務所
WC
流麻溝
警報室
第二大隊
中山室
四維峰下
四維峰
木工室
❶
❸
❹
❷

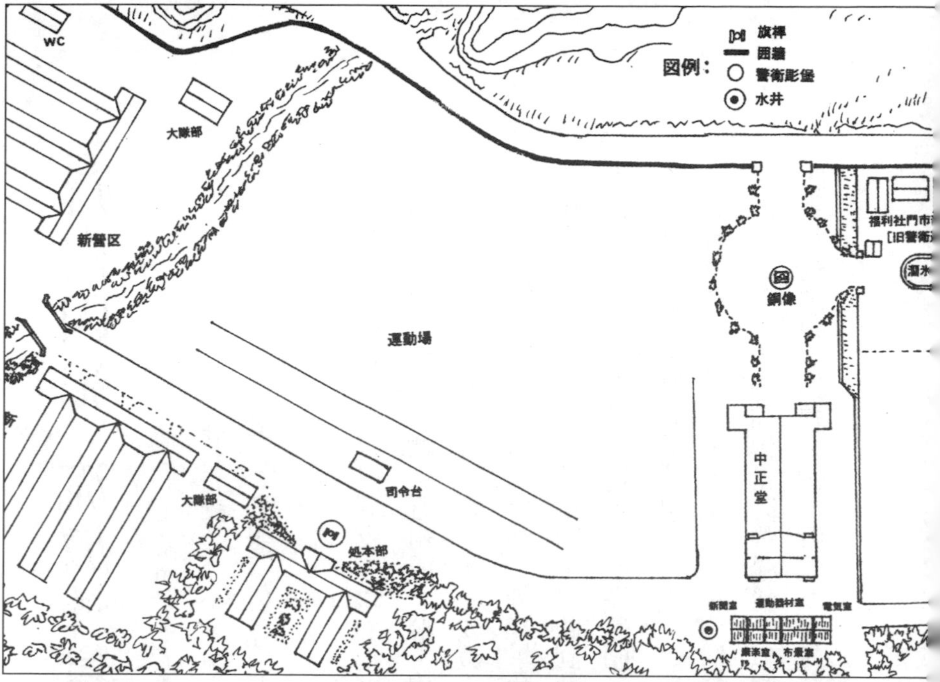

1.新生訓導處平面圖。（陳孟和／繪製）
2.1950年代，火燒島的女人。（歐陽文／攝影）
3.女生分隊作操，這是配合官方宣傳的樣板秀。女生分隊成天關在竹籬笆裡，不像男生可以上山下海活動，可說是牢中之牢。（陳孟和／攝影）
4.流鰻溝的水源，圖中人是王乃信，與作者同案。（王乃信／提供）
5.1950年代，火燒島的男人與民房。（歐陽文／攝影）
6.日治時代荒涼的火燒島，海邊遍佈崢嶸的礁岩（咾咕石）。

蒼白囚犯　流放煉獄島

陳英泰譯

他們不論男女老少，都被太陽曬成原始野性的赤茶膚色；尤其年輕女人毫無顧忌露出乳房，我們既不敢正視，又喜歡看，只能對自己的境遇感嘆無奈而不勝唏噓。

一九五一年五月十五日深夜，政治犯被叫出去集合。不知緣由的叫我們排成兩列縱隊，左右兩人一組，戴上手銬；五組成一群，用繩子綁在一起（每一組右側人的右腕、左側人的左腕相綁）如此花上幾個鐘頭，才完成數十群人犯的串珠作業。我們從青島東路的軍人監獄，徒步走到近在咫尺的樺山車站，拂曉星在天上眨眼，彷彿告訴「新的一天」將要開始。

我們坐上貨物列車，列車開了，聽到轉軌聲，不知要去哪裡。在向北或向南的猜疑中，走了約一小時，才知道到達了基隆港碼頭。那時天已亮，天空轉魚肚白。一條生鏽老舊的大型登陸艦，開著船尾的大門在等待我們。

這時忽然人心動搖，大家切身感到情勢緊迫。是否因共軍將引兵攻台，國民黨急著把我們送去金門、馬祖等前線當防彈壘包，以阻止中共「血洗台灣」？或是重演二二八沉屍悲劇，把我們載到海上集體虐殺，再丟入台灣海峽？我們如此胡亂猜想，猜想易變為謠言，而加劇大家的恐慌。

把我們綁在一起的繩子被解開。大約五六十名女囚先上船，我們再依次登上。經過約兩個鐘頭，船艙門關了，一片黑暗，唯有幾盞沒加套子的電燈，昏暗地照下來。我們分到饅頭聊以解饑，這時才告知我們船將開往綠島，這時大家才鬆了一口氣。

在艙內，我們仍然兩人銬一只手銬；要上廁所，非共同行動不能完成目的。說是廁所，雖有東西圍著，只是一個中國式馬桶。一個人在用時，另一個人須在旁邊「陪伴」，相當困窘且不雅觀。儘管如此，大家還是爭先恐後，厚著臉皮來去廁所。如廁途中會經過女囚群，我就利用機會打聽我所關心的、和我同案的女性是否平安。我從判決書知道，同屬「學委案」有一名醫生的女兒黃采薇，就讀台南高女三年級，是相當標致的美女。但互不相識，無法看出究竟是誰。

密閉而生鏽的船艙瀰漫著柴油味，與幾百名囚犯發出的臭熱氣，空氣極為混濁。出航前就有人想吐而不斷呻吟。船一出港，船的上下搖動變為激烈，經過長達一年的牢獄生活，大家的體力已經衰退，禁不起沿途的窒悶與顛搖，紛紛暈船嘔吐，吐到整個胃掏空似的。因兩人相銬，密集而坐，一人嘔吐，別人也非吐不可，於是像瘟疫般傳染開來。船內到處都是污物與惡臭，連坐過兩次下艙的我也受不了。

不知哪個天才，在什麼地方撿到生鏽的鐵釘或鐵線，先打開自己的銬環，接著打開他旁邊人的銬環。又不知是誰，把筷子咬碎，變成火柴般細小，也可撬開手銬。這些技術傳下去，大家紛紛把手銬弄開，聊以得到暫時的自由。

五月十七日，船抵烈日炙曬的火燒島。這座浮在台東東南方太平洋上的孤島，戰前即享有盛名，戰後改名綠島。早在日治時代，就是囚禁揮舞刀劍、威脅別人、擾亂治安的罪犯之地；即使連鬼神都不怕的黑道分子，一聽到也會顫抖不停的流放之島。

沒有港口也沒有碼頭，登陸艦泊於中寮村岩礁外海。我們被打開手銬，每十人坐一艘漁船，由漁民划到岸上登陸。盛夏的艷陽，在純白色的沙灘上強烈打光，過慣黑牢生活的我們，無法正視周圍的美麗風景，與島民看我們的好奇表情。島民好像事先被當局洗腦，被嚴厲禁止和這批「殺人放火、姦淫掠奪的共黨匪賊」接近與談話。

在此生活的人們，被現代文明拋棄吧，反而沒受到現代社會的污染，以樸素的眼光看我們這群蒼白脆弱的囚犯的舉動。他們不論男女老少，身體都被太陽曬成原始野性的赤茶色，讓我們印象頗深。尤其年輕女人在我們面前，毫無顧忌露出乳房、背著嬰兒，教正值盛男期的我們，既不敢正視，又喜歡看，只能對自己的境遇感嘆無奈而不勝唏噓。

我們像疲憊的戰俘緩緩行軍。沿著岩礁與砂灘中間一段不像路的路，走了大約三公里，來到綠島東北側的洗腦集中營「新生訓導處」；迎接我們的，是屋頂鋪著石棉瓦的簡陋獄舍。

這是軍隊式三個大隊的編制，一個大隊有四個中隊。當天到達的六、七百名男囚，被編為

三、四、五、六、七，共五個中隊；五六十名女囚編入「女生分隊」，屬第六中隊，獨立關在一棟。本以為我們是洗腦集中營的第一期生，未料來自內湖新生總隊、判無罪卻交付「感訓」（強制洗腦勞動）的一批人，比我們早來，被編為第一、第二中隊。

我被編入第五中隊。隊友主要由台北案（包括六名台大醫生和多名智識分子）、學委案（大學生和中小學校教師為主的學運案件）、麻豆案（多半是農民與糖廠員工）、高雄案（多半是工廠勞工）為主體。

於是官方強調所謂「徹底改造受刑人的馬列主義思想、日本奴化教育、軍國主義思想，引導他們展開新的人生」的「新生訓導處」洗腦生活於焉開始。時為一九五一年五月十七日。

新生訓導處設在一片海岸低地上。與其說是山，不如說是小丘當作背景。外觀看似俘虜營，周圍圍以鐵絲網，正門面對太平洋，晴天可眺望台灣的朦朧島影。以「處本部」（簡稱處部）的一棟房子為中心，三個大隊分開排列，各大隊有四棟中隊獄舍。警備隊一個中隊的兵舍，位於籬笆外的小丘山腹；籬笆內的小丘山腳，有各中隊的廚房，此外沒有其他建築物。

獄舍是簡單的釘木板建築。床鋪用木板釘為上下鋪，出入口是一扇生鏽的鐵門，半夜鎖上鑰匙。獄舍採軍隊式管理，起床點名、開飯就寢全用吹喇叭來通知。沒有電燈，只有煤油燈昏暗的光線，就寢後燈光熄滅，整個營舍歸於黑暗。一年來因生死大權操諸他人，始終緊張疲憊的心情，在綠島的第一晚，因寧謐的黑暗而得到鬆弛，心身安穩平靜入睡。有些同案的難友，仍整夜談話不知止盡。

第二天早上，開始編班。依各人學歷、經歷、職業，編入高級班、中級班、初級班、文盲識字班，作為思想改造的編制基礎。我被捕以來，歷經多次刑求審訊，始終自稱是不曾受過教育、住在鄉下的小竹廠工人，判決書的職業欄也記載是竹匠。為了不再節外生枝，我還是隱瞞學經歷，進入文盲識字班。

識字班上課的，表面上看，都是不識字的文盲、老人和農民。其實這些同學，絕大多數在光復前已受過初等教育（相當於後來的九年教育），只是和我一樣假裝文盲而已。他們人生經驗豐富，閱歷非凡，和他們上課讓我受益不淺。

識字班教課的也是新生，只教國語發音、注音符號、漢字讀法等初步課程。大家學習意願低，我也覺得乏味難挨。後來改編為初級班。其實大家都知道，所謂「學課教育」只是表面裝飾，「思想改造」才是重點。

文盲繪製　綠島地形圖

王春長譯

流鰻溝水源從石縫巖壁中湧泉，匯成一道細流，清澈見底；年復一年流水潺潺，似乎向經歷苦難的遊子們叮嚀：務必保持健康，繼續努力奮鬥。

民國四十年（一九五一）初，綠島成立「新生訓導處」，隸屬台灣省保安司令部管轄；派來管理的官兵，似乎以不適任現代化戰爭的老兵，或被貶謫左遷、不獲任用的軍吏佔多數。處長姚盛齋少將八面玲瓏，狀似溫厚，卻是殺人不見血的惡魔，他原任職基隆要塞司令；另一位任職高雄要塞司令的彭孟緝將軍，殺人不眨眼，眾多無辜的高雄青年被他虐殺。彭因殺人「功績」累升省主席、警備總司令、參謀總長等，姚則失了蔣介石恩寵而左遷綠島，在新生訓導處長任內退役。

新生訓導處的管理系統：大隊有大隊長、中隊有中隊長；中隊長之下，還有分隊長。每中隊分三個分隊，每分隊分三個班，每班十三到十五人。各分隊負責行政管理的是分隊長，負責政治管理的是政治幹事。

每個中隊有三名分隊長，輪流當值星官，每星期輪一次，管理隊員生活起居、上課勞動等事。也有三名政治幹事，負責監控隊員思想，考核洗腦結果。每個中隊還配屬一名政治指導員，是很不好親近的政工人員（軍中特務）。

我所屬的第二大隊第五中隊，隊員約一百二十名。大隊長、中隊長年近五十，相貌忠厚頗像鄉巴佬。中隊長嗜好指揮零星工作，如搬石頭、打掃環境等，唯恐我們閒下來他就會吃虧，我們稱呼他「包工頭」。一位分隊長姓馬，已近五十歲，肥胖龍鍾，一眼就知道是「老粗」，說話宏亮，直率有趣。無心機的他，常懷念抗日戰爭時，因率領弟兄打游擊建功，封為少將司令。後來被識破底細，原來是掠奪良民的匪賊首領；又因國共內戰時部下謀反，只好逃走台灣，降級為上尉軍官，放逐綠島。

各隊的行政幹部，學識素質都比較低，彼此相差不遠。這種情況，倒是政治犯所樂見的。政治犯的知識水準比這些官長高，如果把官長應付好，就比較好過日。但政治指導員和政治幹事就沒那麼容易打發，他們常以高壓手段，對政治犯施以思想控制。

新生訓導處的思想改造，分為上午「學課教育」、下午「勞動作業」兩種。上午上課前，另有「小組討論會」；在政治幹事監視下，分班進行「自我批判」或指定討論題目。據說這是仿自蘇聯列寧學院；該學院是曾參加共產黨的蔣經國，留學蘇聯就讀的學校。他引進蘇聯的軍隊組織與政工制度，應用在國民黨控制下的軍隊。

上課內容包括：國父遺教、三民主義、孫文學說、蔣總統言論集、毛澤東言論批判、共產主義批判等，項目洋洋大觀；卻因教官程度不高，課桌椅短缺，後來暫停上課，改為整理環境。勞動以中隊為單位。因作業難易與工作量多寡不同，容易引發各中隊之間的糾紛。

伙食由各中隊自理。因綠島孤立海上，當地缺乏肉類、蔬菜，偶而吃得到鮮魚（後來比較常吃），副食品仍以大豆、豆芽菜或發霉的乾菜等為主，日子很苦。

為了改善伙食，於是開墾山坡地種菜，利用廚餘養雞鴨豬，下海打咾咕石（海邊礁岩）建造所謂「克難房」以充作倉庫。接下來，為了調查環境、認識地形，地圖繪製工作就變成當務之急了。

有一天，大隊長指示各中隊提供製圖人才名單。同隊葉雪淳唸台大地質系，首先被推薦。葉君是我小學同學又是「學委案」同案，台大在學中被捕。測量地形和繪圖，屬於土木測量範圍，與地質學所做的研究，表面看似類同，卻是兩碼子事，不可相提並論。被推薦測量和繪製地形圖的葉君，雖向大隊長據理解說，並請他另請高明，仍被拒絕。

在萬般無法推辭下，葉君求我助一臂之力。他知道我學過日本航空飛行技術，幫忙繪圖必能勝任。經過種種曲折，大費周章準備，大隊提供了一些用具：羅盤、縫衣針、標尺、米達尺、三角定規、分度器等，並臨時趕製了製圖板、三腳架等道具，忙壞了木工室同學。

測量工作從營區正門為基點，以「一千二百分之一」縮尺比例開始測量。圍繞營區內部的鐵絲網支架（當時還沒有圍牆）範圍為基準，以標尺一一測量；網外區的道路、海灘則採

「步測」方式，藉以爭取時效，把握進度。我們利用羅盤正北向固定原理與基準點對照，再應用幾何學三角法，把水面岩礁間的距離一併標出來。大隊長、中隊長驚異地問我們，為何能測出水面岩礁間的距離，我費盡口舌，仍無法讓他們了解。

炎夏的測量工作辛苦難耐，曬黑的臉上汗水刺痛了皮膚深處。檢討作業時間，得出一個結論：大熱天應躲在岩礁陰涼的地方午睡，或是潛入海中，欣賞彩色珊瑚礁美景，等陽光緩和了再動工。如此這般應付，但終究延誤進度，挨罵就難免了。

隨著工作進程逐日順利，大隊長的表情也有了戲劇性的變化。起初的不安焦慮狀，最能說明什麼叫做「愁眉苦臉」；但一看地形圖填上密密麻麻的符號，不知是懂還是非懂，竟不斷點頭，破涕為笑，並和顏看我們。

為擴大營區測量工作，我們又把第一大隊營舍東邊一條小溪「流鰻溝」列為測量主題。原來最初建造營舍時，為了尋找飲水水源，在廚房附近鑿井取水；井口直徑一點五公尺，井深約二十公尺。不料因鄰近海邊，井水滲進海水，鹹味難飲；因此流鰻溝身價猛漲，成為大眾期待的唯一水源。水源從訓導處東南方丘陵地深處的石縫巖壁中湧泉，匯成一道細流，清澈見底；年復一年流水潺潺，似乎向經歷苦難的遊子們叮嚀：務必保持健康，繼續努力奮鬥。

地形測量與繪製工作告一段落之後，處部終於購置一批精密測量儀器和製圖工具，並召集各中隊土木專業出身的同學，組成工程組。我雖曾參與測量繪圖工作，自認只是冒牌貨，於是辭退了工程組而歸隊。從此與隊上同學一起上課勞動。

工程組成立後，開始規劃幾項大型工程。第一優先的，就是把「流鰻溝」築堰蓄水，以備乾季缺水時，仍可提供七個中隊一千多人的飲用水。

築堰工程在眾多新生的努力下逐漸完成。建材所需的咾咕石，採集煞費苦心。不僅沒有鑿岩機等工具，也無法使用炸藥開石，只靠我們雙手揮動鐵鎚、鏨鑿等工具，用原始的方法剖開。如此艱辛的工作，陸續有人受傷。

此外，因石上遍佈貝殼，貝殼一經打碎，殼片銳利無比；一不小心，手腳常常受傷。難怪多數同學視打石為畏途，很少人志願參加，唯一的好處是免除上課。我幾經考慮，志願加入打石隊，因為可以找機會潛水「摸魚」，自得其樂。

除了大岩石外，築堰也需要小石子。為了搬運小石子，常向其他同學借用面盆裝載，結果因石子摩擦擠壓，鋁質面盆凹凸變形；我們又沒錢添購新盆，實在惱人。

古代秦始皇建「萬里長城」以防異族侵犯，留下千古暴君惡名。如今我們這批政治犯，也在綠島築圍城，自己關自己，重演歷史悲劇。圍牆也以咾咕石建造，呈梯型，高二點五公尺，牆底二公尺，牆頂零點八公尺，總長約八百公尺。這道堅固石牆和它圍繞的營區，就是我們的傷心地。

海邊的咾咕石經過大型工程的採集，已經採得差不多，剩下難鑿的岩石而已。各中隊為了順利完工，開始爭奪資源，糾紛時起，甚至不顧一路生死與共的「革命同志」情誼而反目相罵，實在令人遺憾。

（台灣游藝設計／提供）

〝萬里長城〞遺址。左為歐陽文，右為陳孟和，兩人先後為新生訓導處「唯二」的官方指派攝影師。

（陳孟和／攝影）

新生訓導處三位處長。左起：唐湯銘（第三任）、姚盛齋（第一任）、周文彬（第二任）。

上山下海　不停重勞動

王春長譯

我們一上山即散開砍草。蒼鬱的茅草比人高，砍夠了，就潛伏草叢，互相細語輕訴，或閉目養神。這一刻完全屬於自己所有，也倍感自由的可貴。

處部前的空地，與大隊部之間的道路整地完畢，接著施工鋪草皮、植樹苗，景觀煥然一新，像校園一樣美觀。五隊舍旁也劃好籃球場、排球場，逐步完成美化環境的目標。

依據製成的地形圖，第二大隊開始劃分所屬各中隊可使用的倉庫用地、環境清潔區及菜園地。整地工作從廚房後方山坡地開始，但所需工具如十字鎬、圓鍬、畚箕等十分短缺。鐵工出身的幾位「同學」（註），被召集組成打鐵技工團，製造圓鍬、鎌刀等；農民出身的同學則急函家中，請郵寄能快速生長的蔬菜種子，如空心菜、小白菜、高麗菜等，並就地撿拾小石子圍成外牆，築成小型菜園。蔬菜收成後，我們終於品嚐久違的新鮮蔬菜，而且自給自足，這是團隊合作最令人欣慰的成果。

開墾坡地時，常在林投樹或雜木叢中，看到野鼠、寄居蟹等野生動物，狀甚奇特。有些同學把牠們取來烤食，認為可補充動物性蛋白質，但我始終不敢領教。

秋末或颱風季節，颳起北風鹽霧，摧殘菜園作物。為了防止災害，亟須構築籬笆擋風，於是上山砍茅草和做支架用的雜木，便成為日常主要工作之一。綠島山上台地平坦，島民種植花生、蕃薯，但絕大部分土地仍呈荒廢。

我們一上山，即不約而同散開砍草；蒼鬱叢生的茅草比人還高，不到半小時即可完成任務。之後大家仍然潛伏草叢中，互相細語輕訴，或閉目養神。這一刻完全屬於自己所有，也倍感自由的可貴。約過了兩小時，顧不了帶隊的分隊長吹哨催促，大夥待到適當時刻才抱著木材或茅草，緩緩歸隊集合下山。

上山工作，有時會不慎被蛇咬傷；一種被稱為「赤尾青竹絲」的毒蛇，毒性劇烈可置人於死。又如潮濕草叢的水蛭，常悄悄貼附腳上吸血，等到發覺時，早已鮮血遍地嘆息不已。

理論上，訓導處各中隊的伙食配給，比照官兵標準，都由台灣本島供應。當時綠島尚無碼頭，補給品都由漁船接駁上岸，再分配給各中隊，由新生徒步搬回營區。

搬運補給所需要的草繩、麻袋、木棒等工具，取材於砍自山上的月桃；先把莖打碎曬乾，再取其纖維質豐富的乾絲編製工具。編製工作都由患病或年邁不能參加戶外勞動的同學擔任。他們並沒享有特別優遇，只是依工作性質分配任務罷了。所以「掛病號」的年輕同學寧願參與一般戶外勞動，可避免被歧視，還能享受上山砍草自由活動的樂趣。

一麻袋一百公斤的米、二十公斤的麵粉，由兩個或四個人合挑，一趟三、四公里砂石路，對於沒有重勞動經驗的新生來說，確是一件苦差事；何況在炎暑烈日曝曬下，尤其苦不堪言。全身被陽光炙得透紅，兩肩抬重而起水泡，乃至泡破皮裂，隨著汗水滲入傷口，苦痛加深，傷透腦筋。

運回的煤炭可以露天放置，糧食卻要有倉庫保管；於是權充教室兼雨天飯廳的中隊走廊，變成臨時置物場，十分不方便。大家都認為必須蓋一間儲藏室了。接下來便利用下午勞動時間，上山刈茅草，下海打咾咕石，「晝夜兼行」極盡趕工之能事。建好了，堆積在走廊間的糧食、衣物等補給品，也開始搬進去。眼看這一間以克難建成的儲藏室，心中頗覺自豪。

當時各中隊編制有「特務長」一名，乍聽之下，令人想到昔日專搞收集情報、秘密破壞的日本關東軍「特務機關長」土肥原賢二的惡行，讓我們吃了一驚。後來才知道是負責部隊補給品的供需調度，等於是「補給官」，官階為少尉或准尉。這些特務長給人的印象，就是常和伙伕勾結作弊，私賣米糧，利用剩飯在外面民家飼養豬隻雞鴨圖利，新生的伙食反而搞不好。我們雖知道內幕，卻只能睜一隻眼閉一隻眼無可奈何。

受盡過份勞動、卻伙食簡陋之苦，我們開始動腦筋，想辦法改善三餐營養。於是推選同學組成「伙食委員會」，從食品採購、出納登帳、公費保管到麵粉加工、做饅頭、炸油條、包水餃、磨豆腐等等，工作洋洋大觀，卻可實際改善伙食問題。

當然這些措施，是以經年累月經驗得到的成果，並由指導員向處部報備准予執行。有了伙食委員，隊上的伙伕只做早餐的稀飯、供應開水而已。雖然如此，中國軍隊傳統出身的伙伕，仍然極盡所能，想辦法揩油；像故意燒焦米飯以製造剩飯，向外私賣換取小利，實在防不勝防。在宣稱以「感訓」為宗旨的訓導處尚且如此，我們不難窺見部隊陋習之深了。

註：在新生訓導處，官方規定：難友與難友之間彼此以「同學」相稱。

（陳孟和／攝影）

克難房。上覆茅草。目前只有一小棟殘留，其餘全部毀棄。

（陳孟和／攝影）

新生向漁民買鮮魚。

新生醫師　綠島守護神

王春長譯

一位南投的國小校長，原是德高望重的教育家，愛國愛鄉的公務員，卻被判刑五年。由於深切掛念家人，竟至精神分裂，整日狂叫鬧事，關進碉堡受苦。

在火燒島艱苦的環境中，上山下海從事勞動，砌牆築堰密集工作，時常有人意外受傷。但最可怕的病症，是南國特有的無名熱病。醫界人士研究指出，這種無名熱病的兩大主因，是過勞與營養失調。

新生一旦傷病，那就麻煩了。初期營區只有醫務室一間，醫務人員一兩名，藥品極少，僅僅聊備一格，門可羅雀。可笑的是連官兵生病，都不敢指望醫務室，寧願找醫科出身的新生看診。醫務室和官派醫務人員的水準如何，不問可知。

我們第五中隊，專業醫師人才濟濟。有內科、小兒科、耳鼻喉科、皮膚科、外科、眼科、牙科、泌尿科、骨科，以及擁有祖傳秘方的「拳頭師」、「青草仙」等。以「集天下醫才於一堂」來形容，最是恰當不過了。

台大醫院眼科主任胡鑫麟醫師，覺得各隊有自行組織醫療團隊的必要，乃向官長建言，獲准成立。於是立即規劃基本設備，詳列清單；為了應急，逕自寫信請家人寄部分藥品和器材過來。有了醫療團隊，及時遏止熱病在第五中隊蔓延，穩住大家焦慮不安的心情，生病的同學得到治癒，健康的同學也如吃下定心丸。之後其他中隊紛紛仿效，成立醫療團隊，發揮自救救人的精神。綠島的政治犯自行成立醫療團隊，並救活許多官兵與老百姓，這種傳奇故事，即使在世界其他政治犯監獄中也是少見吧。

經過一段時間的商討，推選五隊的胡鑫麟為召集人，並挑選各中隊醫師出身者，組成新生訓導處的醫療團隊，每天兩人輪值醫務室，服務工作正式展開。

醫療團隊的成立，讓大家更深刻地體會：受難者唯有互相協助，才能克服困境。再一次衷心感念默默奉獻的醫師夥伴們，至感！至感！

我到綠島以來，參加日復一日的例行作業，上課、勞動、上山、下海都能應付自如，對於健康充滿信心。「不畏種種困難，發揮任勞任怨的志氣！」早在日本受訓時就已奠定了信念；所以在綠島大熱天之下，再怎麼勞動也不曾生病。

然而一九五二年六月，也就是到訓導處剛滿周年不久，有一天全體動員搬運補給品，我在回營舍的路上，突然腹部疼痛如絞。隊上同學忙成一團，經台大醫院皮膚科醫師胡寶珍診斷，認為急性盲腸炎或腸捻轉（腸絞痛）的可能性最大；急忙回營打盤尼西林針劑，每天施打一針，時好時壞，嚐盡了苦頭。

當時台灣還沒有水溶性的盤尼西林針劑，只有油性的，藥效不彰，我的下腹依然陣痛。幸好第七中隊有位三灣人徐龍耀醫師，曾任縣議員，受到農民愛戴，是一位地方名望家。他有乙種醫師資格，行醫多年，因受曾文章、張增傳的案件牽連，被判刑十三年。

他以多年行醫經驗，診斷我是熱天操勞費力，忽略水分和鹽分補充，導致腎臟結石而發病。他提供車前草、鳳尾草等中藥方，煎成利尿劑給我服用；又教同隊農家出身的李兆育、鄭禎盛兩人，如法泡製採集這些藥草給我服用。數日後，我竟不再腹痛而痊癒。之後，徐醫師的藥草治療法傳遍各隊，有人飲用見效，有人反應平平，不一而足。

同學傅賴會也受結石所苦，他聽從家裡勸告，服用活生生蚯蚓。當他閉上眼睛、張大嘴巴，徐徐吞下蚯蚓時，引起周圍一陣苦笑，我看了也覺得難過，自問自答：「傅兄情願這樣虐待自己嗎？」「絕不是，他是為了要健全活下去，才如此折磨自己罷了。」

民國四十年代，綠島居民約有兩千多人。由於孤島醫療落後，衛生設備短缺，病情嚴重的病人，只能渡海求醫；如遇颱風季節交通受阻，就只能自求多福了。

營區組成醫療團隊的風聲不脛而走，傳遍島上各個村落。有一天，中寮村某一產婦難產，村長急請處長唐湯銘少將協助救人。自從訓導處成立，綠島居民誤信國民黨當局的宣傳，例如「新生」都是惡貫滿盈的罪犯云云，極盡醜化之能事；加上當局不許居民和新生交談，因此對新生懷有恐懼和厭惡感，形成隔閡局面。唐處長為了改善關係，回應當局「軍愛民，民敬軍」的政策口號，立即答應村長求助，派人前去急救。

救人的是兩位醫生同學，一位是第四中隊王荊樹，曾任省立基隆醫院（註）婦產科醫師；另一位是第六中隊外科醫師林恩魁。兩位憑藉高超醫術，保住急難村婦的一條命。消息很快傳遍全島，村民也尊稱他們為「綠島守護神」。

日本九州醫大畢業的王荊樹醫師，被判刑十年；出獄後先在高雄「蔡外科」行醫（胡寶珍也曾在那裡看診），後去台南麻豆開業。他服務病人，不拘貧富，犧牲奉獻，被譽為「華佗再世」的仁醫。東京帝國大學醫學部出身的林恩魁醫師，刑期七年，出獄後返回高雄岡山執業，發揮仁慈愛心，默默奉獻鄉里受人尊敬。

另一位協助王、林兩人救活村婦的是陳慈雄。他的專長是鐵工，戰前曾在日本高座海軍工廠當少年工。他親手打造簡易的手術器材給醫師，為村婦進行解剖生產。他是我的同鄉好友，也是涉曾文章、張增傳案，判刑十三年。出獄後，服務於竹南的製紙工廠機械保養課，後來升任廠長。某日暴風雨之夜，仍出勤工廠巡視，騎機車的他，不幸撞上卡車而殉職。失去這位同甘共苦的難友，讓我痛惜不已。

呆板乏味的精神教育、假相式的學課教育，加上炎熱天氣下的艱苦勞動，新生在身心俱疲之下，情緒不可避免會厭倦苦悶。一位南投出身的國小校長，原是德高望重的教育界人士，愛國愛鄉富正義感的公務員，卻被判刑五年。由於深切掛念家人，竟至精神分裂，整日狂叫鬧事，關進碉堡受苦。曾任麻豆鎮公所民政股主任的李國民，不知何時開始，常獨言獨言，孤僻難以相處，繼而精神錯亂，連同案難友也不知所措，困擾萬分。

最令人同情者，是我同鄉同班同學吳家祥（同案吳家田的哥哥）。他和陳慈雄一樣，也是涉曾文章、張增傳案，判刑十三年。他被捕時，女兒才一個多月大。年輕嬌妻和父母遭此巨變，四處奔走找人營救，卻被當地特務乘機騙財，並施展巧言蜜語和惡形惡狀，奪吳妻貞操，還脅迫她離婚，與特務同居。吳父受到這種種打擊，憤恨歸天；吳君家破人亡，傷心欲絕，整日仰空長嘆，默思不語，看了實在令人鼻酸。

為了緩和緊張，調劑乏味死板的日常生活，娛樂活動和體育競賽也開始策劃。籃球、排球的對抗賽，原本是個人自動參與，進而各班推派代表參與，最後演變成各中隊的對抗賽。一時運動熱潮興起，也帶動全營區（包括官兵在內）一股旺盛的運動風氣。

第五隊因年輕的學生教員比較多，有很多運動愛好者，成了競賽成績優越、得獎次數最多的中隊，每逢隊際比賽，幾乎席捲所有的獎項。至於娛樂活動，外省籍同學佔多數的第一大隊比較風行，例如京戲、話劇、以及年節應景的舞龍舞獅、雜耍相聲等項目，幾乎由他們一手包辦，旁人無從置喙。

後來這些娛樂活動，延伸擴大表演的地方。鄰近的公館村有近水樓台之利，村民費時半小時路程，即可走進營區參觀。邀請島民共賞遊戲表演，不僅能宣傳「軍愛民，民敬軍」的政策，也能展現主管的工作成果，收一石兩鳥之效，何樂不為？

有一位女同學蔡瑞月，出身日本現代舞蹈泰斗石井漠的門下，是鼎鼎有名的舞蹈家，也編入第六中隊女生分隊受刑。她曾赴日本留學習舞，夫婿是大學教授，曾發表左傾言論，受夫婿牽累而被捕。夫婿後來逃往大陸避難，蔡女卻以「知情不報」罪名，判三年感訓，流放綠島坐牢。當時女生分隊有五六十人，她從中挑選十幾人成立舞蹈組，自任教師指導舞技，時而在營區大廣場（處部與三大隊之間的廣場）的克難舞台上表演，帶給大家無窮樂趣。

女生分隊演出現代舞蹈，獲得滿場官兵一致好評。綠島居民也聞訊趕來欣賞，舉家攜眷總動員，大廣場滿滿都是人潮，呈現空前盛況。睽違已好幾年，外界繽紛熱鬧的美景，如今幻夢似的浮現在眼前。舞者各自發揮巧思，配戴雍容華貴的舞衣和飾品，可愛討喜的小銀鈴叮噹聲不絕於耳。大家都陶醉在這「一刻千金」的情境裡，幾乎忘了身在何方。

也許受到耀眼難忘的舞姿迷惑，浪漫浮華的氣氛漸漸瀰漫營區。已婚的難友頓時懷念家鄉妻小，未婚的難友常藉機發洩慾情，自慰風盛一時。洗腦營的真面目令人莞爾不已。

註：據基隆案判決書（台灣省保安司令部（39）安潔字第2077號），王荊樹的職業欄是基隆衛生院醫師。

克難開刀 醫療傳佳話

王春長譯

林正忠在獄中擔心夫人獨居之苦，勸她回日本，但被堅拒。她說：「只要夫君一息尚存，妻必死守台灣，等候歸來。」偉哉斯言！

第五隊林正忠同學，高雄市人，在軍法處新店看守所與我同房。當時我正陷入哀傷苦悶，他不斷從旁激勵諄諄勸導，使我重新恢復信心。我倆前後在日本留學，我在軍校，他在高等體育專校，兩人志同道合，結為莫逆之交。他曾在高雄中學任教，民國三十八年（一九四九）十一月，坐「高雄工作委員會案」判刑十年，後來移監綠島，和我湊巧同時編在第五隊，共同走過洗腦營長期煎熬的歲月。

林正忠為人熱情又謙遜，身懷絕技，但絕不誇耀，熱心指導不遺餘力，很受難友們尊敬。他親切和藹，待人以誠，因國語（北京話）不甚流暢，所以學課教育編在初級班。我們交談都以日語為主。

他戰前畢業於日本熊本工業學校機械科，曾入選一九四〇年東京奧運十項運動選手。因二次大戰爆發，日本被迫停辦奧運，無法大顯身手，未能成為第一位參加奧運的台灣青年，極為可惜。

他的柔道造詣尤高。熊本工業學校畢業時，已取得柔道三段資格，被譽為柔道界的天才。其後獲母校（熊本工業學校）校長推薦，進入東京的日本體育專門學校，畢業前已取得講道館柔道五段資格，實在是難得的奇才。他多才多藝的天分和高超的涵養品德，早被母校校長賞識；終戰後由日返台前夕，娶得校長千金千鶴子小姐為妻，實在是天賜良緣。

千鶴子小姐畢業於音樂學校，是一名聲樂家，賢慧美麗，溫柔可愛，台日良緣一時傳為佳話。林正忠在獄中擔心夫人獨居之苦，勸她回日本但被堅拒。她說：「只要夫君一息尚存，妻必死守台灣，等候歸來。」偉哉斯言！

林正忠是一位外貌魁偉的美男子。但某日突然腹部劇痛，經本隊醫療團診斷為急性盲腸炎。當時醫療設備不全，沒有開刀房、麻醉藥、消毒器，更糟的是沒有電源。在如此不完備的情形下開刀，幾乎是「拿生命開玩笑」；但為了救人，又不能遲疑不試。五隊五位「新生」醫師經過五小時以上的揮汗操作，終於手術成功。

東京齒科醫大出身的林輝記醫師，彰化人。他很清楚牙痛非常惱人，眼看要求醫治牙病的同學漸漸增多，請人從家鄉寄來一批簡易器具，替患者服務。他為人幽默，熱情豪爽，喜愛音樂唱歌，與同學相處融洽。在短少電力、沒有X光攝影機、研磨機等設備的情形下，只能針對患部止痛而已；雖然如此，患者也能獲得舒適。

有一次，一位被他拔過牙的同學前來找他，說他上次拔錯了牙齒，現在又痛起來了。他檢查一下，承認拔錯了，於是說「再拔一次試試看」。商場上，為了促銷商品，流行「買一送一」。拔錯了牙，再奉送一次拔牙的機會，不也是買一送一嗎？由於這段糗事，林輝記以後就被暱稱為「拔一送二」、「牙醫仙」，實在令人爆笑。

有一段時間，新生訓導處禁止面會和閱報。除了「保密」之外，更主要的原因，是貫徹當局對付政治犯一貫不人道的政策。但俗話說「紙包不住火」，不久訓導處神秘不可測的面紗也慢慢被拆穿了。

一九五〇年代，政府採行高壓政策，亂捕異議人士；並藉檢肅匪嫌之名，處死眾多青年、學生、政治異己與無辜百姓，悲劇不斷擴大，全台灣人人自危。所幸終於有人不畏生死仗義執言，揭發國民黨統治下的真相。

部分旅美人士和逃往美國的政治犯家族，向美國國會議員陳情，或向輿論反映，呼籲美國當局重視台灣政治犯遭受不人道處置的悲劇。

民國四十二年（一九五三）夏季某天，美國駐台大使藍欽受命專程到綠島視察。當天我們不僅享受處部為了擺排場而張羅的豐盛午餐，而且應大使要求，部分新生還能與他面談。這些事先挑選的同學，面談前已經被交代如何發言，面談時又有指導員陪伴，以及部分同學在一旁監視偷聽。這種情形下，又能回答什麼？反正以後還有一段漫長的日子等我們去面對。

藍欽大使的巡視，似乎有了回應。其後不久，第三隊傅賴會的哥哥，趁雙十國慶率領日本華僑祝賀團回國的機會，向當局申請面會，引起訓導處一陣慌亂。傅賴會的哥哥是在日本岐阜市開業的名醫，也是一名僑領，身份非凡。當時政府極力拉攏海外僑胞，奉承唯恐不及，那敢拒絕他的面會？於是傅賴會見了久違的哥哥，不久面會、閱報的禁令也解除了。

事實上，從台灣老遠跑來面會的家屬，畢竟寥寥無幾。路途遙遠、交通不便是原因之一；加上政府對於政治犯極盡醜化之能事，家屬被人歧視，自顧已經不暇，若再長途趕來面會，實在不是一件易事。何況絕大部分同學對面會也是「既期待又罣礙」，生怕勾起傷心的愁緒。

可以看報紙，固然讓人歡喜。只是受天候影響，拿到手裡的「日」報，往往變成「週」報甚至「旬」報「半月」報。能享受閱報之樂，已經是莫大的「優待」了，那還敢嫌東嫌西？

有一天，大概是一九五三夏季，《中央日報》頭版刊載蔣介石總統與空軍飛行員賴泰安（原名賴起套）軍官合照的新聞，內容大約如下：

一、光復前在日本陸軍航空士官學校受訓。

二、光復後返回台灣，一九五〇年初第一期徵兵入伍，接受預備士官班訓練。

三、志願改入空軍軍官學校並以第二名畢業。

四、第一位台灣青年飛行員，空軍優秀軍官。

閱報後一時百感交集，沈思良久，往日種種浮上心頭，實在一言難盡。

（黃華昌／提供）

與難友合照。左起：陳金水、林正忠、黃華昌。陳為台中人，案名不詳，約判12年。在綠島擅於吹小喇叭。

（黃華昌／提供）

作者與賴泰安（左）合照。

鄉愁憂悶 父子成永訣

王春長譯

鄉愁如憂鬱症一般襲來，心情特別煩悶，父親的幻影不時掠過腦海。我覺得不妙，寫信給哥哥。然而回信沒有任何父親的消息，讓我十分迷惑。

隨著歲月流逝，訓導處的管理也逐漸放鬆，只要新生不犯規、不惹事，與官兵倒還可以平安相處。平心而論，過去監獄的生活宛如牛馬一般，被人驅使，生死未卜。現在隊上的官長，如果摸清他的脾氣就不難相處，比從前輕鬆多了。

我一向認為自己能刻苦耐勞，勇健活潑，但對官方所謂「成績好的人，可以提前結訓回家」之說始終懷疑。果然不出所料，從沒有人因為表現良好而提前出獄，我相信大家都心知肚明，這種假話騙不了我們。多數官兵似乎出身「老粗」，知識水準低，只要你不惹他，都可以好過日子。

以往國民黨軍隊似無正常的晉級制度。民國十三年（一九二四）入伍的陸軍軍官學校（黃埔軍校）第一期生，兩年後即參加北伐戰爭。戰事結束，配屬於部隊，晉升少將參謀、上尉中隊長、少尉分隊長等比比皆是。何況八年抗戰後，緊接著又國共內戰，連年兵荒馬亂，軍紀鬆弛幾無制度。撤退來台之後，部隊經過整編，又仰賴美國援助，軍容始獲改觀。

綠島的軍官也有晉升考試。但是考試作弊，雇請新生從旁協助或代筆，這樣竟也能逐級升官。他們作弊的行徑，我們雖不屑批評，但敵我界限因此變得模糊，倒也令人暗笑。

一九五三年，訓導處發生一件困擾大家的事件，即「一人一事良心救國運動」。我們察覺這個運動，必然是獄方為了展示思想改造的成果，向上邀功而設計的，所以採取消極態度不予理會。失去了自由，剝奪了公民權，身繫孤島牢獄的囚犯，如何獻身救國行列？又如何付諸行動？只不過是裝飾的把戲而已。

最後獄方另謀策略，強迫我們模仿反共義士，在身體刺反共標語以明志。我們不願向國民黨屈服，也不甘做宣傳樣板，堅決反對刺青。其後雖受到獄方種種非難、脅迫、恐嚇，仍堅持到底，終獲勝利。

一九五六年十月，蔣介石總統七十歲生日，營區舉行祝壽大會，強制各隊早在三個月前，就要籌備「感恩」節目。從歌功頌德的文章、貝殼畫藝術品、壁報，到京戲、歌仔戲、舞龍無獅等，真是熱鬧非凡。

我才陋學淺，連北京話都詞不達意，要交文章那是妄想。同隊的謝傳卿，桃園人，是台北師範畢業的國小老師，邀我合作祝壽節目。我們擬好歌曲題材，我作曲，他作詞。我們知道會唱歌不等於會作曲，所以選了日本軍歌權充曲調，再寫好簡譜填上歌詞，就這樣大功告成交了卷。不料，這首為蔣介石祝壽的日本軍歌，是終戰前陸軍航空隊所教唱的《荒鷲讚歌》，竟被評選為佳作獎，令人啼笑皆非。

祝壽活動告一段落已近歲末，屈指算算，到綠島也過了五年多。挨過多年的重勞動與精神壓力，除了曾患腎結石被誤診為盲腸炎之外，竟能克服種種難關奮鬥迄今，實在難能可貴。

正慶幸自己度過五年平順生活時，十二月中某一天，頓覺鄉愁如憂鬱症襲來，心情特別煩悶，而且父親的幻影不時掠過腦海。我覺得有些不妙，就寫信給哥哥，問候家中近況，並請他寄來全家人的合照。然而回信沒有任何父親的消息，讓我十分迷惑。

一九六〇年六月十八日，我服滿十年刑期回家。迎接我的父親，竟然是供奉在祖先牌位旁邊，掛在牆上的一張遺像。

一九五六年十二月三日天未亮，睡眠中的父親因心肌梗塞辭世，安詳走完了人生。為了讓我在父親的告別式瞻仰最後一面，家人曾向竹南警局提出假釋申請，但未能如願，令家人萬分哀傷。我想，即使假釋獲准，手銬、足鐐加身的參加葬禮，那種場面又是情何以堪？

父親一生拙於表露真情，但慈愛和睦受人尊敬。我未能及時奔喪，又兩次身繫牢獄，讓老人家傷心受苦。如今悔不當初，只能仰天長嘆。

人性臉譜　難友百款

王春長譯

一些被我們稱為「大頭病」的難友，自命非凡，唯我獨尊，以革命理論專家自居，動輒罵人是「妥協主義」或「動搖份子」，這也是苦難監獄的怪現象。

綠島屬於台東縣管轄的小孤島，在台東市東方約卅三公里、黑潮流過的海上。由於地處熱帶，很容易給人一種錯覺，以為終年炎熱難耐；其實夏天固然酷熱，但冬天東北季風寒冷刺骨，也是教人難受。

為了禦寒，每位同學配得一件棉襖，臃腫的外表乍看覺得好笑，穿了後卻暖和舒適。部分同學嫌棉襖像「土包子」，請家人郵寄國外進口的冬裝來穿，好像在炫耀自己，引起他人側目，真是何必呢？過慣清寒生活的我，節儉樸實過日，從不亂花分文。想起往日的受難遭遇，就令人不勝唏噓，也沒有浮誇的欲望。

我素性節儉，從不仰賴家裡負擔。唯有掛念親人安危，未能膝下承歡，報答父母養育之恩，總覺得歉疚萬分。哥哥偶而寄來一、兩百元零用錢，加上打咾咕石所領取的「傷害慰勞金」（後來才有的津貼，因為咾咕石越少越難打）每天三、四元，雖是區區小額，足以購買日用品，就覺得心滿意足了。

營區發行「購物券」，可以在福利社購物。任何匯款一律在營區換成購物券，台幣現金禁止使用。偶有少許現金被我們私藏下來，趁出差到村落的機會，偷偷向老百姓交易，叫一杯米酒下肚，飄飄然自得其樂。

我從不喝酒也不會喝，抽菸卻由來已久。到了綠島，因為日用品時而供應不繼，買不到香菸時，就以茶葉、報紙細捲替代菸枝，或一根香菸折成兩、三節，節省著抽。如能藉抽菸鬆弛獄中生活的緊張壓迫感，這種替代方式何樂而不為？

相處一段時間後，我們逐漸摸清訓導處官兵的個性，該如何相處不成問題。但同隊中來自四面八方的難友，包括士農工商各領域，以及反抗國民黨壓迫的「革命同志」等等，卻是形形色色，甚至敵我難分。其間的相處適應，會讓人傷透腦筋。

有一位台灣南部出身，受過高等教育的同學，自誇是名望家的子弟，常向一群不附和他的人謾罵批評，結果眾人敬而遠之，落得自討沒趣。另有一位「張中將」，是出身軍閥時代的「老粗」，據說是國防部長的結拜兄弟；還有一位「史中將」，據說是黃杰上將（後來任警備總司令、台灣省主席）的參謀長，曾留學德國。

這兩位中將每天無所事事，從不參加上課和勞動。整個營區，上自少將處長、上校大隊長、少校中隊長、上尉分隊長、下至士官伙伕，都對他們另眼看待。兩老年事已高，同學們敬老有餘。但每逢夜晚，他們會拉不甚高明的胡琴自娛，聽起來像牛車的輪子軋來軋去，困擾身心俱疲的同學睡眠。雖然向值星官報告，仍因畏於兩老的特殊身份知難而退。

還有幾位下級官兵，包括收賄瀆職的軍法官，金門前線臨陣脫逃的士兵等等，也和我們一起服刑。這些曾在軍中服役的囚犯，為何來此服刑，疑點重重；他們都素行惡劣，造謠陷害別人，受害的同學甚至被送進海邊的碉堡「關禁閉」受盡折磨。所以我們儘量避免與他們接觸，用孤立疏遠的方法，讓他們無法施展毒手。

政治犯的團體生活中，令人懊惱的事也層出不窮。有些被我們稱為「狗」的人，為了謀取私利或冀圖早點出獄，常造謠誣告，暗中放箭，打小報告，取悅官長。另一些被我們稱為「大頭病」者，則自命非凡，唯我獨尊，以革命理論專家自居，動輒罵人是「妥協主義」或「動搖份子」。這些不應該發生在苦難監獄中的怪現象，卻屢見不鮮，我們不得不提高警覺。

一九五五年初夏，訓導處舉辦第一次運動大會，這是以中隊為單位的競技活動。為了爭取榮譽，各隊選手都免除上課勞動，不辭炎夏烈日，加緊努力練習；並藉機到海邊潛水、抓小魚、挖海膽，一面滿足口欲，一面補充營養和體力。

這次運動大會，第五中隊大勝，獎盃、錦旗、銀盾、獎品等滿載而歸，樂壞了隊上全體官兵和同學。在競賽項目中，如撐竿跳、跳遠，我都獲得第一名；四百米接力賽跑（四棒分別是王春長、我、陳文質、陳水泉）得到團隊第一名。我把犒賞的日用品、香菸等和同學分享，大家皆大歡喜。

運動大會締造幾項令人興奮的佳績，讓掛名籌備（實際籌備運動會的是新生）的處部康樂官祝少校雀躍不已。他仔細比對各項運動成績之後，興奮若狂地宣稱：「如果拿訓導處運動會的成績，和國軍三軍聯合運動會各項紀錄相比，我們可晉入前五、六名的項目有好幾項。如果由教練指導，再施予集訓，締造更好的紀錄指日可待！」一番激勵志氣的訓詞，讓各隊選手欣喜萬分，也激發各隊熱烈的運動風潮。期待有朝一日，在台灣本島的運動場上大顯身手，爭取榮譽，贏得勝利。

祝康樂官是一位傑出政工官，學識豐富、頭腦靈敏、處事細密、誠懇待人；他的處事表現，在全處眾多軍官幹部中，無人能出其右。或許他太熱心、太幻想了，不知帶領一批政治犯去外地競技，需要向上級報備，讓層峰批准，動員大批官兵戒備；還有交通運輸、競技器材、經費支援等要考慮的實在太多。只好知難而退，參加運動會的美夢，變成空歡喜一場。

綠島運動會上，我曾締造撐竿跳三米二十、跳遠六米四二的成績，是我個人的最佳紀錄。由於場地和運動設施都克難居多，缺乏標準配備，能創造這番佳績，使祝康樂官驚異頻頻，一再檢審測量。兩位前省運選手：新竹市的陳水泉、基隆市的王春長，一百公尺跑出十一秒二及十一秒三的紀錄（我也跑出十二秒的成績），獲得滿場喝彩。台中市的張維明是中、長距離賽跑的佼佼者。這一群運動選手，才約二十出頭，正值年輕力壯，若能指導培育，來日成為萬眾矚目的運動明星，那是毫無疑問的。

（陳孟和／攝影）

第四屆運動會，第二中隊選手合影。攝於1959.5.24。

六〇四七部隊

福利社購物券

010853

（陳英泰／提供）

新生訓導處1954年發行的「福利社購物券」。券上可見訓導處的「外號」（對外稱號）是「六〇四七部隊」。

（盧兆麟／提供）

新生運動會排球比賽。

（唐燕妮／提供）

海邊碉堡。關碉堡是重刑，裡面白天酷熱、夜晚陰冷，一天給一碗飯、一碗鹽水；就地大便，無法清理，屎蟲到處爬行，待遇比雞籠豬舍遠遠不如。

集體殺囚　陰影揮不去

王春長譯

有人認為國民黨惱羞成怒，派偵察機巡航綠島上空，計劃施放毒氣、殺害「匪諜」來報復中共。這種想入非非的猜測，要到多年以後才真相大白。

訓導處的各隊，每天忙於改善食衣住行等基本生活條件。整地、開墾、畜牧、建倉庫、辦伙食等，在在需要派人支援。養雞、養豬、種菜等工作，更有專人負責。處本部及大隊本部所屬的工程組、文書組、康樂組、醫務組等，也從各中隊派人擔任。如此一來，各隊上課和勞動的同學減少半數以上。有鑑於此，各中隊必須做局部改編。

所謂「改編」，就是把各隊原先被徵用的「公差」，如負責醫務室、樂隊、福利社、康樂室、供應電源的發電機組、木工室、壁報製作等人員，集中到第五隊。原來在第五隊的我，則改編到第二隊。雖然隊名改了，來自別隊的同學也都是熟面孔，所以很快就適應新環境。

康樂室的黃垚，彰化鹿港人，台北工業學校電氣科畢業，從嘉義燃料廠科員升任科長，寫一手好字。但對於運動、音樂近於門外漢，為何被推薦擔任文康娛樂工作，我不大了解；只是他為人誠實熱情，和藹達觀，尤其博學聰明，給人的印象尤好，我們都尊敬他如親兄弟。

祝康樂官更指派他做副手，一手規劃全處的文康作業，做得有條有理，頗受祝的賞識。

我在運動會中，因表現優異受到好評。球類如棒球、排球、籃球、足球等活動也總能勝任。所以在運動場旁的康樂室，常與黃君晤面，也向他借讀一些雜誌書刊、包括內部研究用的禁書如「敵情探索」等，頗有受益。

有一天，黃垚突然問我：「假如共軍進攻台灣，我們會被如何處置？」我反問：「你認為呢？」這是一個極為敏感的問題，對我們是很嚴酷的考驗。坐政治牢的期間，會遇到共軍解放台灣嗎？或許有這種可能性，卻無人敢提及，只在心理頭想。我們也猜測，一旦共軍攻台，國民黨政權的高官顯要，將把從大陸掠奪的金銀財寶和壓搾台灣人民的金錢，悉數捲走逃亡美國、中南美避難。

這一點我們可以舉例證明：一九五一年毛邦初案。前空軍副總司令毛邦初中將（蔣經國的表兄弟），受命赴美採購軍品。不料他把一千萬美金的採購費私吞一部分，並且避不見面，變成喧騰一時的國際醜聞。國民黨其他黨政軍要員、國代立委等，雖然從大陸撤到台灣，也沒打算長期定居，而是暗中策劃如何捲款逃亡，如何舉家移民海外，所以台灣真的有危機時，一定逃之夭夭；至於「反攻大陸、解救同胞」的美麗口號，只是青天浮雲般的白日夢。

根據以往國共鬥爭的經驗，節節敗退的國民黨，要逃亡時，必定屠殺當地集中營的囚犯。假如共軍攻台，我們與其措手不及，何不現在就未雨綢繆，「認真檢討，精密策劃」？黃垚的據理分析，我覺得很有道理。

黃垚在康樂組時，認識警備隊一名隊員，他是一等兵，姓駱，湖南人，三十多歲。師範學校畢業，擔任教師，好學活潑、舉止有禮，令人好感；因常來借書，與黃君結為莫逆之交。駱君的哥哥也是政治犯，在南京繫獄等待判決。一九四九年共軍渡江、國府從南京撤退時，他在獄中被殺，屍體下落不明。駱君為了尋兄，輾轉查訪，不幸被國民黨軍隊抓去充軍，隨隊撤來台灣，後調派綠島當警備隊員。

黃垚與駱君密議，由駱君把警備隊人數配置、武器彈藥的種類、數量、保管地點提供給黃垚，以備萬一情勢危急可以舉事。資料還沒提供，就事機不密；約半年後，駱君和黃垚先後從綠島消失。事後才知道他們被警備總部保安處逮捕，送回台灣偵訊。駱君被槍決；黃垚也受盡酷刑，他堅決否認涉案，保住一命，留置軍法處看守所，十年刑滿也出獄了（註）。

綠島面積十六點二平方公里，民國四十年（一九五一）左右，人口約兩千。台灣光復前後，綠島一直是地痞流氓人犯囚禁重地；對世人而言，相當遙遠而陌生。

國民黨當局選擇綠島作為政治犯洗腦集中營，美其名為「新生訓導處」，意圖顯然有二：一、國際觀點上，偽裝中華民國為重視人權的自由國家；二、國內觀點上，宣傳政府寬大為懷，以人道為宗旨處理政治犯。但究其實，政府與人民之間存在一道對峙的鴻溝，兩者之間十分疏離。

一九四五年八月，二次大戰結束。戰爭後期獲得大量美援的中國，八年抗戰終於打敗日本，贏得最後勝利。不幸國共內戰緊接著上場，戰火熾烈，美國採取馬歇爾將軍「重歐輕亞」的政策，國民黨政權頓失靠山。中共反而在蘇聯暗助下節節南侵，不及四載赤化全大陸，建立中華人民共和國。日暮途窮的國民黨政權，則竄逃台灣苟延殘喘，勢如風中之燭。

一九五〇年六月韓戰爆發，國民黨幸獲喘息良機；美國為了鞏固她在東亞的霸權，遣派第七艦隊協防台灣嚇阻中共挑釁。國民黨趁機剷除異己，鞏固獨裁統治，大肆逮捕社會菁英、智識份子等，予以監禁或屠殺。這就是五〇年代白色恐怖血雨腥風的慘況。

一九五三年，台灣省主席兼保安司令吳國楨辭職，旋赴美國。吳是一位思想開明的文官，曾留學美國普林斯頓大學，並任上海市長。來台後，不見容於國民黨當局，被迫引退，偕夫人離台。究其內幕，確為保命之計。

後來有一位操行不良的特務，因故流放綠島服刑。為博取新生們的好感，洩露當局一段秘辛：原來蔣介石心腹大將陳誠，在大陸赤化前，以屠殺無數無辜百姓而惡名昭彰，來台後仍權傾一時。陳誠曾狂言：對叛亂犯要一律「格殺勿誤」。時任省主席的吳國楨，進言「親民政策」的重要性而得罪於當局，旋被撤職，匆匆赴美。

吳國楨對於省主席任內，未能保護無辜優秀的台灣青年生命而歉疚萬分。因此在美國接受記者專訪，暴露國民黨政權的黑幕；也透露掛念留在台灣、形同人質的兒子安危，言下悲憤異常。吳國楨訴諸國際媒體的控訴，引起軒然大波，美國輿論破天荒嚴厲譴責國民黨暴政，美政府隨即派特使藍欽大使到綠島視察訪問。不久台灣當局遣送吳國楨兒子飛美，一家人終能團聚。

吳國楨仗義執言誠屬可貴，但國民黨當局仍一意孤行，繼續鎮壓民意，製造族群仇恨，並實施戒嚴長達近四十年。台灣百姓生靈塗炭，社會陷入恐怖之中。

歲月飛逝，刑期五年、八年的政治犯陸續出獄回家，往日同甘共苦、一起奮鬥的夥伴離我而去，是喜？是悲？一時難辨，令人懊傷不已。

一九五八年八月廿三日起，金門砲戰爆發，當天「金門防衛司令部」三位副司令中彈殉國。此後在四十四天內，落下四十八萬顆砲彈，金門平均每一平方公里落下三千發砲彈，軍民死傷慘重。由於擔心這是共軍攻台的前哨戰，國內情勢變得十分緊張。綠島也不例外。

同年秋末，訓導處仍瀰漫不安的氣氛。時而發現一架空軍C46型飛機，低空盤旋營區上空，日復一日，引起眾人猜疑，氣氛更為凝重而緊張。時機如此巧合，牽動大家極其敏感的神經。有人認為吃了敗仗的國民黨惱羞成怒，派偵察機巡航綠島上空，計劃施放毒氣攻擊政治犯，或對政治犯集體屠殺，以殺害「匪諜」來報復中共。這種想入非非、庸人自擾的胡思亂想，雖然好笑，卻多年以後才真相大白。

前章曾述，我有一位摯友賴泰安，畢業於空軍官校，是第一位台灣青年飛行員，也是一位傑出飛行軍官，曾獲蔣介石總統接見嘉勉。有一天，他遇見一位出身竹南、在屏東機場當地上勤務兵的我的同鄉，獲悉我在綠島坐牢，乃藉執行哨戒任務、巡邏東南方海面之便，順道飛行綠島上空盤旋，多次低飛以尋覓我的蹤影；藉翱翔天空的機會，默默遙祝身繫囹圄的戰友，祈願我早日恢復自由之身。

時過境遷，我倆重逢敘舊，始談起這番往事，澄清這段謎團。雖曾鬧得多人猜疑迷惑，但賴君的真情友愛，和肝膽相照的義舉，仍令我沒齒難忘。

註：據國安局檔案《歷年辦理匪案彙編》（李敖出版社）下冊七七頁，黃垚被編入山地工委會簡吉案，也被判死刑。但作者指出，黃垚出獄後在台北市開大新電器行，他還去黃垚的電器行工作過，可見沒被槍決。國安局的記載有誤。

第九部

越挫越勇的人生

（黃華昌／提供）

作者結婚照。

脫離苦難地 恢復自由身

王春長・陳孟和譯

回到一如以前沒有改變的家，不知何故，忽然感覺門檻高了起來，令我畏縮不前。應該早一點跪在父母面前謝罪的不孝子，現在卻躊躇不敢進門。

一九五九年末，十年刑期的政治犯，陸續刑滿回鄉，高雄案的林正忠也在釋放之列。其他如台北案、學委案也有多人刑滿離營，營區一片寂然，令人感慨萬千。

辦理出獄手續，規定需要兩名有公民權的保證人，其中一人要有「店保」。我刑期屆滿前三個月，獲知要辦保釋手續，速函請哥哥覓保人，但他無法覓妥保人而焦慮萬分。當時一般經商開店的人，為了事業順利，不願與政治犯家屬往來，更不可能允諾作保。不然被特務或警察盯上，就飽受刁難，不僅自身安全堪慮，也連累親朋好友；所以推辭閃避唯恐不及，遑論作保。所幸一位同鄉，開西藥房「俊誠藥局」的老闆方俊誠先生，素來討厭國民黨惡政，自告奮勇允當店保，解決了燃眉之急。

離開營區之前的例行作業，就是在國父遺像前宣誓行禮如儀，要「效忠蔣介石，脫離共產組織，支持反共政策」云云，一切遵辦照唸。只要能順利釋放，其他哪管三七二十一！

告別前夕，曾與幾位同學談心，話題都集中在尚未出獄者後續的安危問題。我們窮思苦慮，密議如下：出獄的人設法提供資訊給獄中的人，在來往書信中做暗示，不露蛛絲馬跡，期待其他難友也能早日脫離險境。一九六〇年夏，美國總統艾森豪來台訪問，並走訪金門前線。因為時機敏感，我便去函綠島，用暗語提醒同學「不要輕舉妄動」。

照理我的刑滿之日，是一九六〇年六月八日，但獄方多關了我八天。六月十六日，三十一歲的我，終於踏出歸鄉的第一步。臨行前，隊上指導員告誡我「不許洩漏營區內情」云云，接著領取「國防部台灣軍人監獄開釋證明書」和綠島發行的「國民身份證」。頓時猛然湧起一陣感觸，曾經甘苦與共的夥伴，何日再相見？難捨之情令我淚流滿面。

與我同行返鄉者，有宜蘭市某國小校長，姓孫，外省人；和中壢市某國小老師，姓衛（註一）。唐湯銘處長和他的少尉秘書也趕來中寮漁港，和我們一起登船。五噸級小船乘風破浪前進，引擎輕快的響音，宛如奏出世界名曲的《螢之光》（註二），勾起心弦深處的百感交集。別離苦難之友，脫離苦難之地，不知是喜是悲。正昏昏欲醉間，船進台東成功漁港，有人暈船嘔吐，我卻始終清醒如常。

道別處長和兩位難友，我搭乘公路局金馬號班車，輾轉彎彎曲曲的山路抵達高雄。循址往訪半年前出獄的林正忠，受到盛情款待，並引見嬌妻千鶴子夫人。夫人舉止端莊、文雅淑靜，嘆為仙女。睽違多年的城市繁華景象，我也看得目瞪口呆。

林正忠早在民國卅八年（一九四九）就因高雄案入獄，四十九年（一九六〇）初，服滿十年刑期，又關了許多時日才出獄。被剝奪公民權的他，不能回到公立的雄中復職；私立三信高商的校長是他的堂兄弟，聘他擔任訓導主任兼體育主任，培育優秀體育人才，揚名一時。昔日在綠島的受難歲月，政治犯沒有尊嚴可言，連最低層的一等兵也常對新生發威。如今林正忠擔任訓導主任，屬下有現役的中校教官，遇見林主任必定鞠躬敬禮不敢造次。今昔兩相對照，不禁令人暗笑。此一時也，彼一時也，世間真是變換莫測啊。

告別了林君，我乘火車返竹南，火車搖晃緩行，心跳卻鼓動加快；七小時後，六月十八日午後三點半，終於抵達竹南車站。近在咫尺的老家，依舊是老樣子，靜靜等候遊子歸來；但不知何故，腳步沉重無比。我告訴自己：應該抬頭挺胸、闊步邁進才是，因為我已戰勝苦難，恢復自由之身了！

回到一如以前沒有改變的家，不知何故，忽然感覺門檻高了起來，令我畏縮不前。一再給家人添麻煩的不孝子，應該早一點跪在父母兄長面前謝罪的，現在卻躊躇不敢走進家門。照顧我如親弟弟般的大嫂，在黃昏沒有客人的店中看報，忽然發現皮膚曬黑、頭髮參差不齊、流浪漢似的我，吃驚地向二樓高喊：「華昌回來了！」一邊把我拉進家中。七十六歲高齡的老母，一生不眠不休的勞苦，似乎傷了膝蓋，一跛一跛從樓梯走下來。當我看到彎了腰像矮了一截的老母，立刻趨前跪下：「阿母！」無止境的淚水使謝罪的話都說不出來。

老母說：「你老爸等不及你回來，已經在四年前走了。」四年前，在不祥的預兆中，父親不幸往生的擔憂竟然成真，心中有無限的絞痛。傍晚，經營貨運的大哥一身油污地回來；我倆急忙洗淨手臉，向祖先的牌位與褪色的父親遺像上香，我深深懺悔自己的不孝。等稍後二哥回來，一家團圓共進晚餐——距離上次的團圓飯，已經相隔十年了。雖然是無魚無肉的家庭簡餐，但春天似乎降臨這個苦難的家；爬滿皺紋的母親臉上，也盪漾著團圓的喜悅。

十年前，沒有門號也沒有招牌、其貌不揚的麵攤子，不知何時掛上「菊水冰菓店」招牌。夏天賣清涼飲料、剉冰、蜜豆冰；冬天賣紅豆湯、粉圓湯等等，由兄嫂替代老母經營生意。二哥鼓勵我：「你做了大家不敢做的事。十年的牢獄生活雖苦，但不必自卑也不必自責，挺起胸膛生活下去吧。」對於我的笨拙革命行動帶給家人多少的麻煩不安，不僅一字不提，反而激勵我，真是難得的手足情深。

翌晨，到竹南鎮公所戶政課辦理恢復戶籍，並變更身份證（原證由綠島發行）上的住址，接著向竹南分局刑警組提出開釋證明書。警察交代，只要我離家三天以上，就得向分局及臨時居留地的派出所申報。曾經逮捕我的刑警以不放心的口氣說：「啊，回來了⋯」言不由衷地補一句：「如有什麼困難，儘可以來商量。」絃外之音，好像在說「不要怨恨我」。

兩位好友：黃金和和方玉印（都是我小學同班）得知我回來了，奔來探望。我本來不敢主動找他們，怕特務像蛆一樣無所不在，盯上他們就麻煩了。沒想到他們不以為意，反而激勵

（取自《竹南鎮志》，陳金田／攝影）

1960年代竹南站前街景。右方掛「菊水冰菓店」招牌的房子，即作者老家。

我：「不要氣餒，打起精神堅持下去。」

註一：可能是指衛德全，新竹人，涉「台灣民主自治同盟楊梅支部宋孟詔案」，判十年。

註二：原曲即《魂斷藍橋》的主題曲，台灣曲名《驪歌》。

謀生艱難 處世橫逆

陳孟和譯

身為政治犯的哥哥，大哥被辭退消防隊司機的工作；二哥的同事比他資淺的，都升上課長或組長，他還在當基層的火車司機，整天被同事故意奚落。

一九五〇年六月廿五日韓戰爆發。影響所及，促進日本經濟的飛躍發展，精緻的電器產品席捲東南亞市場，台灣首當其衝。台日合資企業紛紛成立，雖有助於台灣經濟發展，但技術操之於日本，經營行銷也受制於日本，離產業自主還有很長的一段路。

親友力勸我到台北日商公司謀職。他們認為我通達日語，容易被聘用。事實卻不盡然。戒嚴時代，多數商人不願牽涉政治；何況被污名化的政治犯，在小心翼翼的日商眼中，避之唯恐不及，要錄用我幾乎不可能。

實際上，我的店保是好不容易才找到的。身為政治犯的哥哥，大哥被辭退消防隊司機的工作；二哥的同事比他資淺的，都升上課長或組長了，他還在當基層的火車司機，整天聽同事故意奚落他的話。

我再三思考，決定留在家鄉覓職，兼可侍奉母親，以報親恩。經黃金和推薦，受僱於竹南一家大型木材行，在木材集散場擔任吊車司機，記得月薪是五百元。我沒計較薪資多少，老闆敢收留「危險份子」的政治犯就很難得了，所以只要出貨，我總是不分晝夜拼命工作。可惜不久，公司涉及國有森林盜伐事件，官司纏身，老闆萌生厭倦，數十年歷史的木材行關門。我第一個糊口的工作，只維持八個月而告斷絕。

其後，一面在大哥的貨運行幫忙裝貨、卸貨，一面準備考駕照。學科拿一百分，術科拿九十分，取得計程車的駕照。至此連同大哥和他長子，全家有三個人持有小型車職業駕照。由於自營貨運，必須自己開車兼裝卸貨，否則很難和同業競爭，是消耗體力的重勞動。早就不堪負荷的大哥，計劃經營計程車業，這是在大都市新流行的行業。

當時是人力三輪車的全盛時代，不只台北市，鄉下的竹南也到處可見三輪車。從大陸撤退來台的國民政府，為了替全無生活技能的老兵安排退役生活，獎勵他們拉三輪車，或開墾國有山林地。這些老兵把原本一望無際的原始森林變成一片禿山，栽培寒帶果樹（如蘋果、梨）或高山蔬菜；日子一久，每年颱風來襲，山下便容易受水災或土石流侵襲。

老兵除了有退伍金可拿，拉三輪車還可以獲得補助。因此從都市到鄉村，到處可見退役軍人在拉三輪車。然而台灣不能違反世界潮流。當時汽車工業大躍進，台灣的小汽車越來越多，台北、高雄等都市也開始流行計程車。流失乘客的三輪車伕，有國防部為後盾，仗著人多勢眾，與計程車司機競爭甚至打架。後來國防部與交通部協議，對每輛計程車徵收一千元，充作三輪車伕職業安定基金。可是各地紛爭仍然不斷發生。

就在這時，大哥賣掉原有貨車，向台北業者買飛雅特與福特中古車，就在竹南車站前開計程車公司。當時竹南另有一家公司，包括我家總共只有四輛計程車，但站前廣場卻有三十多輛退伍軍人拉的三輪車。如有客人走近計程車，退伍軍人立刻趨前包圍，強迫他坐三輪車，因此常與旅客發生爭吵。我們只能苦笑旁觀，靜候客人，別無他法。

計程車業在當時鄉下，確實太早了一點。在三輪車伕蠻搶乘客的情形下，我們收入微薄，要養活大哥一家人都很勉強。為了報答大哥撫養雙親的辛苦，我默默做了兩年無酬司機。

其間，我有好幾次和三輪車伕發生糾紛。有一天，從車站出來的外來客人，排除群集的三輪車夫，坐進我的計程車。我發動車子準備開走時，四、五輛三輪車立刻包抄車前車後，使我進退兩難。我動了肝火，下車和他們爭吵；他們仗著人多，把我和乘客包圍起來。

這時群眾聞聲趕至，在我們周圍圍了好幾層，各自以母語罵退伍軍人，退伍軍人逐漸消聲。不知是否擔心二二八事件重演的氣勢一觸即發，警察立刻趕來，把我和十幾名退伍軍人帶往派出所。所長立即像調停又像查案似的審問起來。退伍軍人齊聲控訴計程車搶他們的客人，使他們三餐不繼；幸而民眾跟到派出所看熱鬧，異口同聲說：「是三輪車的不對！」為我聲援。

所長就以命令的口氣對我說：「讓一碗飯給可憐的老兵吃。」我說：「有半碗飯給我就感所長激不盡了。」退伍軍人立刻激動叫嚷：「你踏出派出所一步就殺了你！」我即刻說：「所長先生，在警察局公然威脅說要殺我，是恐嚇罪的現行犯，我要求人身保護。」

本來在戒嚴時期，從警務署長到派出所的主管，幾乎都是外省的國民黨員，且多由退伍軍官轉任。因此退伍軍人與民眾發生衝突，警察主管都會偏袒退伍軍人，可是當天派出所前集結那麼多民眾，一籌莫展的所長只好對退伍軍人說：「以後再惹事，就把你們送進拘留所。」把他們趕走，另派一名員警送我回公司。

此後，我們與三輪車伕的對立愈來愈熾，我們只好改在公司前面的路旁等客人。而且，警察原本每月來家裡「訪問」兩次，也變成每週一次；說好聽是調查戶口和「司法保護」，其實是監視。凡遇元旦、國慶，孫文及蔣介石誕辰等重大節日，更強迫我要寫心得感言，發表對國家、政府的意見。我知道他們不會仔細閱讀，把報紙社論照抄一遍應付了事。

一九六二年間，鐵路縱貫線的「海線」（山線與海線從竹南站分行）一帶，發現大量不明傳單，情治機關認為是「潛匪」所為，展開病態式的搜索與調查。我也被刑警和特務跟監、偵訊，還要仔細交代行蹤；加上與退伍軍人的緊張對立，使我身心俱疲，甚至幾度懷念在綠島集中營的生活，比起現在的沉重壓力，在綠島反而還輕鬆些。

過了二個禮拜，緊張的跟監和審問，突然像若無其事似的，一切都停止了。原來傳單並不是「潛匪」散佈，更不是出獄政治犯的傑作，而是共軍為影響台灣民心，空飄過來的氣球。

約兩年後的某一天，我前往泰安鄉的雪見。當地近雪山山脈，岳父在此經營農牧場，我護送一批員工的薪資和魚肉、補給品上山。當時要去雪見，須從大湖街上步行八、九小時才能抵達，沿路到處散落中共的空飄傳單，林梢還掛著氣球碎片；仔細尋找，甚至可發現幾個調節氣球氣壓的器具。這就是讓那些自誇精明的警察與特務，天翻地覆的擾民，並對我糾纏不休的傳單事件真相。但政治犯前科的我，能夠向誰嗆聲呢？

「國賊反制特務」的趣譚

陳孟和譯

這位警察也想大賺一票，所以不分晝夜，大搖大擺到車行或我家，盡說些令人厭惡的話，久久不肯離去。想要揩油水的企圖，如觀火一般清楚。

竹南派出所有一位中尉退役轉任的中年警察，是負責監視我的管轄警察。據說國民政府在大陸時，警察都理所當然地壓搾轄區內的人民以自肥。這位外省警察也想大賺一票，所以不分晝夜，大搖大擺到車行或我家，盡說些令人厭惡的話，久久不肯離去。想要揩油水的企圖，如觀火一般的清楚。

一九六二年，蔣介石的心腹黃杰上將，被任命為台灣省主席。黃杰曾在國共內戰打了敗仗，逃到越南富國島，數年後被救回台灣。他的參謀長史中將，被救回台灣後卻因故被捕，在火燒島洗腦營和我同隊。

黃杰就任省主席後，初次巡視地方，選中苗栗縣。緊張的縣警局長如臨大敵，急速動員全縣警察，練習閱兵、分列行進等基本動作。校閱之後，為了展現警察「平時訓練有素」，刑事警察要表演一些柔道和空手道基本動作，消防警察要表演一些單槓和墊上運動（地板運動）

基本動作等。為此必須加緊練習，惡補一番。

可是，單槓與墊上運動並不是一兩天就學得來的；何況三十歲左右的消防人員，就算練十天、一個月也不見得能學好。為了教警察，動員全縣的中小學體育老師參與。但這些戰後才從師範畢業的體育老師，竟找不到一個能教三十歲大人練體操的人。

有一天午後，一輛紅色吉普車停在我家門前。一名穿戴制服制帽、二線一星的高階警官走進我家。因膽怯而結結巴巴的兄嫂，把午睡中的我叫醒。

「我是黃華昌，有什麼代誌？」我用福佬話問那警官。

「對不起！打攪你的午睡。」他一邊做舉手禮，一邊頻頻道歉。

他首先解釋，說是受竹南中學王姓體育老師的推薦，前來拜訪；接著說：「為了省主席黃杰將軍蒞臨巡視，希望您能為消防警察指導單槓和墊上運動。」他說已經請苗栗農業學校體育老師和幾名學生來教，萬一真的趕不及，只好請老師和學生穿上制服加入表演。但體育老師說他們已年過三十，不適合實際演出而拒絕。

我一聽，心想自己也是三十三歲的「阿伯」了，更加不適合，本想拒絕他；但想說還有十天時間，除了訓練警察，自己也可以複習一下。加上他百般央求，所以就答應了。接著就隨他乘坐紅色吉普車，駛向縣立運動場。出門時，鄰居還以為我又惹出什麼事，被警方「帶走」，以懷疑的眼光一直目送我離開。

十天的訓練，對沒有體操基礎的消防警察來說，連起碼的上槓都做不來，不用說前翻、後翻、空中回轉，更是難上加難。不得已，只好請我和八名學生穿上消防隊運動服，在坐鎮司令台上的黃杰面前表演。

為了報答這十天來，高階警官用紅色吉普車隆重的接送，也有意在縣民面前表現日本陸軍少年飛行兵的得意技能與幹勁，我一口氣表演上槓、卍字旋轉、大車輪，接著以少飛兵所形容的「大和魂」空中回轉著地。墊上運動則表演前滾翻、側翻、後滾翻的連續動作，獲得滿場一致的拍手喝采。

或許不知道我每天為了省主席的巡視而到警局支援，那位監視我的警察仍常到公司或我家，以確認我的行蹤。大哥總是故意裝神秘，說我「每天被縣警察局叫去」而把他打發走。有一晚，我在公司前面的路旁等候客人時，被他發現了，立刻上前詰問：「你每天都不在家，究竟在幹什麼？」我正厭煩每天被他騷擾，心想索性利用這個機會，捉弄捉弄他。於是劈頭就說：「你知道我是叛亂犯，簡言之是國賊⋯⋯」看他有在聽的樣子，繼續說：「為何犯了國家大罪的『國賊』輕易被釋放？那是有利用價值。為了不讓大陸的腐敗統治在台灣重演，國民黨把我們釋放後，授予任務，叫我們檢舉地方政府的不法行為。這次省主席巡視苗栗，我被警察局長請去提供情報；但我們另有管道，可以直接向警備總部的傳道石報告。」又透露「台北郵政××號信箱」給他知道。

也許這番談話奏效，他聽完就匆匆走開了。此後固定的查訪也減為每月一次，後來更變成兩個月一次、三個月一次。

大哥知道我的急躁個性，也很了解我厭惡政府和外省人的脾氣，為了避免我和退伍軍人的三輪車伕衝突，白天儘可能由他們父子開計程車。所以白天時，我就閒多了，偶而會去竹南中學或竹南國小運動場活動筋骨。我在縣立運動場表演的風聲早就傳開了，許多人請我表演特技或指導技巧，如此一來，也可以打發空虛的日子。

寒酸新郎　席開四桌

陳孟和譯

初次會面，我是日本話和福佬話交相使用，她是日本話和北京話交相使用。我們都要夾用數種語言，才能互相溝通，台灣青年是何等悲哀的宿命。

竹南國小是我的母校，也是我曾任體育老師的學校。恩師潘萬枝校長早已轉職銀行界，但仍有很多過去的同事；他們若請我秀上一段特技，我總有點不好意思。有一天方玉印找我和他搭檔參加縣網球賽，在竹南國小練習時，意外遇到一位以前的女同學，現在該校當職員。此後，她就說要為我作媒，常常來我家。我因無家產，也沒有結婚資金，根本毫無結婚意願，只能照實回答：「我是戴紅帽子的人，叛亂罪前科犯，結婚只會給女方和她的家人，帶來無窮盡的麻煩與苦惱。」怕她碰一鼻子灰，又補上一句：「如果女方不介意，那就試著相親吧！」

熱心的她，果然為我找到一個對象。對方是陳家千金，出身竹南望族，台北女子師範畢業後，在母校執教鞭十多年。雖同住竹南街上，貧窮過日的我，對這戶上流陳家全然不認識也沒有印象，但她一家人似乎對我很熟悉。當年我以竹南第一位少年飛行兵從軍，從車站出發時，她也在全校學生的隊伍裡面，目送我離開；終戰前在站前廣場及母校上空，一架雙翼機飛來表演空中翻轉及急降特技的故事，她也記得很清楚。當然如前文所述，故鄉父老都誤認那是我的鄉土訪問飛行。

一週後，就在新竹市東門城下的公園，我和瘦小的她初見面。我是穿一件舊衛生衣，外搭一件向二哥借的舊西服；她先是對我一身漫不經心的穿著吃了一驚，接著似乎對我太寒酸的模樣有一點失望。其實我沒有一件像樣的衣服，也沒有錢買；先前做木材行吊車司機時，雖存了兩千兩百元，為贖罪過去的不孝，給年老的母親買了一台復古風的眠床。一貧如洗的我，哪來錢買衣服。

初會面的懇談中，我是日本話和福佬話交相使用，她是日本話和北京話交相使用。也難怪，她是高等科二年級時迎接終戰，此後北京話代替了日本話。四年的師範教育與十餘年教師生涯，在禁說日本話的環境下，也許日語已經忘了大半吧。雖然她的日本話亂七八糟，北京話不太標準，但她安詳文靜的舉止，確實展現貴夫人的魅力氣質。同時也讓我感覺到，我們都要夾用福佬話、客家話、日本話、北京話數種語言，才能互相溝通，台灣青年是何等悲哀的宿命。

其後的交往，我仍是漫不經心的穿著。也許是同情我一身貧窮的打扮，她每次見面，都會送一些對我來說太奢侈的襯衫、西褲當禮物。陳家十二個子女中，她是長女，次女、三女、四女都已經結婚；過了適婚年齡的她，在當時算是老處女，我總覺得她似乎急著要結婚。

在國民黨專制政權的戒嚴令下，公務員和有「叛亂」前科的人來往或結婚，簡直極端危險，不但影響升遷，更壞的影響是波及家族，連累親友，也為自己招惹怨恨。我把心中的憂慮坦白說出來，希望早點中止與她的交往。

她反而說，她相當厭煩沒有骨氣的現代年輕人。這幾年來，上司一再叫她加入國民黨，但她還是無黨無派；她不擔心升遷，對校長或教務主任職位不存奢望，寧願忠於自己，輕鬆自在教書。她說，她的家人也相當了解我過去的事。

可是若要結婚，我這個身無分文的窮光蛋，不但要張羅一大筆訂婚聘金，還要一間能給新娘遮雨的房間。二哥一家五口，以及母親和我，總共七個人擠在只有九坪大、沒有洗手間、像五金店一樣破陋狹窄的二層屋。她家有當時竹南少見的沖水衛生設備，過慣上流家庭的生活，娶進我家做媳婦，簡直是罪過也是丟臉。

所以我又扯到台灣的迷信習俗「夫妻差三歲結婚不吉利」，藉口母親不贊成為由，打算拒絕婚事。她卻勸說不要管古老陋習，也不要聘金；只要兩人同意，就可舉行現代化的樸素婚禮。關於房間，她也得到父母首肯，願意暫借一個房間給我們住。儘管如此，還是有這個那個的費用支出，這也得到方玉印的種種支援。大姊借我兩萬元當聘金，本想讓面子上好看一些；但女方把聘金原封不動退回，所以兩萬元立刻還給大姊。

一九六三年五月初三（農曆四月十二）就是我們簡單隆重的大喜之日。新郎的我三十四歲，新娘陳碧雲三十一歲，同為晚婚的一對新人。當天借用大哥計程車行的辦公室，舉行一場規模小小的喜宴，只邀請雙方最親的親戚朋友，總計席開四桌而已。

當天我是一身光彩的新郎裝扮，當然上上下下，大部分是新娘贈送的行頭。只是一生一次的結婚典禮，不但無法辦得盛大華麗；那場過分簡樸的婚禮與喜宴，對於好意把女兒嫁給我的岳家，竟讓我有一種無顏面對的感覺。

新娘沒有一句怨言，也不在乎同事的揶揄嘲笑。反而安慰我：時下流行的結婚儀式，浮華又胡鬧，像瘋了似的；不如嫁給一個富有「反骨氣質」、刻苦勤勉的青年，反而更有幸福感。「反骨氣質」不知何時消逝於何處，也不知在反骨已然崩潰的我的前面，依然有無窮無盡的苦難生活等我去受。只能在心中，對說這些話鼓勵我的愛妻，獻上深深的敬意與感謝。

陳孟和譯

出獄的難友，很多人和我一樣，沒有高學歷、沒有家世背景、已進入中年、又是叛亂犯前科，想找一份像樣的工作實在很難。

有子責任重 創業滑鐵盧

我倆在沒有浴室與衛生設備的我家，過了大約一個月新婚生活後，就搬去離我家大約三百公尺的太太娘家。既然結了婚，經濟應該獨立，就不能繼續在大哥的公司當無薪司機，也不願被人家看作是一個完全依靠岳父生活的無用之徒。於是透過太太的人際關係，找到竹南郊外的汎亞製藥公司二十元一天的臨時工。這是一家專門製造針藥（注射液）的小藥廠，員工不到四十人。名古屋藥專畢業的藥劑師兼董事長，不太了解經營之道，被負責業務的股東掏空，公司營運很困難。

因為我會閱讀日本藥局的日文配方，就同一位剛畢業的年輕藥劑師在調劑課工作；他不懂日文，我就幫忙翻譯一些配方說明，供他研究參考。

一九六五年正月初六，三十三歲高齡產婦的妻，經過苦心慘澹的懷胎，生下長男，母子平安。翌年七月四日深夜，比預產期稍早，又有陣痛與大量出血。我匆忙走往新竹醫院，專任醫師剛好不在；趕快和友人騎機車到處找遍，終於把他找到。

經過診斷，妻因胎盤早期剝離而出血，恐怕對母體有危險，於是徹夜進行手術。為了救嬰兒，沒有為妻麻醉，就施行了「帝王開腹」的剖腹生產，嬰兒拉出來時，已經是青黑色。護士倒提著嬰兒，拼命打屁股，一點反應也沒有。正在處理子宮的醫生見狀，大聲叫「氧氣！」護士趕快拿氧氣給他，他急叫：「不是這邊，是嬰兒那邊！」經過三十分，終於聽到一聲「哇」的初啼。那是次男的誕生。

因沒有麻醉，相當疼痛而大聲叫喚的太太，一聽到嬰兒哭聲，突然停止悲鳴，臉上浮出安慰的微笑。此時我才了解女性強韌的母愛而大受感動。

醫生完成已經發炎的子宮切除手術，天也快亮了。為了找一支縫針，又費了老半天；產婦回到病房時，黎明的曙光已經微微地從窗口照射進來。

長男、次男陸續出生，好像我家也射進了曙光。我的月薪從六百元提高到八百元；三年後升任製造課長，一千二百元。

根據《勞基法》規定，有三十名以上員工的公司，必須成立福利委員會，我們公司員工也依法選出福利委員。因為我是本地人又年長，所以得票數超過廠長，當選主任委員。此事讓新任董事長覺得很礙眼，我提出的福利措施案幾乎被否決。我一時著急，向他申辯抗議；他卻以要揭發我的前科威脅。他一心想和前董事長劃清界限，因不滿我和留日的前董事長意氣相投，對我早就不滿。

不知是否為了示威與警告，有一天董事長帶一位陸軍中校來工廠，介紹說是警總情報處的情報官。因好摸魚的廠長不在，就命我帶中校參觀工廠。我依序從試驗室、調劑室、藥液充填室、滅菌室、檢查室到包裝室等等，一一介紹完畢，再帶他回董事長室。

「聽說黃先生是由綠島回來的？」警總情報官劈頭就說：「老老實實努力工作吧，管太多閒事，就會送回火燒島。」一開始威脅我。在旁的董事長一臉得意地看我，一副「看吧，如何！」的表情。我申辯說，每個月管區警察都有向上級報告，我不僅不會多管閒事，反而工作很認真；而且每月還向國防部「傅道石先生」報告近況及見聞。我反問他是否認識傅道石。他或許以為我是國防部的線民，臉上有點吃驚就匆匆離去。本以為我會被解雇，想不到半年後，就升任副廠長輔佐好摸魚的廠長，同時又為新進的藥劑師翻譯日本藥局配方的說明書。

小孩生了，職業也安定了，但鄉下製藥公司的低薪，要供應孩子將來的養育費和教育費，顯然不足令人擔心。聽說小學時代成績不怎麼樣的同學，好多人到都市創業之後，都變成企業家或董事長，過著富裕生活。心裡油然又羨又嫉，徒嘆自己沒有從商的才能而心急。又聽說同期的少年飛行兵都有高薪職位，對社會很有貢獻。相比之下，我不由得振奮又急躁，恨不得三級跳拼命衝刺，以填補這十多年青春浪費、生命蒼白的空檔。

一九六五年以後，與我同時在火燒島洗腦集中營的難友們，大部分都已期滿出獄。很多人和我一樣，沒有高學歷、沒有家世背景、已進入中年、又是叛亂犯前科，想找一份像樣的工作實在很難。

新竹的陳水泉、苗栗的陳權輿難友相繼來訪，商量有什麼小資本的生意可做。想到小孩的學用品和玩具，目前市場為數不多，或許可從溺愛孩子的父母荷包裡，把錢誘拐出來。尤其利用台灣人的哈日心理，仿造一些日本玩具，一定能大賣特賣。三人就這樣輕易做了結論。

當時政治犯不能出國，所以誰去日本的玩具店，找資本不大的理想商品就成了難題；再說我們會這樣想，資本家也一定會伺機下手，所以好事要快辦。後來決定委託陳權輿信賴的友人，乘業務考察之便尋找適當產品，他提供給我們的是火箭式降落傘。這是一個塑膠火箭，裡面裝有紙製的降落傘；用橡皮筋彈上去約三十公尺，降落傘就自然打開，慢慢降下。可以不斷玩下去是其優點。它的構造簡單，也不需要很多資本，所以我們相信「這個一定行」。

這兩位難友，學的是機械和化學，一向對現代生意經比較陌生，加上一個做不成特攻隊的我三個人，都以為一切會如意進行，就每人投資一萬元訂做金屬模具。我沒有錢，說服了太太，把所有的私房錢八千元全部投資下去。結果因技術不夠好，精密度不足，往上彈三十公尺之後，降落傘有的打開有的打不開，庫存了很多滯銷的不良品，結果可想而知。失去全部財產的我們，食不下嚥痛惜了整整一個月之久。幸好沒有辭去工作，只是投入資金，還算幸運。

（黃華昌／提供）

竹南小鎮的小康家庭。約攝於1969年左右。

（黃華昌／提供）

1960年代的奶爸。

（黃華昌／提供）

父與子。攝於1968年左右，約39歲。

聯繫老戰友　義助老同學

陳孟和譯

小林上尉對我慰問與打氣一番。信上還寫道：「想直接寫信給蔣介石總統，保證你是一個富有愛國精神的熱血青年。」我慌慌張張寫了一封謝絕的信給他。

另外大哥方面，一直認為在竹南鄉下，時機上有點太早的計程車行，乘客少，又與退伍軍人三輪車伕糾紛不停。於是把計程車賣掉，把車行關閉，連房子也賣了，恢復當貨車司機。搬家時，大哥翻出我的飛行服、飛行帽與安全帶等；是我被捕後，大哥害怕特務會來搜宅，特別藏在兄嫂衣櫃底下，長期秘存至今。他把這些珍藏品與一張明信片一起還我：「這是你的紀念品，好好保存妥當。」看見長久遺忘的飛行服與飛行帽，不覺眼角熱起來。

確實是很重要的紀念品，和我生死與共。即使戰後萬般困苦，為了果腹賣掉全新的毛毯與軍服，也不願把舊舊的飛行衣帽脫手。那是為了留作紀念，特別帶回台灣，和我因緣很深的紀念品。另外一張明信片是住在長崎的梁瀨健吾上校，在我被捕兩、三年後寄來的賀年卡。大哥很小心把它藏在抽屜底下。

我雖然服完刑，出了獄，但在戒嚴時期，當局對政治犯的監視仍很嚴厲。所以就把這些紀念品藏在太太娘家不起眼的地方。一九八七年七月解嚴後，飛行帽也從隱藏的地方解放出來，大大方方擺在我家的裝飾櫃裡面。

梁瀨上校是我在日本陸軍航空士官學校時，研究演習中隊的隊長，富於同情心。戰後一直很關心我們能否早日回國，奔走不遺餘力。後來安排我們住在他長崎的家，等候船期返台。我戰後第一次迎接新年，就是在長崎梁瀨家過的，那是真正和睦和平的元旦，是我一生難忘的異國新年。

戰敗後日本舉國忙亂，物資缺乏，物價高漲。照顧家人都忙碌不暇，還不時擔心異國人的台灣青年安危，我想找遍全日本，除了梁瀨上校沒有第二個人。所以在我心目中，猶如恩同再造的救命恩人，非常尊敬感謝他。立刻依照明信片上的地址，寫了一封信，抱歉自己十餘年久沒問候。回信很快就收到了。他說現在任職於森田消防幫泵（幫浦）與東發機車的長崎代理店。這是我在戰後初次與日本的聯絡。

兩年後，在北投溫泉的國際飯店，和接受森田幫泵招待來台觀光的梁瀨上校重逢，這一別已是廿三年了。我這才告訴他十餘年音訊不通，是因為坐了十年政治犯監獄的真相。

曾經是少飛第一期的大前輩，又是航空士官學校研演隊的人事官，戰後繼梁瀨上校當隊長的小林末太郎上尉，聽說在一家航空公司上班，卻不知公司名稱與住址。後來託方玉印藉赴日研習「小雞鑑別」之便，費了九牛二虎之力，才打聽到小林在朝日直昇機公司當常務董事兼航運經理，而且是一位得過「藍帶獎」的詩人。朝日屬於西武集團，總公司位於東京，總工廠在所澤。方先生和他見了面，也把我回台後的遭遇告訴他。

隔沒多久，收到小林上尉像詩一般文藻豐富的信，對我慰問與打氣一番。信上還寫道：「想直接寫信給蔣介石總統，保證你是一個富有愛國精神的熱血青年。」為了曾被懷疑是「日本軍國主義復辟運動」聯絡員，被捕成為台灣第一號思想犯的我，冒然向蔣介石寫信保證，這種做法不僅輕率，而且徒然陷小林於不義。於是我慌慌張張寫了一封謝絕的信。

因小林上尉的轉述，獲悉我的遭遇的吉永少將，也寫信來鼓勵。這位當初要收我做義子的前航空士官學校副校長，有一位陸軍大學的同窗富田少將，現在住陽明山，是蔣介石的軍事顧問。吉永囑我如有需要可以去找他，並附上一封介紹函。

為了反對國民黨政權而坐牢的政治犯，去求見蔣介石的軍事顧問？簡直是荒謬透頂，不合情理。即使我去見他，彼此也會覺得尷尬困窘，吉永少將的好意反而變成富田少將的麻煩。他的好意我只能心領了。

三十四歲結婚，三十六歲做了父親感到格外喜悅；接著三十七歲生了次男，讓我承受更多的責任與更大的經濟壓力。妻是高齡產婦又是當老師的職業婦女，不但母乳少，也沒時間哺乳，因此決定用當時流行的明治奶粉養育嬰兒。因為是進口奶粉，價格比台灣奶粉高；以我倆的低收入，要負擔孩子的奶粉錢和養育費，實在很困難。還好住岳家不用房租，兩個幼兒又是岳母照顧，確實幫了我們不少忙。

雖說如此，仍必須儘量避開各種應酬；若礙於情面，不得不應酬，但腰包又單薄時，常瞞著妻向二哥借錢。因而許多親朋好友和難友的婚喪喜慶，實在抱歉，我都不得不缺席，在此鄭重謝罪。

比我晚三年出獄，住在鄰村三灣鄉大河底村的黃元盛，在綠島與我同隊。他是一位稍帶鄉下土氣的好好先生，被捕時是農會職員，寫得一手好字，常與農民接觸，被懷疑從事反政府活動，編入曾文章、張增傳案，判了十三年刑。服刑中他病弱的長男，去做臨時雜工維持一家生計。他病弱的母親，和被日本徵調去海南島、患了肺病而復員歸國的叔父，以及幼小的弟弟，每天過著有一餐沒一餐的日子。黃元盛回到家時，看到瘦弱不堪的家人和快要崩塌的四壁，當場昏倒在地。

住在鄰近的難友們獲悉消息，立即發揮在火燒島練就的一身本事，到山上刈茅草伐木材，勉強修建一棟能避風遮雨的茅屋給他。被上天遺棄的人，惡運似乎總是接連不斷；以優秀成績初中畢業的黃家次男，考取了竹南高中，第一學期期末因腹部劇痛而休學。起先以為是胃痛，礙於家貧沒去求醫；後因激痛難忍，才去找出獄後在鄉下開業的徐龍耀醫師，經他診斷為盲腸炎。之後再到我的舊交洪醫師的醫院住院開刀始癒。

正好這時，同案的葉傳樺從台北寄來結婚請帖。貧窮過日的我，本想佯裝不知情而作罷，但再三考慮，還是向二哥借一百元赴宴。以微薄的五十元搪塞紅包後，就利用機會，向在場的難友們募集黃元盛家的救濟金，總共募集一千六百五十元。

這筆錢用來繳黃元盛次男半價優待的手續費、住院費，還剩下八百多元，充作調養身體之用。他病癒復學，高中畢業後，考進中國石油公司，勤奮幫助家計。雖然他們一家人很感謝我，把我當成救命恩人似的，但我認為那是同甘共苦的難友應該做的事。這是貧苦度日的我，破例參加喜宴的一段小插曲。

差不多此時，一位竹南國校同窗的建築商，想在母校前的田地蓋住宅公寓，地點對妻上班和孩子上學都很方便。我就依銷售員的推薦訂了一戶。購屋資金是七年分期付款，加上岳家和我大姊的經濟挹注，一年後，從已經住了九年的岳家，搬進學校前的新家。雖是陽春公寓，沒有庭園，也沒有內部裝潢，卻是一家四口快樂甜蜜的窩。

新居讓妻上下班及孩子通學的時間大大縮短，妻才有辦法兼顧內外，此後孩子也都以第一名成績順利從小學畢業。

恢復舊時少飛情

陳孟和・王文清譯

同樣是帝國軍人，我們比日本人認真服役，拼命戰鬥。日本人花一億圓把老兵接回國，對我們卻不顧死活，趕出曠野，讓我們自生自滅⋯

一九七四年左右，少飛十六期前輩青木先生率領「關東少飛會」十六名會員來台灣親善訪問。我也經由同期生的聯絡，出席台日少飛的聯誼會。青木也是從特攻隊倖存下來的，戰後發起成立少飛會，並熱心編集少年飛行兵的文獻史料。會上大家自我介紹時，我自稱「曾在航空士官學校的研究演習中隊，接受本土決戰特攻隊的飛行訓練」。席上的台灣少飛出身者、關東少飛會的人，都懷疑似的斜歪著頭。青木則趁機說，「因防衛廳（國防部）的戰史研究室及少年飛行史的需要」，問我是否可以把從軍經歷、航空士官學校受訓狀況、戰後歸國經過等等，用三千字以內記錄下來。

我以終戰已經三十年、久久不說日語，好多人、時、事都快忘掉、恐難有完整的記錄為由先予婉拒，青木不死心的再三懇求。無意中，我聽到席上不知誰在小聲批評：「我不相信航空士官學校十七期生，會參加特攻隊飛行訓練。」我立刻生氣，當場激動地說：「我要把台灣人如何比日本人更勇敢，但戰敗的日本卻把這些無依無靠的勇士，像拋棄流浪狗一般趕出軍隊的事實寫下來！」

急忙去買六百字的稿紙開始寫。幸好升了副廠長之後，下班比較有空可以寫作，晚上就拼命的寫呀、改呀；如此日以繼夜的趕工，經過四個月，總算完成了像敘事文一樣的從軍記。

一九七二年，台灣報載：戰爭結束後第二十八年，在關島發現日兵橫井軍曹；次年又報導：在菲律賓的孤島上發現小野田少尉。日本政府各花了一億日圓，包了波音七四七飛機把他們接回日本，並得意洋洋向世界炫耀，將對他們的餘生做萬全照顧。

我看了這新聞，除了佩服他們不屈不撓的戰鬥精神外，也嫉妒他們的幸運；想到日本政府及軍方對待我們的非人道處置，尤感不滿與憤慨。同樣是帝國軍人，異民族的我們，比日本人認真服役，拼了命勇敢戰鬥。日本人花一億圓把他們接回國，對我們卻以不足百圓的退役津貼，不顧死活趕出沒有指望的焦土曠野，讓我們自生自滅⋯⋯

已經寫完的從軍記最後一章，我添上這段不滿的心聲，向全日本國民與少飛出身的人，表達深藏在內心深處多年的、日本對台灣軍人差別待遇的憤慨。

算一算，青木要求三千字以內的從軍記，竟然變成爬滿三十多張稿紙的兩萬字。戒嚴時期寄往國外恐有麻煩，正愁不知如何是好；有一天，在台北經營土產店的老闆來了電話：「前幾天一個日本觀光客來店買東西，名叫堤春雄，正在尋找在台灣的少飛同期生黃華昌，經多方打聽，是否就是你？」我彷彿聽過堤春雄這名字，只是記不起在哪裡同隊。是大津少年飛行兵學校、熊谷飛行學校、立川航空基地、還是豐岡航空士官學校研演隊？總想不起來。照地址寫信給他，立即收到回信了。

原來是在航空士官學校研演隊和我同機受訓，而且睡鄰床的戰友。他是日本最北端的樺太（南庫頁島）出身，而我是最南端的台灣出身，所以他記得特別清楚，信裡還附上一張照片。記憶立刻甦醒過來：原來是有時喚我廣田（日本名）飛行兵，有時喚我黃飛行兵，經常互相戲弄的鄰床戰友堤春雄。

為了訪三十年前的戰友，他特地請假來到台灣。我全家四口一起到當時的國際機場：松山機場去迎接他。本來想讓小學三年級與四年級的孩子見識機場與飛機而全家出動的，他卻以為我們全家總動員，隆重迎接他而惶恐感動。我也因睽違三十年後再重逢，眼角發熱，心情激動，連歡迎問候的話都說不出來。

他在戰後入早稻田大學，取得一級建築師執照而服務於「大林組」建設公司，現已升任營業部經理。他的外甥現任日本航空自衛隊入間基地（原址即豐岡航空士官學校）的司令官。老友相逢暢敘，我也聊了一些除役後在日本的流浪生活及回國後的遭遇。不知是否出於同情，他說：「有什麼可以幫忙的？」沒有別的，請他把我寫的《少飛十七期生的奮戰與飛行訓練》一文帶回日本，請小林上尉證明所言屬實，再交給青木先生。堤君爽快答應了。雖說是外國觀光客，對台灣嚴格的通關檢查，我還是有些擔心。送機時，看他完成通關手續，走上登機室前回頭揮手的笑臉，我才放了心。

使用中斷三十年的日文寫成的從軍記，交到少飛會後，在會刊《翔飛》第十二、十三期（一九七六年左右發行），分兩次連載，青木也各寄一本給我。後來遇見任《翔飛》編輯委員的專業作家，也是少飛同期生壺井先生時，他稱讚說：「一點都不像中斷日語三十年寫出來的文章。」頓時湧起以日文寫作的自信心。終戰三十年後，才知道在日本有少飛會，也才得以和昔日戰友們重逢，這真是不可思議的因緣。

《翔飛》刊登拙文之後，一時在「老少飛」間引起很大迴響。不用說同期同班生，連素不相識的前輩和後輩，激勵安慰的信紛至沓來。其中三期生的黑木中尉，十一期生的中村軍曹、和田軍曹，十六期生的青木伍長，同期的三神、小笠原、飯澤、藤原諸君對我特別關心。

黑木、中村不論公務與私事，只要來到台灣，必定給我電話；甚至叫我上台北，到他下榻的飯店暢談，最後總是諄諄鼓勵安慰一番。青木前輩尤其盛情可感，幾次來到我家。但最特別的例子，是住在米子的前輩和田恆夫，和住在魚津的同期生飯澤繁雄。

和田前輩讀到拙文之後，即刻給我安慰和激勵的信，同時寄來有名的日本「人形」，裝在高四十五公分、寬三十公分的玻璃框中。這組喊價高貴的人形到我家時，玻璃框架全碎，但已繳了一千五百元關稅。之後他每年都寄《翔飛》和少飛會編印的日曆給我，這些贈品至今仍擺在我家的客廳誇耀門面。

一九九七年，我參加旅遊團到日本觀光紅葉，犧牲欣賞京都紅葉之秋的良機，脫隊到岡山造訪和田前輩。同期的福田先生陪伴和田在岡山站接我，這是第一次和素不相識的人形贈主相見。自贈我人形的那一年，已經是二十年後的事。當初我接到他的信時，一眼便覺得字很不工整，後來才知道他用左手寫字。他失去右手的事蹟，在《翔飛》的少年飛行兵戰記中有記載，此後他的左手信深深打動我心。我內心一直咎責我的誤解，為這麼多年的罪過懺悔。

飯澤繁雄第一次來台灣，就掛電話給我，說他是大津的同班同學，很想和我見面，請我即刻趕到飯店一晤。見到他，卻一點同班同學的印象也沒有；但想反正遠道而來，又指名道姓找我，也應視同貴賓，盡地主之誼，就到附近餐廳一敘。他喝紹興酒喝得酩酊大醉，最後由我扶他回去飯店。

這一次沒帶禮物來。不過他說回到日本，會馬上寄台灣沒有的電子鍋給我。我因已有人形的教訓，不但物毀還要繳關稅划不來，當場婉拒。結果三個禮拜後，果真繳了八百元關稅，把外部凹凸不平的電子鍋領回來。雖然異國戰友的盛情可感，只是飽受政府監控而窮困潦倒的我，還要向政府繳納高額關稅，實在無法打消一肚子氣。

日本人有一種不良習性我最不敢領教：吃飯喝酒還算前戲，接著二次會的酒吧，還有三次會的夜總會，不會喝酒還得作陪才是難受。難得異國好友遠道造訪，為了鼓勵與安慰我，我能無禮回絕嗎？甚至有時總得回敬一趟。那真是咬緊牙關、敲翻錢包、硬著頭皮，付一次就要花一個月的薪水，那才是心痛。

日本經濟發展的顛峰期，台灣觀光也進入全盛時代；來台的日本觀光客多多益善，台灣的觀光業者不亦樂乎，少飛會每月來一兩個觀光客，是司空見慣的事。我不敢奢談交際，總得應禮一下，但家計就要翻天覆地了。我固然可縮緊褲帶，但孩子正值發育期，養育費和教育費是節約不來的，夫妻倆的窮薪水每月都要花光而且債台高築。

在日本經營建築業的藤原社長是同期生，每次帶員工來台慰勞旅遊時，都叫員工給我帶洋酒三四瓶，有時多到七八瓶。藤原說：「你戰後受盡日本軍方非人道待遇，同期生的我，僅以此聊表謝罪、補償的心意。」這是最貼切的友誼。但我只能把它賣掉，或做年節贈品，以幫忙彌補家計。

重返日本訪故人

王文清譯

林先生把警總承辦人員帶去酒家，進行酒、嫖、錢三部曲，然後把出國許可證交到我手上。於是睽違三十二年後的我，終於再度踏上日本土地。

孩子是不必管家庭經濟盛衰或父母潦倒辛苦的，他們必須成長。我不願孩子重蹈老爸覆轍，至少要跟人家齊頭並進，大學畢業，不要成為社會瞧不起的人。當時台灣倣效日本九年義務教育，小學升初中不用考試；在硬體軟體都欠缺的情形下，公立與私立學校的素質落差很大。許多關心教育的父母，都希望孩子擠進明星學校或私立名校的窄門。

好在兩個孩子都成績斐然，毫無困難進入竹南的私立君毅中學；也因私立學生資質不錯，經得起激烈學業競爭，加上頗有天賦領導能力，因此兩人都一直擔任級長到畢業，只是父母的負擔也更重了。雖然自己不擅長做生意，但為孩子籌措學費，曾三次傾筐倒篋做小投資，卻落得功虧一簣，灰頭土臉，真是悔不當初。

可能是《翔飛》上我的文稿，或是透過堤春雄的引線，一九七七年春季，少飛十七期生擬於六月初，在大津的琵琶湖飯店召開戰友會大會，寄來了帖子。同期生只有我住國外，因此通知我務必撥冗參加。

這事擾亂了我，日不安夜難眠，複雜的心緒經過沈澱得出的結論是：不管如何，我一定得出席，見見三十二年前的同期同學。此外，看能不能搭上一些關係，找有助於台日貿易發展的線索。就在這時，有位小學慢我兩年的後輩劉先生，開機械工程公司，希望經營有所突破，想在日本尋找技術合作對象，問我要不要以翻譯身份陪同他赴日。

當時的台灣在戒嚴令下，沒有開放國外觀光；出國業務由警總監控的入出境管理局負責。我雖服完刑期，但「叛亂犯」的陰影一直揮之不去，暗的枷鎖仍牢牢加身；把一個政治犯放出國門，真是門都沒有。

台北有位小學早我一屆的前輩林先生，經營旅行社業務，了解我的意願和處境，很為我同情。拍著胸膛大言：「這事放心交我辦，包送你到日本去。」為此，向機械工程公司劉董要業務經理證明書、國民身份證、戶籍謄本、照片，交給林先生萬事拜託他了。林先生耍一下交際手腕，把警總兩、三個承辦人員帶去酒家，進行酒、嫖、錢三部曲，然後把出國許可證交到我手裡。於是以「業務考察」的名義，經韓國飛到大阪機場，睽違三十二年後的我，終於再度踏上日本土地。

之前曾經來台觀光的吉田辰男先生，少飛時和我同區隊，帶領幾位同期生到機場熱烈歡迎我。場面太感動了，我一時熱淚盈眶，一片霧茫茫，一個也認不出來，名字也叫不出來。

這期大會因有台灣來的我參加，成為一個號召。光我們區隊就有十多人參加，打破已往的與會人數，成為大會特刊的重要記錄。事隔三十二年，大家都不忘我這個異國之友，溫暖的友情使我幾度淚灑異鄉，真是沒齒難忘。

會後，陪同劉董到東京、橫濱、宇都宮等地拜訪商社；我和日本人毫無差別的日語讓日商刮目相看，也為劉董盡了一番翻譯之力。同期生的御法川先生，介紹他長男任職的十大貿易商社之一「日綿株式會社」，我們也去造訪。後來聽說劉董沒有白跑，和宇都宮一家公司簽了技術合作，為他的公司，也為台灣的機械工程產業，帶來提昇技術的契機。

在東京羽田機場送走先回台的劉董後，我趕往位於所澤的朝日直昇機工廠，訪問小林上尉。三十二年後相會，熱情奔放的前隊長，不忌眾人的目光，和我緊緊相抱好一會兒，兩人都熱淚盈眶。然後向在場的自衛隊退役的直昇機駕駛員介紹我：「台灣來的前航空士官學校學生」。我倒有點抬不起頭來，不停以點頭微笑來回應。

「要不要飛飛直昇機？」

真是求之不得的機會，我回答：「可以嗎？」

借用一下航運經理職權，小林下令駕駛：「試飛啟動！」就昇空了，讓我坐在駕駛座旁，升到兩、三千公尺高度，在所澤與原航空士官學校附近的上空，盤旋約二十分鐘才著陸。

本想看看戰後租屋暫棲的入間町，問能不能降下高度，駕駛以「因噪音公害，會被居民及自衛隊檢舉」等理由打消。本來很想跟小林上尉同座，讓我摸摸久違三十二年的操縱桿，灑脫地飛行一下，可惜未能如願。

當晚在小林家與全家人共進豐盛的晚餐。當兩人回憶終戰前後的往事，暢談不休時，梁瀨上校也從長崎來了電話。梁瀨現任「在鄉軍人會長」，為競選國會議員的堀江中校擔任後援會長。堀江出身於陸軍士官學校四十七期，是梁瀨的後輩。梁瀨因忙於助選活動，後天以後無暇接待，限我明日長崎相見。

翌朝小林上尉送我到羽田機場，為我買直飛長崎的機票，臨別時淚水直瀉我的臉頰。到了長崎，梁瀨的次子久君在機場接我。進入市區，一時無限感慨充滿胸膛。曾經流落異鄉的台灣人，為了果腹與歸船，辛苦重建原爆之後荒涼無比的廢墟；沒有想到，有一天會再度踏上這辛酸淚水之地，並且置身高樓林立的繁華街道中。

最感溫馨的，還是和梁瀨一家人重逢的喜悅，當夜在料亭（日式小餐廳）和所有曾經照顧我的人相聚，盛情共進晚餐。席上我恭恭敬敬向梁瀨夫婦和每個家人，一一行日本禮拜謝救命之恩。當晚住在原爆中心附近的一家飯店。

第二天，梁瀨的次子做嚮導，帶我參觀繁華商區，並特訪當時租居的東古川町十號，故地重遊懷舊一番。第三天，別了殷勤相送的梁瀨一家人，我一路北上廣島、福山、大阪、蒲郡等地，造訪一些同期戰友；也順便在各地物色一些商品，尋找新的題材或創意，將來有機會，或許可發展對日貿易的機會。

回到東京，專程走訪住在所澤的吉永少將。他大聲喊叫：「台灣的孩子回來啦！」並向他的後妻和子夫人介紹我：「真是一念之差，沒做我的養子。」雖然如此，三十二年後的相會，彼此格外親密。離去時，我與吉永少將一路手牽手前往車站，就像一對親父子。

出國第二十八天後，我才回到家。赴日將近一個月，期間僅在小林隊長家，和在福山的同期生坂本先生的公司，各掛一次電話回家，此外家人都沒有接到音訊。難怪我一回家，妻子就豎眉瞪眼罵了我一場；加上原本請假三週，已經逾時成為四週，曠職那麼久，已經到了革職邊緣。回想四週的日本之行，收穫豐富，得來全不費工夫。可惜原先希望能物色一些商品、型錄、資訊等等，以備開發對日貿易，可說期待落空；唯一得到的，是以少飛為中心，和故友們更親更長的情誼。

家庭主夫勞碌命

王文清譯

人性百態，有人把我家當旅館，當聯絡站，大做農產品貿易；還有人在我家吃喝玩樂，拍拍屁股走人；更有人藉口語言不通，請我妻子當免費導遊。

民國七十年（一九八一），在泰安鄉雪山山脈附近經營農牧場的岳父忽然失蹤了。搜索隊長的任務，便落在大女婿的我身上。最初階段，我和妻夥同十幾個人，在山區做兩三個月的地毯式搜索，卻毫無線索；約一年後有一天，原住民來告知，在峭壁谷地發現一具頭骨。即刻與警察同行入山搜尋，終於找到已化為一堆白骨的岳父。我將遺骸背下山，在警察局請來著名的法醫學權威楊日松博士檢驗死因，檢斷結果：岳父是不慎墜崖跌死。

出國訪故友，上山尋岳父，很多事情來不及請假，一連串的曠職對公司無法交代，乃決定辭職負責，離開服務多年的製藥公司。經過一段失業期，經少飛十一期生的中村前輩介紹，進入日商豐新食品公司受聘為廠長。該公司將台灣的農產、水產品加工銷往日本，日本人嚴格的工廠管理和產品管理，讓我學習受益良多。在豐新只待了兩年，後來在竹南一家外銷日本的手套工廠任廠長。

當時台灣的升學行情是這樣：孩子要上大學的話，初中畢業後最好先擠進台北的高中，上大學就有望了，這是做父母應有的認知。還好大兒子聯考考上成功中學（原台北二中）；翌年，二兒子也考上建國中學（原台北一中）。考進這兩所學校，好像就有了上大學的保障。

恰好這時，我在手套工廠因為日語流利受到重用，轉調到台北總公司貿易部工作。父子三人在鄉下生活慣了，現在一個要到台北上班，兩個要在台北上課，生活沒有女人照顧，恐怕不太方便。於是決定寄宿在妻妹位於永和的小住宅。住宅小得可以，僅供兩夫妻之睡；現在突然擠進三個大男人，擁擠可想而知。睡覺時，兩個兒子擠一張小床，我則打地鋪，連桌椅都不能擺。我還可忍受，但兒子太可憐，睡不好，又沒桌椅做功課，如何進攻大學？看他們如此委屈，實在叫我心痛。

石油危機的爆發，對我這個窮苦潦倒的人沒有造成危機，反而給我帶來買到便宜住宅的契機。綠島難友王春長介紹我一戶老舊住宅，在建國中學後面，地址對兩個兒子再方便不過了，價格也適宜，因此橫下了心，向銀行貸款一百萬買下來。客廳、廚房、餐廳各一，浴廁兩間；房間小了一點，卻有四間，也可留客了。再勒緊腰帶，一口氣買了床和桌，終於給兒子安心做功課的環境，並開始「家庭主夫」的新生活。

早晨固定五點半起床，忙做早餐和中午三個便當，父子共進早餐。兒子上學後，我立刻洗衣服，一切收拾好，才悠哉悠哉提著便當、搭上公車，到兩公里外的公司上班，每天都是第一個到。有時閒得無聊，看見廁所髒就打掃一番。總是快打掃完時，其他人才陸續進來。有時被老闆看到了，便對年輕員工說：「黃先生年齡和輩分都是經理級的，你們難道都無動於衷？」說教一番。看這些年輕人個個馬耳東風的表情，不禁有一種人心不古的感嘆；但每遇這種場面，我都會向老闆解釋，說我是自願工作的。

下班是五點，時常會加班；有時客戶招待來不及趕回家，都會打電話回去，叫兒子自理；不然平常都是我回家做晚飯，父子溫馨和樂共進晚餐，享受莫大的天倫之樂。為了準備嚴峻的大學聯考，幫孩子激勵打氣，我一直陪他們做功課到深更半夜；有時做個簡單的宵夜給他們補充體力。獨自一人留在鄉下的妻子，有空也常上來台北，大家享受全家團圓之樂。

假日是我的勞碌日，屋裡屋外打掃地板、洗曬寢具，一早忙到晚，連朋友也都不來往；忙到連近在咫尺的國立科學博物館、植物園都沒去過。其實也沒那閒情，一個錢恨不得兩個錢用，一天恨不得兩天工。

這時少飛關係的朋友時常來訪。「有朋自遠方來，不得怠忽乎」是我的心腸，然而接待他們，常會壓得自己透不過氣來。人性百態，有人把我家當旅館住宿，或當作聯絡中心，大做農產品貿易；還有人來台觀光，在我家吃喝玩樂後，拍拍屁股走人。更絕的是得寸進尺的傢伙，藉口語言不通，請我叫妻子當免費導遊。我憐憫人家出國在外，只好向妻好話說盡，甚至跪拜懇請，請她犧牲假期，陪客人參觀古都台南。

禁忌話題不可說

王文清譯

戒嚴時期，學校是專制思想的大染缸，把學生腦袋加以染毒，塑造忠於國民黨的意識型態。每個純真無垢的學生，受過洗腦教育，都變成天下烏鴉一般黑。

買了房子後，父子三人戶籍從竹南遷到台北，當局的監控也如影隨形跟過來。每月固定來查問一次，從工作場所、交友關係，到閱讀哪些書報、讀後心得，囉哩囉唆令人不勝其擾。

正好有一天加班，回來得晚。警察來了，次男給他戶口名簿，順便問什麼事，對方拒答。次男向來不知我有政治犯前科，看警察不理，真是初生之犢不畏虎，和他起了口角。警察擱下話：「你爸回來，叫他立刻到派出所報到！」悻悻然走了。我回家後，只好往派出所跑一趟，該做的做，該說的說，捺完拇印才回家。次男以疑惑的眼光看我，我辯稱：「因為我是一家之主啊。」把話題岔開了。

當時戒嚴令下，學校是國民黨獨裁專制思想的大染缸：除了國民黨外全是匪幫，有問題的就是「匪諜」…積非成是的把每個學生的腦袋加以染毒，塑造忠於國民黨的意識型態。每個純真無垢的學生，在學校受過洗腦教育，都變成天下烏鴉一般黑。所以兒子如果知道我的政治犯身份，不小心漏了口風，勢必成為全校師生的眾矢之的，被罵成「匪諜的兒子」，被排擠孤立歧視，最後會崩潰的。為了不影響他們的學業，我一直封口到他們上大學，思想成熟獨立為止。所以雖然他們一直懷疑警察的騷擾，還是不明白箇中道理。

次男讀小學時，省立竹南高中有位數學老師叫施世雄。當年他在台東中學服務時被捕，判十年，在火燒島和我不同隊，因為是外省人也沒深交。他出獄後，可能有背景吧，受聘在公立的竹南高中任教。他的長男和我的次男在竹南國小同班。

有一天他兒子問我兒子：「你爸為什麼認識我爸，你知道嗎？」次男答不上來。他兒子說：「我爸在抗日戰爭時，和你爸同為游擊隊英雄。」次男只知道我是日本的飛行員，怎麼角色一變，成為打日本的游擊隊英雄？就這樣，兩個爭執起來，結果當然無解。

回到家，報告經過，問我：「爸究竟在哪裡和施老師認識？」我一時窮於回答，只好瞞他：「爸以前在竹南國小當體育老師時，施世雄是我同事。」不巧施君的兒子回家後，也問他相同問題，施君則改口說：「我讀研究所時，黃華昌是我同學。」他也不得不扯謊。

第二天，次男把我的話告訴施同學，還更正他：「你爸說錯了。」施同學不服氣，回去向他老爸問個明白。施君一聽，連忙說：「對啦，對啦⋯⋯」接受我的最新版本，才平息這場爭論。這不是笑話，是千真萬確、刻骨銘心的事。不單是我，為了讓孩子順利完成學業，同樣有人用心良苦。政治犯父親之難為，可見一斑。

一九七七年某日一早，出門上班前，妻的妹婿來電告知：今天《中國時報》有一篇特別報導提到我的名字。我疑念一閃：「怎麼回事？難道有人提到二二八事件，或佳木斯密航計劃？」百思不解。差兒子去買報紙，每個段落滴水不漏詳細找遍，終於看到「抗日戰爭四十周年紀念特刊」的報導，和賴泰安穿著軍裝的照片。文章末段提到「有一位現在住台北的黃華昌先生，和我是同期生」云云，心裡暗罵：「真是無事惹事的傢伙。」就上班去了。

三步併兩步趕到辦公室，就聽到一位負責對美貿易的同事喚住我：「黃桑，看看報紙有你的名字喲。」他是陸軍中校退役軍官。抗戰正酣，放棄大學課業，投效青年軍，身經百戰，並在印普哈戰役痛擊日軍。聽他這麼說，我心裡暗忖：「公司上上下下，只有老闆知道我當過日本陸軍飛行員，絕沒有第二人啊。」裝作一副訝異的表情反問：「怎麼回事？」他乾脆把報紙遞給我。我把報紙再詳讀一遍，回他說：「看我這副模樣，像是特攻隊員嗎？」又補充說，黃華昌同名同姓多的是；還故意翻電話簿，找出七名黃華昌，希望把這事掩蓋過去。

這同事和我倆人，一個為中國向日本作戰，一個為日本向美國作戰；我的特攻隊經歷一旦暴露了，後果可想而知。我再三否認並附「證據」，他才不在意地說：「哦，原來不是這回事。」下班後準備晚飯時，妻子來電，說教務主任看到這則新聞，打電話給她，話題都集中在我身上；一直怪說這是光耀故鄉、母校的事，為什麼不明白寫說「竹南出身的黃華昌」為我打抱不平。我一聽捏了一把冷汗，生怕被人爆料，還在公司拼命滅火哩。

陸軍少年飛行兵史

王文清譯

我從交〈少飛十七期生的異端者〉稿，一直到收《陸軍少年飛行兵史》書，遇到始料未及的重重困難，在台日之間三萬英尺高空來回四趟，何其珍貴哉。

我這一生最大的折磨就是灰色的貧窮，而貧窮來自於黑色的監控。我即使有罪，已經受罰，之後應享有基本的生活權利。可是監控使我在工作上受盡歧視、排斥，使我事業受阻；這種剪不斷理還亂的迫害，是錐心蝕骨之痛，使我在人生路上一路坎坷打滾。

在這慘澹漫長的歲月裡，只有我的妻子，從沒一絲不平不滿，對造訪我的日本朋友都盡善盡美的招待；為了我要招待一個朋友，她也一擲全薪面無改色。我在事業上鎩羽而歸，她給我親切的安慰和鼓勵；孩子的教養，她無怨無悔的犧牲奉獻。她是賢妻良母的偉大典範，也是我一輩子最感激的良伴。

少飛同期生也有一位戰友，在精神、物質上給我極大的安慰鼓勵，他是住在京都的三神宏先生。我們在大津陸軍少年飛行兵學校是同隊，之後我在駕駛科，他在整備科；終戰前他在那須野基地當特攻機的整備員，我則在豐岡航空士官學校從事特攻隊的飛行訓練，似乎沒有特別的因緣。只因在三十二年後的大津大會上相互投契，此後愈交愈近，成為莫逆之交。他對我在《翔飛》發表的從軍記感動很深，對他的獨子說：「多讀它幾遍，我們的國家虧待他們。我們輸掉慘酷至極的戰爭，也遺棄生死與共的戰友。」

一九八二年三神君來函，說少飛會將編纂《陸軍少年飛行兵史》，請我把從軍記舊作盡量補充，代表少飛十七期生和台灣出身的少飛兵，為這部史冊盡一臂之力。台灣出身的少飛兵為數不少，但為了準備「戰到最後一兵」的日本本土決戰，加入特攻隊受訓者，也不過我和賴泰安兩人而已。我們應向日本國民尤其是年輕人交代歷史，讓他們知道：現為異民族的台灣青年，曾經為日本賭命作戰；戰後僥倖活下來，卻受到日本當局的非人道對待。我們這些受害者，有必要把這段史實公諸於世。於是一口承諾下來。

兒子為了升大學，拼命夜讀到半夜。為他們備妥宵夜後，我也不輸他們，開始忙於文稿；經過約三個月，才完成三十多張文稿，題為〈少飛十七期生的異端者〉告一段落。可是第二個問題來了，文稿要怎麼帶出台灣交給三神君？少飛會員誰會來台灣？

恰巧大阪少飛會事務局長十一期生的中村前輩，為齒科醫療器材的銷售業務來台接洽。接到電話的我，認為這是不可錯失的機會，即刻到飯店與他碰面共進晚餐。乘其明天歸國之便，託他帶給京都的三神君，中村很爽快地一口答應。本來把原稿藏在行李箱底，以為可無事過關；哪知陰錯陽差，中村一時興起，想在機上打發時間先睹為快，就把它放進手提文書包而肇下事因。

行李一切都過關了。最後檢查隨身物件出了狀況，我的文稿被搜出來。中村了解我的火燒島身世，回話時想幫我隱瞞，卻欲蓋彌彰，造成反效果，終於被請到安檢官的辦公室。安檢官不懂日文，必須等懂日文的人前來翻譯，於是請他坐在沙發上，供應茶水十分禮遇。中村傻傻地等，就等不到一個懂日文的人來。

時間一分一秒不停地過去。機場一次又一次廣播，催促中村趕快上機（照規定：起飛前要先檢查乘客名冊，全部登機了才能起飛）。好不容易來一個略懂日文的人，翻翻文稿，歪歪頭，抓抓頭皮，摳摳鼻孔，看了半晌，丈二金剛摸不著頭腦。中村比手劃腳，拼命說明是戰爭記事，沒有政治色彩，安檢官才裝懂似的還給中村。中村三步併兩步跑進機門，就聽到乘客此起彼落罵個不停：「沒有時間性的死人」「沒頭腦的氣球，不知飛到哪裡去」。兩百五十六人等一個人，起飛延誤了五十分鐘。中村下次再來台時，才告訴我這件糗事。

文稿終於送到三神君的手中，再轉交少飛會。因為作者出身台灣，顯得彌足珍貴，收錄於A4大小、九百廿六頁的洋洋巨冊《陸軍少年飛行兵史》，由少飛會限量版發行，可說是珍稀的二次大戰記錄。三神君好意為我買了一冊，但託人轉交給我，卻頗費周折。

記不清楚是當年還是翌年，大阪同期生福呂弘先生來台觀光，受三神君之託，把長三十公分、寬二十三公分、厚達六公分的《陸軍少年飛行兵史》帶來台灣。在海關檢查時，被判為

「禁書」攔下來，給他一張暫時保管的收據，出境時才還給他。還好人是放行了。沒有思想言論自由的戒嚴台灣，不知嚇到福呂否？

住在島根縣松江市的福田先生，是名不虛傳的台灣通。他嗜好台灣水果，一年來一、兩次，一來就像秋風掃落葉似的獵掃一陣。他向三神君自告奮勇，負責把《陸軍少年飛行兵史》帶來給我。果然是頂尖的台灣通，他找到一個糕餅盒，剛好裝進史冊，放在行李箱底。通關時大大方方一句「帶給朋友的土產」瞞過驗關人員，果然交到我手上。想起來不禁唏噓，我從交〈少飛十七期生的異端者〉稿一直到收《陸軍少年飛行兵史》書，遇到始料未及的重重困難，在台日之間三萬英尺高空來回四趟，何其珍貴哉。

百年古墳尋查記

王文清譯

這人沒頭沒腦打國際電話給我，讓我嚇一跳。我又不是明治時代葬儀社的人，要我找一座百年古墓，今天來電話，明後天人就到，叫我怎麼辦？

台灣在戒嚴令的獨裁政治下，和文化思想有關的進口書報雜誌，管制十分嚴密；反而攜帶動植物入境，雖有檢疫制度，卻是意想不到的馬虎和鬆懈。先進國家如日本剛好相反，新聞雜誌書刊可以自由進出；但動植物有很嚴格的檢疫制度，生物類的食品等絕對禁止。

後來為了業務聯絡，或帶團赴日本商社、工廠研修，出國的機會就多了。記得有幾次，學台灣通福田的做法，夾帶日本買不到的粽子、芒果、荔枝出國，受到日本公司或同期生的喜愛。在他們眼中，這些禮物特別珍貴；尤其妻親手做的粽子，更獲得絕佳好評。但也有嫌台灣料理過於油膩不對口味的人，那就是住在大阪吹田市的建築業者藤原年郎。

有一次，藤原的商社慰勞員工，來台觀光。我受邀參加他們最後一夜的同樂會。會上藤原拜託我查證聽自導遊的傳說：第三代台灣總督乃木希典將軍，在其任內（1896.10～1898.2），母親逝於台灣，墳墓至今留在台北市，請我代為查明其事。這事屬實的話，明治天皇的一代忠臣乃木將軍一生受寵，卻一家散塚異國：母親葬台灣，兩子死於中國東北二〇三高地，乃木則殉於日本，多麼淒涼的結局。難怪有日本人發起募款，想把他母親的墓遷回日本，讓母子在日本同聚。

受傳統宗教薰陶的我，受他們的誠意感動，也認同家族葉落歸根的道理，而答應其請。然而真要找談何容易。台北市雖然面積狹小，但經過近百年的變遷，尋古墓有如大海撈針，不知從何下手，令我日夜煩心。

第一步利用工作之餘，遍問住在市內的難友。第一個線索是以前日治時代的台北市御成町，有日本人墓地，就是現在的長安東路。向附近的老人一一打聽，才知道該墓地早已夷成平地，變成高樓大廈，遺骨集中在忠孝東路的善導寺。於是去善導寺找住持，請他提供日本人墓地移奠過來的名冊；名字多到數不清，仍找不出乃木家的名字。至此又失落方向，如墜五里霧中。

不知是靈感來了，還是偶然引偶然，某日參加「台灣地區政治受難人互助會」餐會時，無意間聽到非常有價值的消息：戰前，台北的小學生走過今南京東路、林森北路口一帶的日本人墓地時，老師強迫他們要對有鳥居（神社大門）的墓行禮。這是難友的童年回憶。

日本人的墳墓豎有鳥居，此人一定有來頭，絕非平常老百姓。我欣喜雀躍，慶幸找到了線索。一去那裡，才發現附近全是外省退伍老兵，開小吃店、賣饅頭麵食，到處都是大聲吆喝的叫客聲。找遍那一帶，連墓地都沒有，何來鳥居？

當時新公園附近的台北銀行樓上，有台北市文獻委員會，我也去查閱相關資料，查到第七任台灣總督明石元二郎之墓的記載，詳細地點不明；但告知我可向台大的台灣近代史和台灣民俗學權威林衡道教授請教。於是當場就給林教授電話：「有關乃木之母的墓，可否造訪您請益？」因為他是大學教授，也就用北京話問他。

電話那端傳來的聲音，也是生硬結結巴巴，不像北京話的北京話。沈默了一會兒，突然問我會不會日本話。這下可好，從此一路用日本話與他交談。獲知明石總督在任內急病逝世，就葬在乃木之母墓附近，但乃木之母墓是毛髮塚，有文獻記載。

既然有這麼具體的資料，何妨再去林森北路探查一下。按照林教授的指引，從照相館邊的一條小路，轉入一個巷道，巷道裡面都是蓋得滿滿的民家。仔細一看，有家民宅把墓碑當作尾牆；再仔細一找，終於找出混凝土造的鳥居樣石柱，兩根柱都成了民宅牆柱，橫樑跨過巷道露出路面。就近找個老人問，說附近好像有日本大官的墓；最近常有日本觀光客來訪，可是屋主堅拒，絕對不讓他們看云云。

細問之下，獲悉乃木之母墓離這裡約有五十公尺路程，右拐看見一棟二樓民宅，墓就在裡面。但屋主拒絕我參觀，只好作罷。我把這段尋墓的曲折過程傳真給藤原。藤原回覆說，就算墓石也好，希望把它移到日本的乃木神社，請我全力協助交涉。我這下又不知所措了。

聽說台北市民政局負責該地區的官員，畢業於竹南高中；因此我又回竹南，找高中教務主任的同班同學黃金和請求協助，原來這位官員是他的學生。於是捎封介紹信，再訪民政局，該員即刻帶我去找該鄰鄰長；恰巧轄區警察也在場，四人便一起走訪墓地。這次屋主不在，吃了閉門羹。

據鄰居的老人說：最近有位日本人頻繁與屋主接洽，連同墓石和房屋修繕費，總共六十萬元，已經談妥云云。當晚向林教授報告消息，林教授破口大罵：「隨便佔據人家墓地又把墓碑高價盜賣，簡直是天地鬼神都不容！」不過他又說，有人把碑石帶回日本，乃木將軍也會高興吧。

數日後為了確認最後結果，再次造訪時，墓石已經細心綑綁，準備運走了。這是四個月來費盡心血，層層突破追蹤的最後答案。之後藤原君來信告知，根據各地調查的結果：包括明治神宮旁的乃木神社、京都桃山御陵旁的乃木神社，乃至下關的乃木神社，都沒有發現像我描述的那塊墓石。讓我慨嘆「踏破鐵鞋無覓處，得來全部費工夫」和白費的傻勁。

有關尋墓的事，還有一則故事：一九九四年盛夏之夜，住在神奈川縣川崎市的大橋健一來了國際電話。他是航空士官學校研演隊的同班，平時從沒音信來往，連賀卡都不曾有。這樣的人沒頭沒腦打國際電話給我，一時讓我嚇一跳。

事情是這樣：同樣住在川崎的碓井先生，是乙種少年飛行兵十五期通信科出身。他的祖父在明治時代病故於苗栗陸軍醫院。他為了找尋祖父之墓，明後天要來拜訪我，託大橋轉告，請我協助找尋。我一聽，不由得一肚子惱火，真沒頭腦到這地步！你也不想一想：我又不是明治時代葬儀社的人，要我找一座百年古墓，今天來電話，明後天人就到，叫我怎麼辦？

但轉念一想：有這番孝心和孝行，實在值得同情與幫忙；再不情願也得設法找一找吧。隔日一早，我騎機車來到苗栗市，到處繞圈子，一一向老人打聽，終於問出一點皮毛消息。原來苗栗縣忠烈祠（日治時代的苗栗神社）山麓附近，很久以前有一間日本陸軍醫院。在其東側有一段路程的山麓下，曾有一片墓地，現已拓寬為尖豐道路（竹南尖山到台中豐原）；墓地遭到破壞，不復可見。

我依所指地點，邊走邊找，終於在路邊和農地裡，發現墓碑及墓石的碎塊散落各地，看不到完整的墓地。回到市區，向市政府民政科打聽原日本人墓地的遺骸移到那裡；回覆說清塚是戰後當時的事，他們都還沒出生，所以不知此事。我再去找當地老人詢問，白費力氣沒有結果。這時想到墓地附近有一處大眾塚「萬善廟」，又折回去問廟公，竟是一個外省人，一問三不知。

翌日上午十時，在苗栗火車站與碓井會面。他說明尋墓的來由：原來他的祖父和父親是養父子關係。祖父是近衛師團的一兵，明治廿八年（一八九五）隨從北白川宮能久親王（明治天皇之弟）來台攻佔；到達苗栗時，因痢疾留在陸軍野戰醫院治療，明治三十一年（一八九八）病死於苗栗，以上是戶籍謄本所記載事項。

碓井說：「雖然養父子之情比較淡薄，可是我父親病危時，很懺悔沒把他養父的遺骨遷葬於先祖墓地。父親過世後，我們弟兄各自忙於謀生，未能實現他的遺願。尤其哥哥剛患腦中風，尚未痊癒；想到這一代不做的話，下一代更無可能。明知不該冒然叨擾，但在台灣舉目無親，不得不厚著臉皮，懇求您的協助。」

碓井昨晚住宿台中，今天一早雇計程車專程趕來。我便請司機尾隨我的機車走，先到苗栗神社舊址，再到日本人墓地舊址；並指路邊農地中散落的碑石碎片，解釋給他聽。我說：「您一路迢迢趕來，很不容易；既然先人在此入土，不妨把一些泥土帶回日本作為紀念。」獲得他的同意。

我就到山下雜貨店，買台灣線香和金銀紙，把地整理一下，擺上他帶來的日本酒。然後我拈台灣線香，他拈日本線香；我講福佬話，他講日本話，各自祭拜天地神明，並向他祖父招魂。隨後他拾一些碎石，抓兩把泥土，裝在紙袋裡；我燒化金銀紙，他把酒灑在周圍土地，向土地神敬謝。

回程帶他到萬善廟，他投下日幣五千圓作為香油錢，廟公在一旁斜看，一副莫名其妙的表情。然後他坐計程車直接從高速公路北上，明天就搭機返國。我則騎機車一路回家，向妻說明早上的經過。她笑說：「天下奇聞，中日合作舉行法事。」不知是稱讚還是諷刺。但提醒我趕快吃飯，原來我午飯還沒吃呢。

這位埋骨台灣的祖父，難得有這樣一對孝心孝行的好孫。只是碓井回日後，沒有一撇半字的謝辭；居中聯絡的大橋，我想更不可能有。真是吃力不討好的事。

政治網羅衝破　兒子苦學有成

王文清譯

薪水微薄的我，儘量避免應酬或朋友招待。為了讓孩子出人頭地，艱苦甘之如飴，照顧他們無微不至，即使三更半夜也不鬆懈。為了孩子的課業，我連電視都不買。

一九五〇至六〇年代，一般稱為白色恐怖時代，台灣當時從事社會主義革命運動的地下組織，相繼被國民黨特務機關破獲，領導幹部不是自新出賣同志，就是被槍決殆盡。在當局「寧可錯殺一百，不得放過一人」的心態下，很多人被處以十年、十五年、無期徒刑至死刑，服刑者流放於火燒島洗腦集中營。七〇年代以後，台灣人前仆後繼爭取民主自由，無畏於恐怖高壓統治，高呼解除戒嚴，廢止萬年國會，突破思想言論禁忌，甚至宣揚台灣獨立主張。

一九七五年國民黨的獨裁專政者蔣介石逝世，台灣人本盼望台灣的天空能出現溫暖的陽光，可是這個期待幻滅了。一九七八年，其子蔣經國繼任總統，留學蘇聯的特務訓練果然名不虛傳，統治手段比蔣介石更厲害。他的惡辣手段包括禁書、禁歌、禁演等；批判政府的主要作家都被判刑，不符合當局意識型態的歌曲動輒被禁；幾乎所有電視節目都以北京話發音，福佬話節目一天不得超過一個小時，客家話的節目則根本沒有。

儘管如此，一九七〇年代後期至整整八〇年代，民主化運動風起雲湧，勢不可遏。人民群起反抗國民黨並批判惡政；提倡民主自由的黨外、民進黨領袖和智識份子，不畏死亡或逮捕，公然上街頭演講示威，贏得群眾支持。當然特務不會等閒視之，把演講錄音、現場拍照，作為控訴這些人「煽惑群眾、著手叛亂」的罪證。結果就是逮捕下獄。

我晚上如果閒來無事，偶而會混在群眾裡面，以發洩積憤的心情去聽演講。被升學課業壓得透不過氣的兒子，也會找些藉口，瞞著我去偷聽；有時回來還竊竊私語，說聽某某人的演說實在很過癮。

一九七九年十二月十日高雄發生了美麗島事件。起因於《美麗島》雜誌社在世界人權日當天，在高雄市舉行大規模紀念大會。由於高雄在二二八時誅殺最慘，市民對政府的不滿也最強烈。當天上萬群眾與警方對峙，國民黨動員大批軍警鎮壓，演變成震驚海內外的事件。

這次鎮壓，逮捕一百五十多人（官方數據），黨外菁英幾乎全數入獄。在隨後舉行的軍法和司法大審，一人被判無期徒刑，二十九人被判四年到十四年的徒刑。律師出身的林義雄遭遇最慘：翌年（一九八〇）二月廿八日，青天白日之下發生林宅滅門血案，林義雄年邁的母親和一對雙胞胎女兒慘遭殺害。有誰不知道這是國民黨特務機關幹的，但事到如今仍未破案，兇手不明。這種惡劣慘案，激發許多人對獨裁政權不共戴天之恨，但國民黨仍一意掩蓋，欺瞞人民到底。

美麗島事件終究無法一手遮天，國際高度關切，國際人權團體並伸出救援之手。到了一九八七年，長達三十八年的戒嚴令，終於抵不過民主風潮而解除了。隨著政治風氣開放，政治犯也陸續假釋、特赦或服滿刑期出獄。美麗島事件的受難者，至一九九〇年已全部出獄，並陸續加入成立不久的民進黨。現任的台灣總統陳水扁先生，後來以美麗島大審的人權辯護律師身分披掛參選，先選上台北市議員，後任立法委員、台北市長，並在二〇〇〇、二〇〇四年連任兩屆總統。

美麗島事件發生不久，十二月十二日半夜，住在愛知縣蒲郡的同期生小笠原真任來了國際電話。他說電視報導美麗島事件，提到國民黨政府逮捕很多人，很擔心我的安全。之前我們在一九七七年大津少飛十七期戰友大會重聚，他才獲知我兩度入獄，經歷殘酷的牢獄生活。所以他在電話中說：「你如有危險，請立刻來日本，住我家沒問題。」來自異國的關懷多麼溫暖。但他鄉音很重，不容易聽清楚；而且「隔牆有耳」，怕電話有人竊聽，所以我不敢多聊，草草掛斷電話。

想到三十幾年前的戰友小笠原君，超越時空阻隔，越洋捎來問候，隆情盛意，令我感銘不盡。小笠原是一個矮個子，在大津和我同隊同班，不知何故和我很投緣。畢業典禮時，他的父親來觀禮，我把畢業證書交給他父親，請他有機會轉寄我的家人。他父親死後，他整理遺物時才看到我的證書，趕緊空郵給我，那已經是畢業後二十六年的事了。

我以政治犯的身分，兩度闖進人間地獄的牢，期盼兒子千萬不要重蹈我的覆轍。他們卻一點都不了解老爸的心情，對街頭演說或示威遊行很有興趣，學業雖然忙，偷空去參加。

一九八四年，成功高中畢業的長男，報名大學聯考時，填寫理工系組的志願；放榜時，上了國立中央大學大氣物理系。大氣物理當時在台灣是冷門科系，若不出國留學繼續深造，畢業後就業困難。體貼父親和家境的長男毅然放棄就學，決定補習一年重考。因醫科畢業找工作沒問題，我鼓勵他報考醫科，盡全力奮鬥一年。高中攻讀理工，現在報考醫科，可謂艱鉅的挑戰；用一年時間追趕，實在困難重重。雖然如此，還是盡其在我，每天猛K不懈。

薪水微薄的我，儘量避免應酬或朋友招待。為了讓孩子出人頭地，艱苦甘之如飴，照顧他們無微不至，即使三更半夜也不鬆懈。為了孩子的課業，我連電視都不買。

皇天不負苦心人。長男翌年如願以償，考上台中的私立中國醫藥學院（現為中國醫藥大學）醫學系。次男受到哥哥考上醫科的刺激，不願認輸的意志使其勇猛邁前，也沿例報考醫科。翌年聯考，成績並不出色，分配到一所私立醫學院的牙醫系。他不服輸，決定補習一年重考。結果仍是上了私立高雄醫學院（現為高雄醫學大學）牙醫系，若不上學就得服兵役，於是就去讀了。

妻妹婿住台中，在當地開業當小兒科醫師，我們就把長男委託他們關照。他在課餘兼職家教，家教賺的錢省吃儉用，存錢買一部義大利速克達中古機車。幾次寒假、暑假，就從台中騎兩百多公里回台北，雖然體貼老爸，反而讓我擔心。

次男讀得更遠。我和妻帶他到高雄，走訪空軍退休在做對日貿易的摯友賴泰安，請他代為關照。做好安排後，我和妻才回家。兩個兒子都上大學，責任解脫後的安心感，讓我在車上一路打盹到竹南。幾年來，難得住在家裡和妻歡睦一夜；翌早六點二十分，又搭頭班車回台北上班。

和平常一樣，下班就回台北住宅。現在廣闊的家只有我一人，一時心情好像洩了氣的汽球倒臥床上，此後再也不要忙忙碌碌，又是三餐啦、宵夜啦、洗衣啦，忙到深更半夜。四年如一日，為孩子無怨無悔，嚴父兼慈母；現在解脫了，心情一鬆懈，不知不覺就深沈熟睡了。

半夜聽到燒肉粽的叫賣聲，猛然驚醒，趕到樓下買兩粒粽子，起爐燒水泡茶。吃完粽子，莫名的寂寞忽然包圍我。四年如一日，身為一個收入微薄的薪水階級，在台北照顧兩個兒子，起頭多麼不習慣。「家庭主父」什麼苦勞都受過，因為對兒子有所期待，心情得以平衡，不以為苦。反之把愛妻留在鄉下，天天獨自過寂寞啃噬的日子，不知怎麼對她補償才好……想這想那，腦海一幕幕不斷的瞑想。天亮了，結束孩子離家之後第一個孤單夜晚。

一個人的早餐枯燥無味。提著便當準備出門時，妻來了電話：「獨居生活怎樣？」我說：「妳也足足忍了四年。」相互安慰一番，掛斷電話上班去了。

獨居生活的白天，辦公忙得忘了一切；一旦跨進家門，瞬時疲憊寂寞一湧而上，只想倒臥在床上，什麼也不想做，就連晚飯也不想動手。

「自己就是光喝菜湯穿破衫，無論如何也要讓孩子讀大學」，那是我始終不變的心念。現在孩子都如願以償了，雖說是私立大學，卻是讓多少人欣羨、競爭最激烈的醫科。這是家門的光耀，也是孩子不斷努力的結果，更是祖先冥冥之中庇佑保護之恩。

回想戰後返台不久，想去報考師範學院，卻因證件不足被打回。因終戰的關係，沒拿到航空士官學校畢業證書。肄業證明書也在交給空軍司令部之後，石沉大海有去無回。連竹南鎮長為我簽名作證，也不被校方接受。後來還是靠恩師提拔，才當上母校的體育教師。國小高等科還沒畢業就赴日投考軍校的我，因為拿不出日本軍校的證明書，只能以小學六年級的學歷敘薪，月俸是最低的六十元，對我猶如無上的羞辱。

光復之後，我在台灣親眼目睹並深深體會：來台灣的大陸人不管呆子、傻瓜，有沒有實力，只要有大學畢業證書，偽造的也行，就可以吃得開。這種中國社會的亂世現象，讓我感到非常憤慨；也許是這股潛伏的反彈力量，使我走向革命之路也說不定；也讓我意識到，在亂世若要出人頭地，不能重蹈我的覆轍。無論如何，一定要把孩子送進大學之門，這是我一生一世的心願。

（李筱峰／提供）

美麗島大審辯護律師合照。包括陳水扁、謝長廷、張俊雄、江鵬堅、李勝雄、尤清、蘇貞昌等人，繼續傳遞民主聖火，日後都在民進黨或新政府中扮演要職。

回復名譽證書

（九三）復譽字第二七一七號

第二次世界大戰後政府長期實施戒嚴
使民主發展與人權保障受到阻礙
前等因政治案件致生命或自由遭剝奪、尊嚴被侵害
政府秉持勇於面對歷史事實與誠意負責的態度
檢討反省過去所造成之錯誤
致力重建自由、民主、安定與祥和的社會
黃　華　昌　先生及家屬　因政治案件名譽受損
中華民國政府特頒此證，以回復名譽。

總統　陳水扁
行政院長　游錫堃

中華民國九　　月十七日

（黃華昌／提供　劉振祥／翻拍）

黃華昌的恢復名譽證書。2004年1月17日，陳水扁總統與行政院長游錫堃，代表中華民國政府發給政治犯此份證書，象徵某種形式的平反。

戀戀回故巢　愛妻共餘生

王文清譯

世人說「人間錢財輪迴轉」，不知何故，都輪不到我家來；不但這樣，甚至故意閃避我們。不知我捨棄了福氣？還是福氣捨棄了我？

雖然心願已償，換來的是一家四人各據四方：妻子孤獨苦守舊宅，長男在離台北兩百公里以外的台中，次男更遠在四百公里以外的高雄，我則住在屋價最貴的台北，花二百二十萬元購買的小住宅，現在成了莫大的浪費。

故鄉的古巢只有兩房，孩子小時候可擠在一起同床而睡；可是現在都是大學生了，寒暑假回家時，至少也應該各睡各的房間。妻對我說，我們必須增建到四樓了，因此決定把台北的小住宅賣掉，用來支付增建古巢的費用。

定好了計劃，解鈴人也是繫鈴人，又找到王春長，說想把台北的住宅賣掉，回老家和妻廝守餘生。王春長一番好意說：「我家有裝衛星天線，可以接收日本NHK的節目，你無聊的話，來我家看電視嘛。」確實替我設想周到。

我開門見山跟他說，能賣就賣掉，作為老家增建費用。他問：「那你上班怎麼辦？」我說：「竹南開出首班車是六點二十分，趕到台北上班綽綽有餘。」他又提醒：「現在房市跌到谷底，要賣談何容易？不如隔間改造，租給學生，你看怎樣？」又說：「你回故鄉去，我少一個聊天對象，還是不賣好吧？」同生死共患難的老朋友，滿溢友情的一番善言。

兩個多月後，終於有了消息。王春長次女的同學從台東來讀書，急著找房子，她的父母特地前來和我面洽。她的父母是小學老師，在我的印象中，一般小學老師都比較率直，不會狡猾，可是這兩人並非如此。說什麼「泉州街四號又是四樓，這種地址最讓人忌諱」云云，故意表示不甚稱心。我看透他的弦外之音，回說：「日本話的『四』和『師』通，教師、律師、醫師都是師，尊榮的表徵；而且我兩個兒子都從這裡考進醫科大門。」故意表示惜售，不太願意賣人。經過兩方斟酌協調，包括傢俱及電話，以兩百十五萬定案，一個禮拜交屋。

雖然住台北僅僅四年多，為了孩子升大學，深深體會苦盡甘來的滋味，感謝這戶「泉州街四號四樓」福宅的庇護與賜福。別小看這房子，有多少外國朋友住過這裡，享受多少頓我妻烹調的台灣料理，撮成多少次的民間交流。終於要交屋了，帶著新主人各房各間巡視一番，把鑰匙交給對方的剎那，竟無意淌下幾滴淚來。

四年多的喜怒哀樂、辛酸苦辣匯成一股感慨湧上心頭，泉州街四號四樓，再也沒有與你相會的機緣，擺擺手永別了。一時心血來潮，乘興題了一首小詩以留念：

一個繼一個，羽翼已豐滿；離巢高飛去，各投其所學。

孤獨留下我，獨居憶舊事；窩巢多溫馨，孤燈伴桌椅。
回眸惜別離，泉州四之四；淚灑將捨棄，空留往日情。
戀戀回故巢，愛妻共餘生。

世人說「人間錢財輪迴轉」，可是不知何故，都輪不到我家來；不但這樣，甚至是似乎故意閃避我們。擔心脫不了手的小住宅，在脫手兩個月之後，房地產開始復甦，半年左右就漲到最高峰，小住宅附近的地價漲到四、五倍。王春長用嘲諷的口氣說：「半年的差價，足以買一部賓士轎車，可作為上班專用。」真不知是我捨棄了福氣？還是福氣捨棄了我？

不論公私立大學，醫科的學費都比其他科系貴。以我們夫妻倆的低薪，要供應兩個兒子讀醫，確實非常不容易。幸好兒子很會體念父母的困境，不注重衣著裝扮。尤其長男的節儉，幾乎被稱為吝嗇；有些書籍、實驗器材，是由學長轉讓的二手貨。次男也很省，大一的醫學共同科目就用長男的書本和器具。他們的最低生活費用仍由家裡供應。為了開源節流，他們也兼職家教或打工。

老家的增建工作，台北住宅未脫手前就已動工，前後費時一年左右。期間為建材出入方便起見，一、二樓的門都拆開，可說門戶洞開，小偷、強盜可以自由出入。家裡日夜只有妻子一人獨居，安全令人擔憂。幾次碰面，她從沒一句擔驚受怕或訴苦的話。為了一個家，女人都是勇敢堅強無比。台北住宅遷出後，有一段時間暫住妻妹家；因考慮妻的安全，就辛勞一點無妨，決定回竹南住，每天到台北通勤上班。

從此我的生活秩序改變了。每天一早五點起床，忙完洗衣、早餐後，騎機車到火車站，搭六點二十分公路直達車到台北；再轉搭市區巴士，到達公司才八點半，九點才上班，時間綽綽有餘。下班後，回到家都過了八點。

老家增建完工，孩子的房間都新添書桌和床舖。一直想看他們回家時驚喜的表情，可是醫科課業繁重，加上實習課程，很難看到他們回來。長男第六、七年為實習醫生，為能學到更豐富的經驗，想在台北大醫院實習。教會系統的馬偕醫院顧問鄭連德牧師，是我的老戰友；透過鄭牧師的幫忙，長男得以在馬偕實習兩年，期間還是寄住我的妻妹家。

當時台北住宅要脫手時，做夢也沒想到長男又會來住台北，售後的增值白白給別人，自己反而惹來不便，真是悔不當初。人算不如天算，時也命也，捨棄了福氣。

長男畢業後，我也向台北貿易公司請辭，回老家另覓工作。在兩、三家日系公司擔任員工日語教師和臨時翻譯等，時間比較自由，每週上兩天班，生活輕鬆多了。

雨過天晴　春陽高照

王文清譯

一身叛逆骨氣的我，經歷一波波的風雨阻礙，坎坷的人生路彷彿走不完。如今苦盡甘來，和煦的春陽，終於溫暖了我家。現在平靜坦然的心只有一念：願上蒼賜福，庇佑我家。

次男讀高醫時，不但成績優異，還是橄欖球隊的隊長，又是排球隊的隊長，可說是運動龍頭、體育明星。畢業後被聘任台中沙鹿的童綜合醫院牙科主治醫師。童綜合醫院在南北高速公路的交流道邊，縱貫公路附近，受地理位置影響，幾乎每天都有汽機車事故的受害者，無日無夜地抬進來急救、開刀。次男身為口腔外科主任的助手，每天接觸那些因車禍而口腔面目全非的人，漸漸對這門醫療失去興趣，過了一年多辭去工作，回高醫附屬醫院研修兩年，準備開業。為了充實醫術，還短期留學美國波士頓大學，攻讀齒科的尖端技術：人工植齒法。

長男則任省立新竹醫院小兒科駐院醫師。由於敬業篤勤，頗受院方肯定，派他到台大醫院小兒科研究六個月。約在此時，妻因膝蓋出問題，加以受骨質疏鬆症所苦，乃毅然離開四十年又六個月的教師生涯，一九九三年二月一日批准退休。

之後夫妻倆買一部March小型車到各地名勝古蹟巡訪，但我在停車時，常因靠邊倒車和別車擦撞，撞損人家的保險桿等；輕則賠人家不是，重則賠錢了事。不禁懷疑自己的駕駛技術，難道真的衰老了？經過醫院檢查，右眼視網膜破裂，連帶視神經受損，已經太遲，無法復原；由於一隻眼對不到焦，倒車後視難以測準距離，常出狀況。此後我在高速公路的長距離開車，就被妻兒禁止了。

長男在竹醫服務三年，覺得再待下去，無法發揮所長；倒不如回鄉，為無法進大醫院的鄉民服務，意義更大。為了他的開業，我請教竹醫小兒科主任。他說：「該教的都教了，該學的都認真學成。現在他不管到哪裡，都是一流的小兒科醫師，祝他前途無量。」

開業地點位於市街中心。是三十年前，我們夫妻剛結婚時，岳家讓我們住的地方，也是養育兩個兒子的地方，與我們因緣深厚。一九九四年九月，「黃正昇小兒科診所」隆重開幕。來賓百餘人，場面熱鬧非凡，見證我們一家人回饋故鄉的心願。

診所幾乎全年無休，診療時間從早上七點半到晚上九點半（其間短暫休診），此外常有人半夜跑來叫急診。篤實的醫行醫德，頗受鄉親信賴，聲譽很快傳開。一九九五年九月，次男自波士頓大學留學歸來。十月，就在哥哥的診所隔壁，開一家「黃正欣牙科診所」。開業迄今，生意一路繁榮。據說苗栗縣具有人工植齒國際執照的醫師，只有他一人。

回想當時，坐過兩次政治牢的我，曾經被人們嫌懼，被親戚迴避、被朋友疏遠；如今因兩個醫師兒子開業有成，贏得故鄉父老的肯定信賴，在他們盛名的光環下，我也被照亮了，遠離的親戚再度來訪，疏遠的朋友重敘舊誼。一身叛逆骨氣的我，經歷一波又一波的風雨阻礙，坎坷的人生路彷彿走不完。如今苦盡甘來，和煦春陽終於溫暖了我家，光耀了門楣。現在平靜坦然的心只有一念：願上蒼庇佑我家，賜福家人。

（曹欽榮／攝影）

兄弟診所，厝邊隔壁。

（黃華昌／提供）

全家福。立者為長男黃正昇（左）、次男黃正欣（右）。攝於1991年左右。

後記

王文清譯

不曾披露的事件內情，未曾被人知道的內幕，該寫不該寫，經過很長很深的思慮，也經過多少煩惱與躊躇。最後得到台灣人權工作者、台灣近代史研究者的鼓勵，秉持為後代子孫薪傳史實的信念，書寫下來留作見證。

如今戒嚴令早已解除，一黨專政的獨裁統治已被埋葬，思想、言論自由獲得民主政治的保障。「歷史不會重蹈覆轍」，我願這句話是真實。但有多少人相信我所經驗的史實？我很懷疑。不過我的家人相信。他們和我一同走過風風雨雨，也一同嚐過坎坷艱辛。

本應以中文書寫。但我所受的教育，使日語成為我的母語，中文絕對無法讓我暢所欲言。所以我還是以小學六年加一年教育學習的日文，一字一字把回憶錄寫下來。

一九四五年，日本投降，隔年春天我才回到故鄉。這是我出生的地方，我愛故鄉，跟台灣青年沒有兩樣，胸中燃燒愛國愛鄉的熱情，瘋狂似的學講北京話、練習中國文。也許生性帶來的叛逆骨氣，使我嫉惡如仇，看到來台接收的腐敗軍人與官僚，憤慨的熱火燃燒起來了。

我曾志願為祖國振興航空事業，卻換來下獄之身。

我在無知的黑暗中摸索再摸索，愛國愛鄉的熱情，被引誘加入共產黨，並被指派為台灣解放的先鋒隊員。當時的我，只略知共產主義、社會主義為智識階層的思想潮流，但我卻是不認識共產主義或社會主義的共產黨員，甚至對共產黨未曾有過好感，只是一心想打倒踐踏台灣人的中國國民黨政權而已。我憤慨維護這政權的每一個人。

人老了。經過煉獄的折磨，出獄後又在監控下走過跌撞坎坷的一生。一到年邁古稀之齡，年輕的凌雲壯志早已磨滅，剩下一身叛逆的骨氣。

首先我要由衷感謝的人，是不厭、不怕政治犯，勇敢與我結婚的妻。她嫁給身無分文、窮迫半生的我，從無一句怨言，無怨無悔為我築巢、讓我憩息、和我一起撫育兩個醫生兒子。她的勞苦功高，不是三言兩語所能形容。我謹在此，向她獻上至心的感激與全部的愛。

一位日本朋友四年前來台一遊，勸我把一生經歷記錄下來，並送我一部日文個人電腦，不厭其煩教我使用。深深感謝這位日本友人小田隆次先生。還有曾經激勵我、鞭策我的戰友、同學、前輩們，我也要向你們致上最熱誠的謝意。

時代背景會影響人類對生命的看法。戰爭時，人們說人生五十，軍人一半，飛行兵再打八折成二十。我不知幸或不幸，生在這舉世大動亂的時代裡，穿過波瀾萬狀、驚濤駭浪之世事重重；現已七十四歲，餘生幾何。此時此刻，我有一個宿願，要以餘生之年親身見證：台灣人是不被強權所輕侮和打倒的！

二〇〇三年四月十日　於竹南自宅

促進會後記

五十年代白色恐怖案件平反促進會

一九四五年八月十五日，日本戰敗，被日本統治五十年的台灣，也交由中華民國接收。作者黃華昌先生當時以十六歲弱冠，在日本接受嚴格的特攻（自殺飛機）隊訓練。他所嚮往飛翔天空的願望，因終戰而有了巨大轉變。他受訓的軍校解散，他成為一個流離失所的人，在戰後日本，顛沛困頓吃盡苦頭，好不容易回到台灣，以為從此可以成為堂堂正正的中國人，展現理想抱負。豈料等待他的，是比日本統治更痛苦、更惡劣的環境和遭遇。他歷經二二八及白色恐怖大屠殺，在生死間掙扎求生，好不容易捱過來了，如今已是七十五歲古稀之年。

這一本書就是他有血有淚活生生的體驗記。

本會多數會員閱讀原文（日文）後頗有同感，並如後記一段所說：

我當時跟台灣青年沒有兩樣，胸中燃燒愛國愛鄉的熱情，瘋狂似的學講北京話、練習中國文。但我嫉惡如仇，看到來台接收的腐敗軍人與官僚，憤慨的熱火燃燒起來了。我愛國愛鄉的熱情，被引誘加入共產黨，並被指派為台灣解放的先鋒隊員，但我只是一心想打倒踐踏台灣人的中國國民黨政權而已。

咸認最能代表當時台灣多數愛國青年的心聲。因此有人提案，由本會負責將全書三十五萬字譯成中文，讓年輕一代的台灣人也能了解中國國民黨統治台灣的真相。這項提案很快獲本會理監事會議決議通過，並徵求數名翻譯人員，工作分配是：

一、前半段在日本期間，由蔡焜霖挑大樑，並縮編為四萬字左右中文。

二、後半段回台後期間，分別由吳水燈、盧兆麟、陳英泰、王春長、陳孟和、王文清分段譯成中文。

三、全部譯文再由盧兆麟、郭素貞校對整理，交由李禎祥編輯，委由關心台灣人權的曹欽榮先生協助出版。

本書是黃華昌先生過去七十多年來充滿波折的人生回憶錄。本會希望能讓世人，尤其是台灣年輕的一代，了解中國國民黨接收台灣後，台灣愛國青年承擔的悲壯命運；誠如作者所說，這是憑一股熾烈的使命感完成的作品。我們一致盼望，在有生之年能夠親眼看到台灣人民堅強屹立，不再被強權欺侮及蹂躪，則於願足矣！

二〇〇四年二月一日

十八劃

十九劃

二十劃

二十二劃

誠摯感謝
圖像、照片提供與賜教指正：
王乃信　王文清　王春長　吳水燈
李筱峰　林芳微　唐燕妮　張炎憲
曹欽榮　許昭榮　連照雄　郭素貞
郭錕銘　陳孟和　陳金田　陳英泰
陳儀深　黃金島　黃秋爽　黃華昌
劉振祥　歐陽文　蔡易達　蔡焜霖
盧兆麟　鍾逸人　顏世鴻
五十年代白色恐怖案件平反促進會
台灣游藝設計工程有限公司
海王印刷事業股份有限公司

十五劃

十六劃

十七劃

十四劃

十五劃

十二劃

十三劃

十一劃

十二劃

十劃

十一劃

十劃

八劃

九劃

七劃

八劃

七劃

五劃

六劃

四劃

五劃

四劃

索引

一劃

二劃

三劃

頁	行數	註釋說明
		再度航行日本和印尼之間航線。1965 年 2 月除役拆解。
187	2	加註：官方檔案已出現辜振甫等的判決書。列名許丙、辜振甫、簡朗山、林熊祥、徐坤泉等 5 人。
297	8	顏世鴻，參考顏世鴻著，2012，《青島東路三號：我的百年之憶及臺灣的荒謬年代》，台北市：啟動文化。
298	3~7	戰時特攻隊與櫻花的象徵，參考大貫惠美子著，2014，《被扭曲の櫻花：美的意識與軍國主義》，台北市：聯經出版。
304	5	吳思漢（1924-1950），參考顏世鴻著，2012，《青島東路三號：我的百年之憶及臺灣的荒謬年代》，頁 234-236，台北市：啟動文化。
305	上圖圖說	黃天（1908-1950），參考曹欽榮・林芳微整理，2012，〈黃秋爽：我家七人被捕〉收錄於《流麻溝十五號：綠島女生分隊及其他》，頁 147-216，台北市：書林出版。
397	8	富田少將，指富田直亮（1899-1979，中文名白鴻亮），臺灣白團軍事顧問團團長。參考野島剛著，2015，《最後的帝國軍人：蔣介石與白團》，台北市：聯經出版。

頁	行數	註釋說明
112	7	**德川好敏中將** 德川好敏（1884-1963），日本東京市人。官至陸軍中將。1903 年 11 月陸軍士官學校第 15 期畢業。1910 年 4 月被派遣至法國學習飛機操縱技術，結業後即在該年 12 月和日野熊藏成功地實行日本國內第一次航空飛行。爾後歷任各要職，諸如 1931 年 10 月明野陸軍飛行學校長、1934 年 8 月所澤陸軍飛行學校長、1936 年 8 月航空兵團長、1937 年 7 月臨時航空兵團司令官、1938 年 4 月航空兵團司令官等職，但在 1939 年 8 月被編入預備役，卻又在 1944 年 3 月重新徵召出任陸軍航空士官學校長。
112	倒數 7	**梁瀨健吾**，日本長崎縣人。官至陸軍大佐（即上校）。1921 年 7 月陸軍士官學校第 33 期畢業，又 1938 年 5 月陸軍大學校專科第 5 期畢業。1941 年 12 月出任飛行第十六戰隊長，其後在 1942 年 3 月任鉾田陸軍飛行學校教官、1943 年 5 月任第五十一教育飛行師團參謀、1944 年 5 月任陸軍航空士官學校附等職。
122	4	**賴泰安**，參考賴泰安著，2014，《出發吧！少年飛行兵》，新北市：楓書坊出版。
126	倒數 5	**吉永朴**（1897-1989），日本熊本縣人。官至陸軍少將。1919 年 5 月陸軍士官學校第 31 期畢業，又 1926 年 12 月陸軍大學校第 38 期畢業。爾後歷任各要職，諸如 1942 年 7 月第三軍高級參謀、1944 年 3 月陸軍航空總監部附、1944 年 6 月第二航空軍參謀長、1945 年 7 月陸軍航空士官學校幹事等職。
151	2	**日昌丸**，郵輪，6,526 總噸。長 128 公尺，寬 17.4 公尺，吃水 10.3 公尺。主機為蒸氣渦輪引擎一具，4,500 馬力，航速 17.6 浬。船主為南洋海運株式會社，由三菱重工業株式會社神戶造船所建造，在 1939 年 4 月下水，而在 7 月竣工。最初為日本和荷屬印尼爪哇島之間航線的定期郵輪，但在 1941 年 12 月戰爭爆發以後，隨即被軍方徵用為運兵船，歷經各地區的運兵任務，其間在 1942 年 3 月 27 日遭受美國潛水艦「Gudgeon」的魚雷攻擊而損傷，卻能在戰爭期間殘存。戰後一度被徵用為復員船，而船主在 1949 年 7 月改為東京船舶株式會社，1952 年 6 月

頁	行數	註釋說明
076	第2段	**富士丸擊沉事件** 「富士丸」（9,138噸）、「賀茂丸」、「鴨綠丸」（7,362噸）等三艘郵輪合組一個船團，由驅逐艦「汐風」單獨護航。1943年10月24日下午4時50分由基隆港出航，向北航行，目的地為日本九州的門司港。10月27日凌晨0時25分行經東經128度2分北緯28度25分之地方（即奄美大島久慈灣西方110公里海域），被美國海軍潛水艦「Shad」、「Grayback」所發現。「Shad」在0時27分先向「賀茂丸」發射三枚魚雷，其中一枚魚雷命中船艏，使「賀茂丸」浸水無法航行。「賀茂丸」船員為防範沈沒，在應急修理處置後，單船航行，在當晚10時30分左右航行至奄美大島久慈灣觸礁擱淺，以待修理。11月17日完成修理後即再度航行，11月27日抵達大阪後進入船塢維修。「富士丸」在「賀茂丸」遭難後暫時向西方避退，但在1時20即返回遭難現場，開始救助遭難者。在早晨6時20分完成救助作業後出發之際，被「Grayback」發射的二枚魚雷分別命中船艉和四號船艙，不久在6時50分沈沒。「富士丸」其時載運船客936人及貨物4,287噸，其中船客57人成為不歸之人。驅逐艦「汐風」和「鴨綠丸」在救助「富士丸」遭難者之際，美國潛水艦仍然持續攻擊，「鴨綠丸」在中午12時25分被「Grayback」所發射的一枚魚雷命中，但未爆炸，脫離危機，卻停止救助作業，開始退避。「鴨綠丸」和「汐風」在10月28日晚上8時抵達門司港。
097	8	**「加藤俊夫」應為「加藤敏雄」的日文諧音** 加藤敏雄（1894-1966），日本愛知縣人。官至陸軍少將。1916年5月陸軍士官學校第28期畢業。1938年6月出任第一飛行戰隊長，其後歷任明野陸軍飛行學校教官、熊谷陸軍飛行學校附、大刀洗陸軍飛行學校幹事、陸軍飛行實驗部飛行實驗隊長、陸軍航空審查部飛行實驗部長等職，又出任各要職，諸如1943年3月宇都宮陸軍飛行學校長、1944年10月熊谷陸軍飛行學校長、1945年2月第五十二航空師團司令部附、1945年3月宇都宮教導飛行師團長、1945年4月常陸教導飛行師團長、1945年7月常陸教導飛行師團司令部附等職。

頁	行數	原文	修訂
307	倒數 1	日本陸軍大學	日本陸軍大學校
329	圖說 4	流鰻溝的水源	流麻溝的水源
335	引文 1	流鰻溝水源	流麻溝水源
338	倒數 7	「流鰻溝」	「流麻溝」
339	2	「流鰻溝」	「流麻溝」
397	8	…陸軍大學的同窗富田少將…	…陸軍大學校的同窗富田〔直亮〕少將…
448	17	蒲田飛行學	鉾田陸軍飛行學校
452	10	許崙敦	許崙墩
454	14	海軍預科練習生	海軍飛行豫科練習生
455	13	流鰻溝	流麻溝
459	倒數 11	四五式夜間戰鬥機（屠龍）	「屠龍」二式複座戰鬥機
460	3	加茂丸	加茂丸（賀茂丸）
460	4	加藤俊夫	加藤俊夫（加藤敏雄）
461	倒數 13	日本陸軍大學	日本陸軍大學校
462	倒數 2	六七飛龍重轟炸機	「飛龍」四式重轟炸機

二、註釋說明

頁	行數	註釋說明
074	4	**「加茂丸」應為「賀茂丸」的日文諧音** 賀茂丸，郵輪，8,524 總噸。長 141.73 公尺，寬 17.22 公尺，吃水 10.52 公尺。主機為三脹式往復式引擎兩具，7,582 馬力，航速 16.4 浬。船主為日本郵船株式會社，由三菱合資會社三菱造船所建造， 1908 年 7 月竣工。1944 年 7 月 3 日被美國潛水艦「Tinosa」以魚雷擊沈。

頁	行數	原文	修訂
132	8	陸軍大學	陸軍大學校
162	5	「保皇」的近衛軍團士官	「保皇」的近衛師團士官
172	5	日本陸軍大學	日本陸軍大學校
179	註三		2005年改名為台北教育大學
188	4	日本海軍預科練習生	日本海軍飛行豫科練習生
188	倒數3	許崙敦	許崙墩
190	1	許崙敦	許崙墩
190	倒數1	「六七飛龍重轟炸機」	「『飛龍』四式重轟炸機」
193	倒數5	六七飛龍重轟炸機	「飛龍」四式重轟炸機
193	倒數2	松山機廠	松山機場
194	倒數4	「海軍預科練」	「海軍豫科練」
212	9	「運克曼」四式練習機	「Jungmann」四式基本練習機（即初級教練機）
213	7	海軍預科練習生	海軍飛行豫科練習生
213	倒數6	許崙敦	許崙墩
220	倒數1	許崙敦	許崙墩
221	倒數1	キ45式夜間戰鬥機「屠龍」	「屠龍」二式複座戰鬥機（即雙座戰鬥機）
238	倒數7	許崙敦	許崙墩
239	2	許崙敦	許崙墩
268	倒數2	曾群英	曾群芳
270	4~6	…教官的許崙敦…由於許崙敦畢業於…和許崙敦接觸…	…教官的許崙墩…由於許崙墩畢業於…和許崙墩接觸…
286	2	頭條新聞「台灣省…」	當時報紙標題說明文字：「共匪在臺秘密組織 政府宣佈破獲經過 四匪首號召漏網黨徒坦白自首 當局決採寬大處理」

勘誤表、註釋說明

2015年8月

一、勘誤表

頁	行數	原文	修訂
037	倒數7	日本親王北白川宮能久率領近衛師遠征軍，…	日本北白川宮能久親王率領近衛師團遠征軍，…
045	上圖圖說	北白川宮能久。近衛師長陸軍中將。…	北白川宮能久親王。近衛師團長陸軍中將。…
048	7	「御真影室」	「御真影奉安所」
050	倒數4	（特別高等刑事）	（特別高等警察）
066	8	「海軍預科練」	「海軍飛行豫科練習生」
069	倒數2	「近衛師預備役伍長」	「近衛師團預備役伍長」
071	1	一九四二年十月	一九四三年十月
074	2	…水雷投射…澎佳嶼…	…深水炸彈投射…彭佳嶼…
075	3	下爆雷反擊。…爆雷爆發聲…	下深水炸彈反擊。…深水炸彈爆發聲…
076	8	爆雷聲不同	深水炸彈聲不同
084	5	（如我國聯勤單位）	（如我國後勤單位）
093	3	空中堡疊 B29	空中堡壘 B29 轟炸機
099	4	連結機駕駛訓練	林克機（Link Trainer）駕駛訓練
112	倒數2	「蒲田飛行學校」	「鉾田陸軍飛行學校」
114	倒數7	司令官牛島中將	司令官牛島〔滿〕中將
114	倒數2	七十七毫米（mm）	七・七毫米（mm）
121	4	陸軍大臣阿南大將	陸軍大臣阿南〔惟幾〕大將
121	倒數8	東久邇宮	東久邇宮〔稔彥王〕

二、歷史意識的感知：書裡未滿二十歲的黃華昌經歷了二戰日本本土特攻隊員訓練、被轟炸的日本，戰後漂泊原爆後的長崎廢墟，對殖民母國日本失望，回到台灣對「祖國」的迷惘、絕望，參與二二八反抗、逃亡、反思，為了「愛國愛鄉」參加地下組織、等待佳木斯計畫，一切破滅，二十一歲成了火燒島的政治犯。黃前輩談出身客家人的多重認同逆境，奮力向上，戰後深陷國家認同的衝擊，他「穿過波爛萬狀、驚濤駭浪」的世事。我們想像一位七十歲的前輩，以未使用過的日文初級電腦文字機，寫出四十萬字的優美日文回憶錄的心情；眾多白色恐怖難友感同身受，認為黃前輩說出他們的心聲，七位經歷戰前／戰後兩種書寫語言世代的火燒島「同學」，齊力義務摘譯回憶錄原稿，流暢又具文學意味，這種接力方式出版是第一本，也是絕響。台灣「大正」出身世代的前輩素養，令人心嚮往之，其中盧兆麟、陳英泰前輩卻已先後辭世。

三、修訂方式：絕版的漢文、日文版，都是透過民間力量以推廣歷史認識的熱情，出錢出力成書，感謝各方盛情。有感於戰後七十年，反思台灣主體的戰爭記憶出版品稀少，匆忙以校勘後修訂版，分享各方，實感不足，但願本書的歷史感知書寫，能彌補不足之處。

感謝蔡焜霖前輩、許進發、林芳微、江國梁的協助、黃華昌家族的授權；並向前衛林文欽先生致敬。祈願黃華昌前輩安息！

曹欽榮　寫於二戰結束七十年 815 紀念日前夕

修訂版後記

二〇〇五年戰後六十年，本書在日本以《台湾 · 少年航空兵》書名出版，至今連同二〇〇四年漢文版《叛逆的天空》，兩版都早已絕版；多年來應無數讀者反應，本書原始催生者之一的我，邀請許進發博士勘校、加註後（深深感謝他），以「修訂版」上市，回應讀者厚愛。

針對台灣多元歷史記憶變遷、修訂方式，在此稍作說明：

一、**歷史文化爭戰：**台灣戰後七十年，相異的歷史記憶正進入白熱化的「歷史詮釋」、「文化主體」的街頭戰；不只如此，東北亞各國的日本、韓國、中國、琉球等紀念二戰結束的不同國家的歷史調性，反射在民主演進中的台灣是：「上而大」的國家機器以人民稅金，紀念在中國抗日七十年，避談二二八、白色恐怖，更不會提及國家戰爭機器造成台籍日本兵、國軍／解放軍的犧牲者。對照「下而小」的學生卑微抗爭，如七月二十四日清晨高中學生為了課綱，夜襲教育部，台灣夏日的清朗天空，入夜卻令人不安。上位者以上個世紀單一思維和自己都難以相信的史觀，藉由權力單向壓制人民發出多元的歷史記憶的聲音；這種現象本身正代表台灣土地上某些本質上形同二二八、白色恐怖的高壓統治思維、文化霸權滲入各階層，不准各種「異說」，因為我們從來沒有進行憲法層級（國家、情治、司法、行政、歷史書寫）的真正「轉型正義」。年輕人知道課綱微調，有沒有道理，能為自己的歷史認識，挺身辯護，表達情感和道德意識，不同凡響！七月三十日反黑箱課綱的年輕生命消失，令我們深深哀傷！

國家圖書館出版品預行編目（CIP）資料

叛逆的天空：黃華昌回憶錄／黃華昌原著；蔡焜霖等翻譯. -- 修訂一版. -- 臺北市：前衛, 2015.08
面； 公分
ISBN 978-957-801-777-1（平裝）

1. 黃華昌 2. 臺灣傳記

783.3886 104015515

叛逆的天空 黃華昌回憶錄（日文原著：あゝ空征かば）

原　　著 / 黃華昌
翻　　譯 / 蔡焜霖・吳水燈・盧兆麟・陳英泰・王春長・陳孟和・王文清
初版校對 / 盧兆麟・郭素貞
修訂版校訂 / 許進發・曹欽榮

統籌企劃 / 台北市五十年白色恐怖案件平反促進會
贊助協力 / 台灣游藝設計工程有限公司（初版・修訂版）
出版發行 / 前衛出版社
地址：10468 台北市中山區農安街 153 號 4 樓之 3
電話：(02) 2586-5708　傳真：(02) 2586-3758
郵撥帳號：05625551
Email：a4791@ms15.hinet.net　http://www.avanguard.com.tw
出版總監 / 林文欽
文字編輯 / 李禎祥
封面設計・美術編輯 / 初版 林書毓・修訂版 江國梁
攝　　影 / 劉振祥

印　刷 / 立辰美術印刷有限公司
地址：10368 台北市哈密街 45 巷 1 弄 21 號
總經銷 / 紅螞蟻圖書有限公司
地址：11494 台北市內湖區舊宗路二段 121 巷 19 號
電話：(02) 2795-3656　傳真：(02) 2795-4100

出版日期 / 2004 年 6 月 初版・2015 年 8 月 修訂版一刷
售　　價 / 450 元

ISBN：978-957-801-777-1